谨以此书献给

所有为中国民法事业倾注心力、智慧和信念的人们！

中国社会科学院法学研究所
民法典研究丛书
MINFADIAN PINGZHU

民法典评注

继承编

陈　甦　谢鸿飞　主编

中国法制出版社
CHINA LEGAL PUBLISHING HOUSE

继承编撰稿人

（以撰写法律条文的序号排序）

刘　明　阿里巴巴集团综合政策研究室专家，撰写第1119—1132条

刘智慧　中国政法大学法律硕士学院教授，撰写第1133—1144条

王洪平　烟台大学法学院教授，撰写第1145—1163条

本编由朱广新、王洪平负责统稿。

总 序

起始古远、绵续益盛的人类法制史延展至2020年时，《中华人民共和国民法典》喷薄而出，成为法史叙事的煌煌时空标识。从此，在世界民法典之林，中国民法典以其鲜明的中国特色、充沛的时代精神、科学的规范设计、严谨的结构体系、精准的话语表达，独树一帜、弘扬四域。民法典是中国特色社会主义法治体系的重点建构，其规范效能沛然厚重，实施效果卓然可期，已然功在当代，定然惠泽千秋。

民法典乃时代发展的产物，非在中国进入新时代而无以有中国民法典。在中外法制史上，任何一个可以标识历史进程的民法典都与其所在时代紧密关联，适应时代需要、反映时代精神、吸收时代精华、积聚时代经验，方得以成就集该时代特质之大观的民法典。法国民法典是如此，德国民法典也是如此，中国民法典更是如此。新中国成立以来，民法典立法屡启屡止，于1954年、1962年、1979年、2001年曾四次启动，但均未成案；民法典立法又屡止屡启，2014年党中央再次提出编纂民法典，其后历经六载，终至功成。中国民法典之路艰苦卓绝，反映出中国人民法治信仰蓄根长久、于今蓬勃，民法典追求坚韧不拔、非竟莫停。但说到底，中国民法典的出台是中国法治发展的必然结果，是人民追求法治之心与国家治理现代化之路相融契合的必然结果。

民法典乃集体智慧结晶，非有法治实践者及阐述者长期奉献无以有中国民法典。尤其是，民法典是几代民法学人心血所注、梦想所系。

中国社科院法学所老所长王家福先生被誉为“推动依法治国的理论创新者”而获党中央、国务院授予改革先锋称号，他生前多次表示，其最大心愿就是在有生之年看到中国民法典颁布。于今民法典终获颁布，足以尽纳几代民法典立法参与者的全力之功，足以告慰几代民法学人建构最好民法典的竞心之梦。当然，说到民法典是集体智慧结晶，这个“集体”庞然无限而超然民法学界内外，甚至含括所有于今日中国民法知识有效形成的中外古今人物，在一定意义上可以说，所有中国法治实践的参与者，所有中国法学知识的阐释者，都是民法知识积累与民法典规则形成的贡献者。当探究蕴含在中国民法典之中的观念、知识、经验的传承与借鉴时，这个“集体”更是只能以民族甚至人类命名之。所以，民法学界只是对民法典有更多的阐释机会与弘扬条件，这只是民法学界的责任而非权利。也正是这份身为民法学者的学术责任，使我们汇聚一起，殚精竭虑撰写《民法典评注》系列专著，以期向世人贡献更为系统、细致、周延而得体的民法知识，使中国民法典的确切含义与深刻底蕴更为精准地呈现于世人面前，更为有效地融入中国的民法实践。

民法典的实在意义并不限于彰显改革开放以来民事立法之蔚然大观，当然，以1260个条文、10万余言有机组成的文本也确属伟大的法律作品；民法典的实在意义根本上在于以此塑化社会成员的民法生活体验，以及在此生活体验中通过将民法典规范外现于行、内化于心来形塑国民精神。民法典以多重形式存在于世，有文本中的民法典、实践中的民法典、记忆中的民法典和信念中的民法典。民法典欲有效行于世，必须使民法典长存于心；而欲使民法典长存于心，必使人先明民法典其理。因为只有透彻明晰民法典之理，才能经明理致信之机制而有效遵行适用民法典。因此，所有参与《民法典评注》的撰写者无不惕惕自厉、孜孜以求：旁征博引，释条文法理力求通达本意；披卷择言，叙学术观点唯恐遗漏精华；谈史论今，析制度沿革之因果必然；述理示例，明规范适用之准绳尺度。《民法典评注》得以高端厚重的学术品格面世，不仅能助使读者对民法典理解得更为深刻、适用得更为精当，还能助使读者及其相关者在明晰法条、透彻法理的基础上信任民法典以至信仰民法典，更为重要以至久远的，是《民法典评注》在中国特色民法知识体系形成中必将起到的建构价值与示范作用。

在中国社会科学院法学所的同仁看来，组织撰写《民法典评注》不仅是一项学术实践，更是一个学术使命，是将法学所追求法治进步、法学繁荣的理念操守再行发扬光大的当然之为与必要之举。法学所建所以来尤其是改革开放以来，为我国民法事业做出诸多突出贡献。早在1979年8月，法学研究所邀请在京法律院系的学者召开了著名的“民法与经济法问题学术座谈会”，由此揭开长达7年之久的民法学与经济法学大论战的序幕，最终确立了民法在经济改革中的重要功能与法律体系中的当然地位。在1992年社会主义市场经济体制确立之时，王家福先生组织课题组率先提出《建立社会主义市场经济法律体系的理论思考和对策建议》，力主将民法作为建构社会主义市场经济法律体系的基本法律。为实现制定民法典的法治梦想，法学所的民法学人几十年来持续倾注心力、不断贡献智慧，其间代表作品、典型事例频现。例如，梁慧星先生长期投入并组织民法典立法研究，其作为课题组负责人组织撰写《中国民法典草案建议稿附理由》，煌煌系列大作将民法典知识基础予以体系化展现，对编纂民法典的论域及思路进行了理论铺垫与学术拓展。再如，在民法典编纂期间，孙宪忠研究员正值履职全国人大代表，其以学术素养与社会影响贡献于民法典的形成过程。中国社会科学院是中央指定的民法典编纂工作五个参加单位之一，为此成立了以时任副院长李培林学部委员为组长、我为副组长的项目工作组，具体参与立法工作职责由法学所承担。在整个民法典编纂过程中，法学所的民法学者有百余人次参加了全国人大常委会法工委组织的立法工作会议或相关活动，得以全程观察、深刻体悟、精准理解中国民法典的形成过程及制度精髓，因而有信心以其掌握的中国民法典的法治精神、价值取向、立法政策、规范内涵、适用要点乃至应用技巧对民法典予以系统阐释与清晰解说，使法学所在民法典形成过程中锤炼萃取的学术积累与知识结晶，得以在民法典实施机制中以学术方式再行弘扬。

《民法典评注》是民法领域迄今鲜见的宏大学术工程，是法学所的民法学者相携学界同道共同完成的厚重学术作品。其作者队伍由来自45家单位的80位学者、法官组成，法学所民法室主任谢鸿飞研究员力行组织协调、宣传鼓动职责，晓以意义、激以责任、诱以“红包”，促使作者依约完成撰写任务。为达致《民法典评注》之预定目标，撰写者们可谓呕心沥血、夙夜不懈，其间执笔之艰巨、究问之困苦、催稿之烦惧、书成之庆慰，非我以此短序所能言之。

《民法典评注》分15册图书出版。其中物权编4册，合同编6册，人格权编1册，婚姻家庭编1册，继承编1册，侵权责任编2册。各编主编为：物权编——孙宪忠和朱广新；合同编——谢鸿飞和朱广新；人格权编——陈甦和谢鸿飞；婚姻家庭编——薛宁兰和谢鸿飞；继承编——陈甦和谢鸿飞；侵权责任编——邹海林和朱广新。《民法典评注》总字数逾600万，平均每条撰写近6000字。此外《民法总则评注》已经先行出版，可与此15册图书构成完整的评注体系。为寻求阐释精准、论证得当、内容协调、体例统一，法学所民法室副主任朱广新研究员作为唯一的全书通读者，或将书稿字斟句酌、屡做删改，或与作者频繁沟通、协同观点，其尽心尽责尽力无以复加，可谓实现《民法典评注》品质优化的质检员。

《民法典评注》以融通学术性与实践性为创作取向，对民法典1260个法条逐一进行深入系统的规范解释，使读者既能从整体图景视域掌握民法典的法治精神，又能从细致入微视点理解民法典的规范含义；既能基于本书继续深化对民法典的创新研究，又能借助本书广泛普及对民法典的有效应用。《民法典评注》的撰写者立足于中国法治场景，建构体现中国法治意识的法律阐释时空坐标，切实契合中国法治发展实际情况，充分彰显中国法学话语表达特点，并吸收熔炼国际上一些有重要影响的法律评注模式。可以断言，《民法典评注》系列充分彰显了我国民法研究水平的突破性提升，以及撰写团队的深厚学术积累与卓越创新能力，是中国民法典编纂成功之后衍生的优质学术成果。

谨以此书献给所有为中国民法事业倾注心力、智慧和信念的人们！

2020年9月28日

凡　例

文献名称	本书指称
一、民法典草案	
《民法典各分编（草案）》（征求意见稿）（继承编）	《民法典继承编（草案）》（征求意见稿）
《民法典各分编（草案）》（继承编）	《民法典继承编（草案）》（一审稿）
《民法典继承编（草案）》（二次审议稿）	《民法典继承编（草案）》（二审稿）
《中华人民共和国民法典（草案）》	《民法典（草案）》
二、法律与行政法规	
《中华人民共和国民法典》	《民法典》①
三、司法解释	
《最高人民法院关于贯彻执行〈中华人民共和国继承法〉若干问题的意见》	《继承法意见》
《最高人民法院关于确定民事侵权精神损害赔偿责任若干问题的解释》	《侵权精神损害赔偿解释》
《最高人民法院关于适用〈中华人民共和国婚姻法〉若干问题的解释（一）》	《婚姻法解释（一）》
《最高人民法院关于适用〈中华人民共和国婚姻法〉若干问题的解释（二）》	《婚姻法解释（二）》
《最高人民法院关于适用〈中华人民共和国婚姻法〉若干问题的解释（三）》	《婚姻法解释（三）》
《最高人民法院关于适用〈中华人民共和国民事诉讼法〉的解释》	《民事诉讼法解释》
《最高人民法院关于适用〈中华人民共和国保险法〉若干问题的解释（三）》	《保险法解释（三）》
《最高人民法院关于贯彻执行民事政策法律若干问题的意见》	《民事政策法律意见》

① 本书引用的冠以“中华人民共和国”的法律与行政法规，简称时省略“中华人民共和国”字样，法律与行政法规简称均循此规律，不再重复标注。

续表

文献名称	本书指称
《最高人民法院关于民事诉讼证据的若干规定》	《民事诉讼证据规定》
《最高人民法院关于适用〈中华人民共和国公司法〉若干问题的规定（二）》	《公司法规定（二）》
《最高人民法院印发〈关于审理公司强制清算案件工作座谈会纪要〉的通知》	《强制清算纪要》
《最高人民法院关于贯彻执行〈中华人民共和国民法通则〉若干问题的意见》（试行）	《民法通则意见》

目 录

CONTENTS

第一章

一般规定

第一千一百一十九条【适用范围】

本编调整因继承产生的民事关系。

历史由来

本条为新增条文。由于颁布时间早于《民法通则》,《继承法》并未从民事关系的角度对该法的适用范围作出明确规定，本条的设置在相当程度上弥补了这一缺憾。相较于《继承法》“继承人中心主义”的立法思路，本条从法律关系的维度，划定继承编条款适用范围的规范模式，也有助于更为全面地反映出与继承相关的民事关系的全貌。

本条规定首次出现于《民法典继承编（草案）》(征求意见稿）第1条，其内容为：“因继承产生的民事关系，使用本编。”其后的《民法典继承编（草案）》(二审稿）第898条修改为：“本编调整因继承产生的民事关系。”《民法典（草案）》第1119条接受了《民法典继承编（草案）》(二审稿）第898条的修改。

规范目的或功能

本条在体例上与《民法典》其他分编的起始条款保持一致，与《民法典》第1条和第2条存在衔接关系，明确了继承权编条款的适用范围，即调整对象范围。

规范内容

一、继承编调整的是因“继承”产生的民事关系

所谓因“继承”产生的民事关系，主要是指继承是民事关系产生的原因，主要包括以下两类：

第一，因继承开始产生的民事关系，即因被继承人死亡这一事件而引发的民事关系。由于被继承人死亡引发的身份关系变化，已在总则编和婚姻家

庭编中有所规定，[①]故继承编主要解决的是与遗产处理相关的民事关系，包括遗产的保管和分割、遗产管理人的选任与职责、遗产债务的偿还和双无遗产的归属等。

第二，为妥善处理继承开始后的权利义务关系而形成的民事关系，包括继承权的取得、丧失与恢复，遗产分配的规则，法定继承顺序的确定，遗嘱的设立、变更和撤回以及遗赠扶养协议的订立，等等。

需要区分的是，并非所有导致继承权变动的行为，都属于因继承产生的法律关系，如依双方合意解除养子女关系，虽然会产生继承权丧失的效果，但继承权变动只是结果而非原因，故不属于继承编的适用对象。

二、继承编调整的是因继承产生的民事关系

作为《民法典》的组成部分，继承编在调整范围上自然应属于《民法典》调整范围的子集，仅调整平等主体的自然人、法人和非法人组织之间的人身关系和财产关系，因继承产生的其他法律关系或非法律关系，如因继承纠纷引发的行政或刑事案件以及伦理道德层面的纠纷等，则不属于继承编的调整范围。

与古代继承法主要以身份继承为主不同，现代继承法所调整的民事关系均为财产关系，继承的客体仅限于财产而不包括身份。此外，虽然自然人取得继承权的主要法理基础来自其与被继承人之间的身份关系，但本编所调整的民事关系，主要局限于因被继承人死亡而发生的财产移转关系。结合本编的相关规定，主要包括以下民事关系：因继承权取得、丧失和恢复产生的民事关系，因遗嘱继承或受遗赠产生的民事关系，因遗赠扶养协议产生的民事关系，遗产债务关系，以及因遗产管理和遗嘱执行产生的民事关系，等等。

---

① 参见《民法典》第51条。

第一千一百二十条【对继承权的保护】

国家保护自然人的继承权。

历史由来

本条承袭自《继承法》第1条，同时也是《民法典》继承编对于总则编第124条规定的承接。相较于《继承法》第1条，因本条无需再承担明确立法目的的职责，因此在表述方式上有所调整，以陈述句的方式规定国家依法保护自然人的继承权。

在《民法典继承编（草案）》（征求意见稿）第2条中，本条表述为“国家依法保护自然人的私有财产继承权”。但由于在我国继承法上，继承的标的仅限于财产而不包括身份，因此从《民法典继承编（草案）》（一审稿）开始，本条即不再强调“私有财产”，而改为目前的表述方式。

规范目的或功能

本条规定在功能上并非裁判规则，而是属于宣示性条款。其内容既是《宪法》第13条第2款“国家依照法律规定保护公民的私有财产权和继承权”规定在《民法典》中的具体体现，同时也是《民法典》第124条的具体落实与规范展开。

规范内容

一、国家保护继承权的范围

在国家保护自然人继承权的规定背后，蕴含着国家对于公民合法私有财产的保护、对于被继承人遗嘱自由的尊重，以及对于家庭伦理和传统美德的维持等多方面制度目标。[①]因此我们认为，对于本条中“继承权”一词应作更

① 刘春茂主编：《中国民法学·财产继承》，人民法院出版社2008年版，第36页。

为广义的理解，既包括法定继承人享有的继承权，也包括其他主体在继承法律关系中所享有的其他权利，如受遗赠权、遗产酌给请求权、国家和集体取得无人继承又无人受遗赠的遗产之权利等，上述权利与法定继承权、遗嘱继承权均应受到平等的保护。

二、继承回复请求权的独立地位

国家对于自然人继承权的保护，一方面体现在通过制定相关法律规范，明确赋予自然人继承权，并对继承权的内容和行使方式等作出规定；另一方面则体现为当继承权受到侵害时，为权利人提供有效的救济渠道，此种救济在请求权基础上主要表现为继承回复请求权。虽然《民法典》中并未规定继承回复请求权，但我国学界主流观点均认为，有必要承认继承回复请求权的独立地位。

（一）继承回复请求权的法律性质

所谓继承回复请求权，是指当继承权受到侵害时，权利人请求恢复继承权的圆满状态，并要求侵权人返还遗产的权利。该项权利作为继承权的一项消极权能，只有当继承权受到侵害时方可行使，主要起到保护、完善继承权效力的作用。[①]关于继承回复请求权的性质，学界主要有三种观点：

一是形成权说。该说认为继承权是对被继承人之人格或地位的概括继承，因此继承回复请求权，是真正继承人回复其地位的形成权的一种。换言之，法律之所以允许继承人基于继承回复请求权分别提出数个法律性质不同的诉讼请求，正是对于权利人继承人地位的整体性回复。[②]

二是请求权说。该说认为继承回复请求权是一项给付请求权，即真正继承人请求非法占有遗产的人向其返还遗产的权利，在法律性质上可被视为一项特殊的不当得利请求权。[③]

---

① 骆东升：《继承回复请求权若干法律问题研究》，载《大连理工大学学报》（社会科学版）2013年第2期。

② 林秀雄：《继承法讲义》，台北元照出版有限公司2006年版，第54页。

③ 戴东雄、刘得宽：《民法亲属与继承》，台北五南图书出版股份有限公司1985年版，第282页。

三是资格确认兼遗产返还请求权说。该说认为继承回复请求权同时包含对继承人资格的确认和对遗产返还的要求，因此兼具人身请求权与物上请求权的混合性质。[①]

我们认为第三种观点更为可取。一方面，继承回复请求权的救济对象，应是继承人享有的继承既得权，而不包括继承期待权。因为后者在本质上只是权利人在继承开始后能够成为继承人的一种地位，而此种地位来自继承人与被继承人之间存在法定身份关系或扶养关系的事实，并不存在被侵害的问题。另一方面，对于继承既得权的救济，大多同时包含对于继承人身份的确认以及返还遗产这两项诉求，法院需要首先确认继承人的资格，而后才能在此基础上判断是否应当返还遗产，二者存在内在逻辑联系，而非单纯的给付之诉。[②]换言之，只有当遗产的非法占有人主张自己是真正的继承人或者否认继承人对其占有遗产享有继承权时，继承人才有必要主张继承回复请求权，从而在一个诉讼中首先确认其对遗产享有继承权，进而在此基础上主张非法占有人返还遗产。在此种情况下，资格确认兼遗产返还请求权说显然更能准确反映继承回复请求权的混合特征。

（二）继承回复请求权与侵权请求权和物上返还请求权的区别

我国继承法在遗产权利变动方面长期采当然继承主义，遗产自继承开始时即发生权属变动，因此从理论上说，在出现遗产被他人非法侵占情形时，继承人可以基于侵权请求权或者物上返还请求权要求返还遗产。然而，基于遗产继承纠纷自身的特殊性，仍有必要设置独立的继承回复请求权，以更好地维护继承人的合法权益。

首先，与单纯的财产纠纷不同，在遗产继承纠纷中，对于继承人身份的认定往往是最终决定遗产返还要求能否成立的前提条件，而侵权请求权或者物上返还请求权并不能涵盖确认之诉的内容。因此，有必要通过单独设置继承回复请求权，统合确认之诉和给付之诉这两个具有内在逻辑关联的诉求，从而简化诉讼标的，减少不必要的诉讼程序。

---

① 林秀雄：《继承法讲义》，台北元照出版有限公司2006年版，第56页。

② 房绍坤：《论民法典继承编与物权编的立法协调》，载《法学家》2019年第5期。

其次，仅从财产角度看，由于我国继承法实行概括继承原则，在继承开始后，遗产是作为一个“集合物”整体移转给继承人的，因此在遗产尚未分割的情况下，单个继承人往往难以针对特定遗产主张权利，而对于侵权请求权或者物上返还请求权的行使，通常要有明确的权利客体作为标的。在此种情况下，通过创设继承回复请求权，赋予继承人以被侵占的遗产为标的，要求整体性恢复对其享有的权利，显然更有利于保护继承人的合法权益。①

总而言之，继承回复请求权是根据继承权法律特征为其量身定制的一项救济权，通过主张继承回复请求权，继承人可以一次性恢复到继承开始时其对遗产本应享有的权利状态。因此无论在法律性质还是在权利内容方面，均与侵权请求权和物上返还请求权存在一定差异，不宜混淆。但需注意的是，继承回复请求权与侵权请求权和物上返还请求权并不相互排斥，三项权利应属于自由竞合关系，可以分别独立行使。②特别是当继承人与遗产占有人仅针对特定遗产的归属发生争议时，继承回复请求权与侵权请求权和物上返还请求权在功能上并无实际差异，均旨在恢复继承人对于系争遗产的合法占有。③

（三）继承回复请求权的构成要件

由于我国继承法对于遗产权属的变动始终采取当然继承主义，继承人基于继承权取得遗产所有权，只需经过“逻辑上的一秒钟”，因此在现实生活中，遗产所有权人与占有人发生分离的情况并不鲜见。如果此时占有人构成非法占有，那么继承人就有必要通过行使继承回复请求权，在确认自己继承人资格的同时请求返还被他人无权占有的遗产。具体来说，继承人行使继承回复请求权的构成要件包括以下几个方面：

第一，继承人对继承回复请求权指向的标的依法享有继承权，不存在丧失或放弃继承权的情况。

---

① 王利明：《继承法修改的若干问题》，载《社会科学战线》2013年第7期。

② 房绍坤：《论民法典继承编与物权编的立法协调》，载《法学家》2019年第5期。

③ 章正璋：《继承权法律保护的六个疑难问题探析》，载《现代法学》2012年第4期。

第二，无继承权人事实上已经占有或处分遗产。继承人主张继承回复请求权的前提是有实际损害发生，而此种实际损害主要表现为无继承权人已经实际占有或处分遗产，导致继承人对于遗产享有的权利在行使上遭遇阻碍。主要情形包括：（1）无继承权人（包括抛弃、丧失继承权的人）自称有继承权而占有遗产；（2）继承人超越应继份额占有遗产。如果无继承权人只是单纯否认继承人的继承资格，而并未实际占有遗产，则继承人不能基于继承回复请求权向其提起诉讼。

第三，无继承权人对于遗产的占有构成无权占有。如果无继承权人对于遗产的占有具有正当理由，如基于租赁关系或者行使质权而占有遗产，则继承人不能对其主张继承回复请求权，而应根据基础法律关系的约定或规定，向占有人主张返还遗产。

第四，无继承权人否认继承人对遗产享有继承权，或者以继承人的名义主张对遗产享有财产权，此时由于存在权利主体的争议，侵权法和物权法上的单个请求权都无法完整涵盖纠纷内容。①当然在司法实践中，继承回复请求权的适用范围往往并非如此严格，即使无继承权人并未明确否认继承人的继承权，或主张对遗产享有继承权，但只要在客观上构成对遗产的无权占有，即可构成继承人行使继承回复请求权的理由。②

（四）继承回复请求权的法律效力

非法占有遗产的人应当根据继承回复请求权人的要求，向继承人返还其占有的遗产，至于返还的范围，应根据遗产占有人是否为善意占有有所区分。如果属于善意占有，返还范围应限于诉讼系属发生时的现存利益，包括因遗产所产生的孳息和代位物，善意遗产占有人为保存遗产所支付的必要费用、有益费用或者偿还的债务，有权要求继承人返还。③如果属于恶意占有，则应当返还占有时所存的全部财产，如已经无法返还则应承担损

---

① 李昊：《民法典继承编草案的反思与重构》，载《当代法学》2019年第4期。

② 骆东升：《继承回复请求权若干法律问题研究》，载《大连理工大学学报》（社会科学版）2013年第2期。

③ 章正璋：《继承权法律保护的六个疑难问题探析》，载《现代法学》2012年第4期。

害赔偿责任。

（五）继承回复请求权的时效

虽然继承回复请求权在性质上并非典型的债权请求权，但仍然属于请求权的一种。因此，出于及时解决继承纠纷、加速财产流转等考虑，可对其准用请求权的一般诉讼时效规则。[①]具体来说，根据《民法典》第188条之规定，继承回复请求权的诉讼时效期间应为3年，自继承人知道或者应当知道权利受到损害以及义务人之日起算，但是，自权利受到损害之日起超过20年的，人民法院不予保护。

需要说明的是，即使继承回复请求权诉讼时效期间届满，继承人也不会丧失继承权，而遗产的非法占有人也不会从无权占有变为有权占有，因此，继承人仍然可以基于对遗产享有的物权要求对方返还遗产。当然，根据遗产的类型不同，物权返还请求权也需遵循诉讼时效的相关规定。[②]此外，如果继承人仅请求确认继承人资格，由于其涉及对身份权的确认，因此不宜适用诉讼时效。[③]

三 举证责任

继承人主张继承回复请求权时，应就自己享有继承权以及存在侵犯继承权的事实承担举证责任，而无需再单独证明其对被非法占有的遗产享有财产权。相对人若要排除继承人主张的继承回复请求权，则应就其对系争遗产构成有权占有承担举证责任。

① 王利明：《继承法修改的若干问题》，载《社会科学战线》2013年第7期。

② 房绍坤：《论民法典继承编与物权编的立法协调》，载《法学家》2019年第5期。

③ 王歌雅：《〈民法典·继承编〉的编纂理念与制度构想》，载《求是学刊》2018年第6期；郭明瑞：《论继承法修订应考虑的因素》，载《四川大学学报》（哲学社会科学版）2018年第1期。

第一千一百二十一条【继承开始和死亡顺序推定】

继承从被继承人死亡时开始。

相互有继承关系的数人在同一事件中死亡，难以确定死亡时间的，推定没有其他继承人的人先死亡。都有其他继承人，辈份不同的，推定长辈先死亡；辈份相同的，推定同时死亡，相互不发生继承。

历史由来

本条第1款承袭自《继承法》第2条，未作任何调整。

本条第2款承袭自《继承法意见》第2条，在规范内容上未作实质性修改，但在表述上更为严谨和简约。其中较为重要的调整是，“推定没有其他继承人的人先死亡”和“都有其他继承人”两句中，“其他”一词的加入，明确了在判断死者是否有继承人时，无需考虑在同一事件中死亡的死者，较之原表述更为清晰。

学界对于死亡顺序推定规则曾提出诸多修改意见，有观点认为，为更为准确地反映自然规律，在推定不同辈分自然人的死亡时间时应区分不同情况，“若晚辈未成年，则推定晚辈先死亡，若晚辈已成年，则推定长辈先死亡”[①]。也有观点主张，应摒弃复杂的死亡顺序推定规则，一律简化为推定同时死亡，且彼此间不发生继承关系。[②]

规范目的或功能

继承编各条款之规定，均是围绕继承法律关系展开，而借由继承法律关系真正形成实际法律效果，则大多始于继承开始，因此本条第1款对于继承开始时间的规定，决定了许多相关条款的适用时点。其中主要包括：第一，遗产范围的确定（第1122条）；第二，继承人范围和继承顺序的确定（第1123条、第1127条、第1128条）；第三，遗嘱正式生效（第1123条）；第四，遗嘱执行人开始履行遗产管理职责，没有遗嘱执行人的继承人应及时推选遗产管理

---

① 梁慧星主编：《中国民法典草案建议稿附理由：继承编》，法律出版社2013年版，第6页。

② 徐国栋：《绿色民法典草案》，社会科学文献出版社2004年版，第224页。

人（第1145条）；第五，遗赠扶养协议中的扶养人正式获得受遗赠的权利（第1158条）；第六，因继承取得物权的，发生物权变动效力（第230条）。

本条第2款是对第1款规定的补充，旨在通过设置死亡顺序推定规则，解决无法通过科学手段判断共同遇难者的准确死亡时间时，如何确定继承规则的问题。

规范内容

一、继承开始的法律效果

被继承人的死亡标志着继承的开始，而继承的开始意味着如下法律效果的产生：

1.遗产的范围确定。根据遗产的时间性特征，遗产的范围限定为自然人死亡时遗留的个人合法财产。

2.继承人的范围确定。第一，只有当继承人死亡时尚在人世且未丧失继承权的继承人（包括胎儿），有权对遗产主张继承权；第二，对于夫妻双方来说，被继承人死亡时夫妻关系依然存续，则是另一方享有继承权的必要条件；第三，被继承人的死亡时间，还决定了是否存在代位继承的情况；第四，继承人只有在继承开始后，方可正式放弃继承权。

3.确定遗产继承规则。有遗嘱的，遗嘱正式生效，继承人根据遗嘱享有继承权；没有遗嘱的按照法定继承办理；同时，根据遗赠扶养协议履行了扶养义务的扶养人，也将自此时起依约获得受遗赠权。

4.遗产的归属因继承发生变动。我国继承法对于遗产继承采取当然继承主义，因此当继承开始后，遗产将根据遗嘱安排或法定继承规则发生权利变动的法律效果，以确保遗产归属的无缝衔接。

5.遗嘱执行人开始履行遗产管理人职责，负责管理和分割遗产；被继承人没有委托遗嘱执行人的，由继承人推选或共同担任遗产管理人。

二、死亡时间的确定规则

（一）确定死亡时间的一般规则

死亡，是指自然人生命的终结。根据《民法典》第13条规定，自然人的权利能力自出生时获得至死亡时终止。由于拥有权利能力是自然人享有民事权利、承担民事义务的前提条件，因此当自然人死亡时，其生前享有之财产将成为无主物，而所负之债务也将无从清偿。为避免社会秩序因权利义务的“真空期”而陷入混乱，有必要对被继承人遗留之财产和债务的归属，进行“无缝衔接”式的重新界定，这也是本条规定继承自被继承人死亡时开始的内在原因。

死亡作为法律上的事件，核心问题是死亡时间的判断。根据《民法典》第15条之规定，自然人的死亡时间以死亡证明记载的时间为准；没有死亡证明的，以户籍登记或者其他有效身份登记记载的时间为准；有其他证据足以推翻以上记载时间的，以该证据证明的时间为准。这意味着，在确定自然人的死亡时间时，客观真实始终是最高标准，死亡证明的证明力之所以高于身份登记，也主要是因为有资格出具死亡证明的机构，如医疗机构、公安机关、死者当地居（村）委会等，通常更接近于自然人死亡时的真实场景。

死亡在民法上分自然死亡和宣告死亡两种类型，二者均产生继承开始的法律效果。其中，自然死亡指生理学意义上的死亡，核心特征在于人的生命体征已经不可逆地消失。目前司法实践和理论上的通说认为，应结合呼吸断绝、脉搏消失、心跳停止等因素，综合判断自然人的死亡时间。①然而需要注意的是，由于对死亡时间的认定归根结底是一个医学问题，因此生理死亡的判断标准应与医疗技术和生命科学的发展水平相适应。②例如，根据目前的医学发展水平，病人的心跳、呼吸、血压等生命体征在一定条件下，可以依靠医疗设备或药物予以维持并促使其逆转，因此仅仅根据呼吸或心跳停止，往往不能准确认定病人是否已经死亡。在此种情况下，以脑干发生结构性损伤为标准的脑死亡，因更符合不可逆性特征而被越来越多的临床医学专家所接受。

相对于自然死亡，宣告死亡的时间认定标准较为明确。根据《民法典》第48条之规定，被宣告死亡的自然人的死亡时间，以人民法院宣告死亡判决作出之日为准；因意外事件下落不明宣告死亡的，意外事件发生之日视为死亡的日期。

---

① 陈甦主编：《民法总则评注》（上册），法律出版社2017年版，第89页。

② 王利明：《民法总则研究》（第三版），中国人民大学出版社2018年版，第188页。

（二）被继承人的推定死亡时间

当相互有继承关系的数人在同一事件中死亡，且难以判断各自准确的死亡时间时，为了能够在继承开始时尽快明确应适用的继承规则和继承人范围，本条第2款设置了死亡时间推定规则。根据《布莱克法律辞典》的定义："推定是根据既定事实得出另一事实存在的法律推断或假定……推定将举证责任负担转移到试图推翻推定事实的当事人。"[①]本条第2款对于共同遇难死亡顺序的推定，在规范性质上属于立法推定。是立法者按照特定的立法意图在成文法中所设置的推定性规范，基本路径就是以某一事实的存在为基础，据以认定另一事实或权利的存在。[②]具体包括以下三项具有递进关系的子规则：

第一，推定没有其他继承人的人先死亡。所谓没有继承人，是指死者除了同一事件中的其他死者以外没有其他继承人。立法者设置此项规则的目的，主要是尽量避免出现遗产无人继承的情况。

第二，当数名死者均有其他继承人时，推定长辈先死亡。此项推定规则主要是基于对日常生活经验以及自然规律的考量，日常生活中长辈较之晚辈年龄通常较大，而从统计学上看，年长者距离死亡的时间往往较近。此外，推定长辈先死亡也有利于遗产不断向卑亲属传递，并在各支遗属之间保持平衡分配。

第三，如果死者辈分相同的，则推定同时死亡，相互不发生继承，以此保障被继承人的遗产在本支亲属内部传承，减少向旁系流动的可能性。

总而言之，设置死亡时间推定规则的主要目的，并非探究事实真相，而更多体现的是利益平衡和程序简化的制度需求，因此对该规则的理解与适用并非一个事实问题，而是一个政策选择问题。

---

① Black H.C., Garner B.A., McDaniel B.R., et al., Black's Law Dictionary (8th edition).St.Paul, MN: West Group, 2004, p.3754.

② 唐雯：《我国共同遇难死亡顺序推定规则之反思与重构》，载《法律科学》（西北政法大学学报）2017年第2期。

举证责任

本条第2款是对死亡时间的推定规则，如果其他利害相关人对于被继承人的死亡时间有异议的，可以通过举证证明真实死亡时间，推翻法律推定的死亡时间。同时，根据本条第2款推定的死亡顺序，均可被证据推翻。

其他问题

本条规定与《保险法》第42条第2款之规定存在着一定的冲突。2009年《保险法》修订时，立法者借鉴美国《同时死亡示范法》（*The Uniform Simultaneous Death Act*）的规定，在原第42条中增设第2款，针对受益人和被保险人同时死亡且不能确定死亡顺序的情形，设置了"推定受益人死亡在先"的推定规则。由于立法者在增设该项规则的同时，并未明确其与《继承法》中死亡顺序推定规则的适用关系，导致在实质上形成了死亡顺序推定规则的二元结构，[①]并延续至今。在此种二元结构下，当共同遇难者之间既有继承关系又有保险关系时，将很可能引发法律规则适用上的冲突，最为典型的情况是被保险人与作为受益人的晚辈继承人同时死亡，此时适用不同的死亡推定规则，将可能导致完全不同的遗产分配结果。

例如，甲、乙系母子关系，丙为甲的父亲，丁为乙的儿子，甲以乙为受益人购买了一份人身保险，后甲、乙在一起车祸中丧生且无法认定具体死亡时间。此时，若根据本条确立的推定规则，甲、乙因各自有继承人，所以推定作为长辈的甲先死亡，丙和乙将分别继承甲的一半遗产，而后推定乙死亡，丁将继承乙的全部以及甲的一半遗产。若适用《保险法》的规定，推定作为受益人的乙先死亡，甲和丁分别继承乙的一半遗产，而后推定甲死亡，丁作为代位继承人，将从甲处继承乙的四分之一遗产和甲的一半遗产，最终丁将获得乙的四分之三以及甲的一半遗产。相较于本条中的推定规则，丁将少继承四分之一乙的遗产。

---

① 唐雯：《我国共同遇难死亡顺序推定规则之反思与重构》，载《法律科学》（西北政法大学学报）2017年第2期。

根据现行法律规范和司法审判中的实际操作，当两项推定规则发生适用冲突时，应优先适用《保险法》的规定确定死亡顺序。主要理由如下：

第一，从立法沿革和司法实践的角度来看，尽管《民法典》属于新法，但本条规定却承继自1985年《继承法》及其司法解释，并未对内容作任何调整，而《保险法》第42条第3款则是于2009年《保险法》修订时创设的，根据当时《保险法》与《继承法》的关系，理应优先适用作为新法的《保险法》中的规定。此外，在2015年12月1日施行的《保险法解释（三）》第15条中，最高人民法院也从司法实践的角度，明确表达了优先适用《保险法》的态度。

第二，从立法目的的角度出发，立法者设置"推定受益人死亡在先"的规则，主要体现了《保险法》以保护保险人利益为中心的价值取向。具体来说，被保险人投保人身保险的主要目的，是希望在其死后能够给受益人提供经济上的支持和保障，然而当受益人与被保险人在同一事件中死亡时，由于即使受益人获得保险金，其实际利益也只能被受益人的继承人所享有，这就可能与被保险人投保时的初衷存在较大差异了。更何况在现实生活中，人身保险的受益人并非总与被保险人存在继承关系，此时受益人的继承人与被保险人之间的关系将更加疏远。在此种情况下，相较于受益人的继承人，将保险金的受益权作为遗产留给被保险人自己的继承人，显然更可能反映被保险人的真实意愿，[①]而此种价值取向，与继承法上的死亡推定规则并不存在根本冲突，因此优先适用"受益人死亡在先"的推定规则并不存在理论上的矛盾。

然而，尽管可以通过法律解释解决两项推定规则在适用方面存在的冲突，但从立法角度看，两项规则之间的竞合并非不可避免。具体来说，立法者在《保险法》中增设推定受益人死亡在先规则的目的，是确保在受益人与被保险人共同遇难且不能确定死亡顺序的情况下，由被保险人的继承人取得保险金。然而想要实现这一效果，并非只能通过"推定受益人死亡在先"这一条路径，直接规定此种情况下保险金应作为被保险人的遗产，由保险人依照《保险法》规定履行给付保险金义务亦无不可。相较于《保险法》第42条第3款的规定，此种解决方案显然制度成本更低。

---

① 王夙：《同一事件中判断死亡先后顺序规则的实务分析——以〈继承法〉与〈保险法〉的冲突为视角》，载《求索》2015年第1期。

第一千一百二十二条【遗产的范围】

遗产是自然人死亡时遗留的个人合法财产。

依照法律规定或者根据其性质不得继承的遗产，不得继承。

历史由来

本条沿袭自《继承法》第3条，但在遗产范围的界定方式上进行了较大调整，从列举式改为了“一般规定+除外规则”的概括式。此种界定方式，一方面可以更好地适应因经济发展、技术进步以及法律制度调整而不断涌现的新型财产类型，使被继承人的遗产范围能够得到更为全面的涵盖；另一方面则确立了自然人遗产范围的“负面清单”机制，明确了只有依照法律规定或者根据性质不得继承的财产不属于遗产之列，除此之外的一切个人合法财产均可自然纳入遗产范围，无需得到法律的单独允许，消除了《继承法》第3条在遗产范围界定上遗留的计划经济色彩。

《民法典继承编（草案）》（征求意见稿）第4条规定：“遗产是自然人死亡时遗留的一切个人合法财产，但法律规定或者依其性质不得继承的除外。”《民法典继承编（草案）》（一审稿）删除了“一切个人合法财产”中的“一切”；《民法典继承编（草案）》（二审稿）延续了“一审稿”的规定；《民法典（草案）》都接受了“征求意见稿”第4条的规定，但2020年交由全国人大代表审议的《民法典（草案）》第1122条将之前的规定修改为：“遗产是自然人死亡时遗留的个人合法财产。但是依照法律规定或者根据其性质不得继承的遗产，不得继承。”《民法典》最终删除“但是”二字。

规范目的或功能

本条的规范目的在于划定遗产范围，明确继承法律关系中的客体。鉴于继承法律规范的最终目的，在一定程度上均可最终归结为对遗产的合理分割，而遗产范围的准确划定是遗产合理分割的前提条件，因而本条规定在继承编中发挥着提纲挈领的作用。具体来说，通过本条规定，被继承人可清晰知晓自己的遗产范围，从而基于对私有财产享有的处分权，通过遗嘱或遗赠扶养协议等方式对其如何分配作出妥善安排。在继承开始后，继承人和遗产管理人也可借由本条规定，对被继承人的遗产进行全面清理和妥善保管，进而根据继承规则依法对其进行分割。

规范内容

随着我国经济体制的改革以及经济发展水平的不断提高，自然人拥有的私有财产数量迅速累积，而技术的演进和法律制度的调整，也使得自然人能够以私有方式获得的财产类型不断增多。在此种背景下，本条采取了“一般规定+除外规则”的表述方式，对遗产的范围进行界定，以期能够最大限度涵盖各种私有财产类型，并适应未来社会的发展需要。

一、遗产范围的界定

根据本条规定，遗产是“自然人死亡时遗留的个人合法财产”，对此可从财产性、私有性、时间性和合法性四个方面理解遗产的法定范围。①

（一）财产性

所谓财产性，是指作为继承对象的遗产，仅指被继承人死亡时遗留的财产权利，而不涉及对身份权和人身权的继承。这是因为，随着家长制和宗族制在现代社会中的消解，身份权不再具有对家族财产或成员人身进行控制的内容，与继承人的社会地位之间也不再具有直接关联，而仅与个人之间的特定人身关系相关，因此不再具有可继承性；同时，各项人身权也因具有与权利主体不可分离、不可让与的特性而无法成为继承标的。对于同时包含人身和财产属性的权利类型，只有其中具有财产属性的权利内容可以成为继承的对象。例如，根据《著作权法》第19条之规定，著作权人的继承人可以通过继承取得复制权、发行权、出租权、展览权等财产性著作权，而发表权、署名权、修改权和保护作品完整权等四项人身性著作权则不属于遗产范围，继承人仅有权在他人侵犯上述权利时予以制止并主张救济。进言之，符合财产

① 王歌雅：《论继承法的修正》，载《中国法学》2013年第6期。

性要求的遗产，不仅包括各类典型的财产权利，如物权、债权、知识产权、股权、合伙权益中的财产权益、信托受益权等，还包括其他有助于被继承人获得财产权益的非专属性权利，如继承权、受遗赠权、抗辩权、撤销权、解除权以及占有等，均可成为继承的标的。

学界有观点认为，鉴于我国继承法采取概括继承模式，继承人需要以遗产实际价值为限承担遗产债务清偿义务，因此应对遗产概念作广义理解，将遗产界定为被继承人死亡时遗留的财产权利和义务的总和，既包括积极财产，也包括消极财产。①在比较法上，如《日本民法典》和我国台湾地区均采纳此种界定方法。笔者认为，根据《民法典》第1147条、第1159条和第1161条之规定，理应将被继承人的债务纳入继承对象的范畴之中，然而从上述条款的文字表述来看，遗产与被继承人的债务这两个概念之间，更多是并列而非包含关系，在此种情况下，将被继承人的债务解释为遗产的组成部分似乎略显牵强。事实上，将遗产限定于积极财产，与其他继承客体分开，已经成为我国法制传统的一部分，具有历史的和现实的社会基础；②再加之《民法典》第1159条、第1161条业已分别对遗产管理人和继承人清偿被继承人债务的义务作出了明确规定，使得遗产的分割和遗产债务的清偿可各自遵循独立的程序。在此种情况下，是否将消极财产纳入遗产范围，并不会在司法实践中对债权人合法权益的保护产生实际影响。

（二）私有性

所谓私有性，是指能够作为遗产的财产，应是被继承人的个人财产，不能将其与他人共有的财产全部当成遗产。也正是基于此项要求，《民法典》第1153条规定，在遗产分割时，应当先分出夫妻共同财产和家庭共有财产中属于配偶和其他家庭成员的部分，剩余的才属于被继承人的遗产。根据私有性

---

① 麻昌华：《遗产范围的界定及其立法模式选择》，载《法学》2012年第8期；张黎：《遗产分割前遗产处理规则的制度安排——兼评〈民法典·继承编（草案）〉（二次审议稿）》，载《西南政法大学学报》2019年第6期；梨乃忠：《遗产范围界定的立法修正》，载《法学论坛》2016年第1期。

② 陈苇、魏小军：《论我国遗产范围立法的完善》，载《河南财经政法大学学报》2013年第6期。

标准，被继承人的死亡赔偿金和抚恤金也不应纳入遗产范围，因为该笔款项是对被继承人近亲属遭受的经济损失和精神痛苦的赔偿和抚恤，而非死者的个人财产。[①]当然，当死者存在多个近亲属时，可以参照遗产的分割规则对其进行分配。此外，根据《保险法》第42条之规定，保险金只有在下述情况下才属于被保险人的遗产：（1）没有指定受益人，或者受益人指定不明无法确定的；（2）受益人先于被保险人死亡，没有其他受益人的；（3）受益人依法丧失受益权或者放弃受益权，没有其他受益人的。

（三）时间性

所谓时间性，是指遗产的范围应以被继承人的死亡作为划分时点，凡是被继承人死亡时尚未获得，或者已经作出处分的财产，均不属于遗产之列。但需注意的是，继承开始后遗产产生的孳息，以及因遗产毁损灭失产生的补偿金等，应属于遗产范畴。

（四）合法性

所谓合法性，是指能够作为遗产的个人财产必须是来源合法的财产，被继承人通过非法手段取得的财产，不能通过继承发生权利变动的效果。需注意的是，对于遗产的合法性，不应要求继承人承担主动证明义务，除非继承人明知某项财产存在权利瑕疵，否则应推定被继承人遗留的个人财产具有合法性；如果第三人或国家司法机关认为某项财产系由被继承人非法取得，则应通过司法程序提出救济主张或开展立案调查，只有经有权机关最终做出该项财产系属非法的决定后，才可认定其不属于遗产。

二、依照法律规定或者根据其性质不得继承的权利

1.人格权。根据《民法典》第993条之规定，自然人可以通过许可他人使用自己的姓名、肖像等人格要素获得收益，然而，人格要素本身并非财产权的客体，权利人许可他人使用人格要素，是其行使人格权的一种方式，而非

---

① 参见《最高人民法院关于空难死亡赔偿金能否作为遗产处理的复函》[（2004）民一他字第26号]。

对人格权的转让。因此，当自然人死亡后，其近亲属虽然可以根据《民法典》第994条之规定，阻止他人违法使用死者的姓名、肖像等人格要素，但却不能对上述人格要素主张继承权，进而以自己的名义许可被继承人的人格要素。但需注意的是，如果被继承人在生前已经签订了姓名权、肖像权的许可使用协议，并约定了相应报酬，则对于该报酬的请求权应属于其遗产范围。

2. 专属于被继承人的财产性权利，即根据财产性质或当事人之间的约定，仅能由被继承人自己享有的财产性权利。在实践中主要包括：扶养费（赡养费）请求权、精神损害赔偿请求权、受托人受托管理信托财产的相关权利、基于委托关系产生的代理权，以及此次民法典新设立的居住权等。此外，由于股权和合伙企业中的财产份额具有一定程度的人身属性，因此对其的继承需要根据《公司法》《合伙企业法》等特别规定处理。

三、土地承包经营权与土地经营权

随着《农村土地承包法》的修订和《民法典》的颁布施行，土地承包经营权三权分置改革正式在法律层面得到落实，土地承包经营权人可以通过出租、入股或者其他方式向他人流转土地经营权，从而实现土地承包经营权和土地经营权的两权分离。由于法律对于土地经营权人的主体身份未作特别要求，该项权利属于单纯的财产性权利，因此当权利人去世时，土地经营权的承包收益以及土地经营权本身，无疑应属于其遗产范围。[①]

相较之下，由于土地承包经营权仅可为农村集体经济组织成员享有，具有较为明显的人身属性，且只能以农户为单位取得该项权利，因此其继承规则相对特殊。其中，根据《农村土地承包法》第32条第2款和第54条规定，林地承包经营权和通过招标、拍卖、公开协商等方式取得土地经营权因财产属性较为明确，社会保障功能相对较弱，因此在承包人死亡后，继承人可以在承包期内继续承包。对于作为土地承包经营权主体的基于农村集体经济组织成员身份取得的农地承包经营权，则仅在第32条第1款中规定了承包收益可以继承，而土地承包经营权本身是否可以作为遗产，则付之阙如。对此问

---

① 参见《农村土地承包法》第54条。

题，相较于司法实践倾向于否定土地承包经营权的遗产属性，[①]学界对该问题长期存在肯定说与否定说的争议。

否定说的主要理由包括：第一，土地承包经营权是“农户”而非集体成员个人的财产，与遗产的私有性要求不符，因此原则上不得作为遗产。[②]第二，土地承包经营权的主体必须是农村集体经济组织成员，非集体经济组织成员不能享有，与此同时，土地承包经营权还具有一定的社会保障属性，对其的分配需要在村集体内部保持公平，因此不宜直接按照遗产继承规则对其进行流转。

肯定说观点将土地承包经营权完全归属于私权范畴，主要是在物权法视野中，对土地承包经营权的可继承性进行论证，认为保护被继承人的继承权，实质上就是保护原承包经营权人基于承包经营权享有的财产权。[③]同时，肯定说还认为，土地承包经营权的权利主体并非农户，而是农户中的具体成员，“承包经营权不是抽象的存在，而是落实在每个家庭成员的每一份土地上”[④]。

应该说，肯定说与否定说均有一定道理，但也都存在难以克服的缺陷。事实上，土地承包经营权自身的特殊性决定了对于该项权利的继承，与其说是一个继承法问题，不如说是一个适用于农村集体经济组织的组织法与财产法的关系问题。[⑤]一方面，需要通过继承制度的合理安排，巩固农民土地承包经营权的稳定性；另一方面，也不能脱离土地承包经营权在社会福利和社会保障方面所发挥的制度功能，以及其在维系农村集体经济组织存续方面的作用，单纯从财产的角度设置其继承规则。

结合我国《农村土地承包法》及《民法典》物权编中关于土地承包经营

---

① 刘敏：《土地承包经营权继承的解释论——兼评〈最高人民法院公报〉所载“李维祥诉李格梅继承权案”》，载《政治与法律》2014年第11期。

② 刘保玉、李运杨：《农村土地承包经营权的继承问题探析》，载《北方法学》2014年第2期。

③ 张新宝：《土地承包经营权》，载王利明主编：《物权法名家讲坛》，中国人民大学出版社2008年版，第306页。

④ 汪洋：《土地承包经营权继承问题研究》，载《清华法学》2014年第4期。

⑤ 陈甦：《土地承包经营权继承机制及其阐释辨证》，载《清华法学》2016年第3期。

权的相关规定，一个相对折中的做法是，赋予具有户内家庭成员资格的继承人和具有集体成员身份的户外家庭成员继承人，在作为被继承人的承包人死亡时，继承土地承包经营权的权利。[①]通过对继承权人主体资格的限定，可在相当程度上保障土地承包经营权以继承形式进行的流转，不会在村集体内部造成土地资源分配上的不公；同时避免因土地承包经营权向集体经济组织以外的人流动，而动摇现行以村集体所有，村集体成员共同使用为基本模式的农村土地制度。

四、宅基地使用权

与土地承包经营权类似，宅基地使用权在制度设计之初即兼具人身权和财产权的双重属性，且其社会保障和福利功能更为鲜明。此种制度设计，不仅制约了宅基地使用权通过市场机制进行流转，而且在继承事件发生时，也可能引发对于继承规则的争议，主要表现为具有严格身份限制的农村宅基地使用权与无身份限制的房屋所有权之间的冲突。[②]

一方面，由于继承发生时宅基地上通常建有房屋，而对属于农民私有财产的房屋所有权的继承，与继承人是否具有集体成员身份并无关联，因此在实践中，集体成员以外的继承人，基于“地随房走”的土地管理原则，实质上获得宅基地使用权的情况大量存在。我国土地管理部门对于此种继承的法律效力，也予以了相当程度的认可。例如，1995年《确定土地所有权和使用权的若干规定》第49条规定：“……继承房屋取得的宅基地，可确定集体土地建设用地使用权。”2008年《国土资源部关于进一步加快宅基地使用权登记发证工作的通知》（现已失效）规定：“除继承外，农村村民一户申请第二宗宅基地使用权登记的，不予受理。”换言之，因继承取得的第二宗宅基地使用权是可以进行登记的。2011年《关于农村集体土地确权登记发证的若干意见》规定：“已拥有一处宅基地的本农民集体成员、非本农民集体成员的农村或城

---

① 王洪平：《权益主体视角下农户家庭成员土地承包权益研究》，载《现代法学》2020年第3期。

② 刘红梅、段季伟、王克强：《经济发达地区农村宅基地使用权继承研究》，载《中国土地科学》2014年第2期。

镇居民，因继承房屋占用农村宅基地的，可按规定登记发证，在《集体土地使用证》记事栏应注记‘该权利人为本农民集体原成员住宅的合法继承人’。”由此可见，继承人是否具有农村集体成员身份，以及在继承宅基地使用权后是否会突破“一户一宅”的限制，并不影响其对于宅基地上房屋所有权的继承。

另一方面，宅基地使用权的社会福利属性又决定了其在理论上只可由农村集体成员享有，因此在地方实践中，在承认宅基地上房屋可继承性的同时，针对非集体成员继承人继承宅基地使用权设置限制性规则的情况也并不鲜见。例如，有的地方由集体经济组织收回宅基地使用权，并责令继承人限期撤出房屋；有的地方将宅基地使用权和房屋收回，对继承人的房屋价值给予适当补偿；有的地方虽允许当事人继承，但宅基地使用权待房屋灭失后即收回，且不允许该房屋翻建。[①]

总而言之，宅基地使用权是否属于遗产之所以存在争议，关键在于宅基地使用权同时包含了身份权和财产权属性，而身份权中体现的是宅基地使用权制度的福利性和保障性。此种特性与财产的自由流转之间是存在本质冲突的。目前，国家正在探索宅基地三权分置改革，权利分置的核心即在于将身份权与财产权相互分离，从而使财产流转不再受到身份限制。届时，宅基地使用权将可能对标从土地承包经营权中派生而出的土地经营权，成为较为纯粹的财产权利，进而纳入遗产范畴。

三 其他问题

值得一提的是，网络社交账号的继承问题。

近年来，随着网络逐渐成为人们社会生活的重要场域，网络虚拟财产的经济和社会价值得到了越发广泛的认同。但与此同时，因网络虚拟财产的归属、让与及使用等引发的法律纠纷，也呈现出日益增多的态势。其中就包括了网络虚拟财产权人去世后，应依据何种规则对其网络虚拟财产进行继承的问题。特别是当网络虚拟财产的继承涉及被继承人的隐私时，应如何处理被

① 张坚主编：《农村土地承包经营权、宅基地使用权流转的实证分析与法律构造》（第二版），法律出版社2017年版，第93—94页。

继承人、继承人以及网络服务提供者之间的相互关系，更是成为学界和司法实践关注的焦点。有学者认为，本着对被继承人隐私利益的保护及对死者尊重的原则，不应该将涉及隐私的网络虚拟财产列入遗产范围，[①]而涉及共同隐私的虚拟财产，则应在共同隐私中的群体性成员范围内进行继承，不再单纯考虑法定继承顺位。[②]笔者拟以2018年德国联邦最高法院就一起Facebook账号继承案件（以下简称Facebook案）作出的判决为切入点，对该问题进行分析。

（一）保护死者隐私权不应构成拒绝移交隐私信息的理由

在Facebook案中，原告为了解女儿的自杀原因，要求Facebook向其披露女儿的账号密码，以查看其中的内容，但被Facebook以保护用户隐私为由拒绝，原告遂向法院提起诉讼。本案历经三审，判决结果两次反转，最终原告方胜诉，法院判决其有权继承死去女儿的Facebook账号，并可对其中的通信内容进行访问。虽然从判决理由上看，决定本案结果的关键因素，是法院认定Facebook账号作为合同债权具有可继承性。然而，结合原告继承Facebook账号的真正目的，以及Facebook公司拒绝向其移交账号的主要理由，我们可以发现，本案乃至此类案件的核心争议依然在于，网络服务提供者是否能够以保护网络用户隐私为由，拒绝继承人访问逝者在社交账号中存储的信息，特别是那些可能涉及隐私的信息？对此问题，可分别从以下两个方面进行分析。

1.允许继承人访问隐私信息是否构成对逝者隐私权的侵害

根据网络服务提供者对网络用户承担的隐私保护义务，未经网络用户同意或有其他法定事由（如司法部门依法调取），网络服务提供者有权阻止包括网络用户近亲属在内的任何主体，访问网络用户存储于社交账号中的非公开信息，这是毫无疑问的。然而，这是否意味着，当网络用户不幸离世时，网

---

① 王歌雅：《〈继承法〉修正：体系建构与制度选择》，载《求是学刊》2013年第2期；王国强：《我国数字遗产继承现状研究》，载《情报科学》2012年第1期；杨立新、杨震等：《〈中华人民共和国继承法〉修正草案建议稿》，载《河南财经政法大学学报》2012年第5期。

② 李岩：《虚拟财产继承立法问题》，载《法学》2013年第4期。

络服务提供者依然能够以保护用户隐私为由，拒绝逝者的继承人对其存储的隐私信息进行访问呢？笔者认为答案是否定的，因为逝者不享有法律意义上的隐私权。

首先，隐私权作为一项民事权利，只能为自然人民事主体所享有，而作为自然人民事主体的必要条件之一，即是具备权利能力。根据《民法典》第13条之规定，自然人的权利能力始于出生、终于死亡。这意味着，一旦自然人死亡，其就不能再享有民事权利，隐私权自然也包含其中。

其次，所谓对于死者人格利益的保护，尽管在世界范围内，因各国社会风俗、法律技术以及司法环境等情况的不同，对于死者人格利益的保护存在着直接保护和间接保护这两种基本模式，[①]且我国学界和司法实践对于应采取何种模式尚存在一定争议。[②]然而，死者即便能够像直接保护说所主张的那样，在死后仍然保留部分权利能力，但在客观上已经无法实际感受到任何精神痛苦，也无所谓什么财产损失了，对其人格权的侵害结果，只能反映到在世的近亲属或社会公众的身上。因此，笔者认为，所谓不同保护模式，其本质上只是对于保护方法和手段的争议，而两者的最终目标却是殊途同归的，即对死者近亲属（而非死者）所遭受的精神痛苦和财产损失进行救济，在某些情况下，还涉及对社会公共利益的保护。[③]

在此种制度目标统辖下，死者隐私利益的保护规则与生者隐私权的保护规则，必然存在较大差异。对于生者隐私权的保护范围，通常是围绕隐私权人自己的主观感受进行划定的，因此凡是对权利人私生活的侵入、私事的公开以及信息自主的妨碍行为，都有可能构成侵权。但对于死者隐私利益的保护来说，由于隐私指向的主体已经死亡，因此只有当行为人对死者隐私的侵害足以造成死者近亲属的精神痛苦或财产损失，或有损于社会公德和社会公共利益时，其行为才有可能构成侵权。例如，根据我国《侵权精神损害赔偿解释》第3条第2项之规定，只有以非法披露、利用死者

---

① 王泽鉴：《人格权法》，北京大学出版社2013年版，第299页。

② 张红：《死者人格精神利益保护：案例比较与法官造法》，载《法商研究》2010年第4期；刘召成：《死者人格保护的比较与选择：直接保护理论的确立》，载《河北法学》2013年第10期。

③ 王利明：《人格权法研究》（第二版），中国人民大学出版社2012年版，第189页。

隐私，或者以违反社会公共利益、社会公德的其他方式侵害死者隐私，造成其近亲属遭受精神痛苦的，近亲属方可向人民法院起诉请求精神损害赔偿。

根据上述判断标准，无论是继承人还是受遗赠人，继承死者隐私载体这一行为本身，均不足以构成对死者人格利益的侵犯。在此种情况下，网络服务提供者若再以保护逝者隐私为由，拒绝继承人访问其存储的隐私信息，恐已与其初衷不符。

2. 允许继承人访问隐私信息是否构成对其他网络用户（发信方）隐私权的侵害

虽然对于离世网络用户，网络服务提供者已无隐私保护之义务，但当其存储的信息来自其他在世网络用户时，允许继承人对于这些信息进行访问，是否会构成对发信方隐私权的侵害呢？①在Facebook案中，保护同为Facebook用户的发信方的隐私权，正是Facebook公司拒绝向继承人移交逝者账号的理由之一。对此，笔者认为答案依然是否定的，主要理由如下：

首先，由于无论是通过转移有体物信息载体的占有还是电磁信号的传输，一旦特定信息内容送达收信方，发信方通常就在客观上丧失了对于信息内容的直接控制力，因此对于发信方来说，继承人因继承法律关系而获悉逝者与其的通信内容，并不会超出其对于隐私保护的合理预期。事实上，在现实生活中，只要继承人不进一步将通信内容进行公开，发信方大多也不会因此产生过多的厌恶感。这方面的反例，可参考北京市高级人民法院对杨季康（笔名杨绛）等诉中贸圣佳国际拍卖有限公司侵害著作权及隐私权一案所作的判决。

其次，隐私权并非绝对的，当出现权利冲突时，需要承受必要的克减。对于逝者的继承人来说，通过逝者生前遗留的各类信息，可以更为完整地了解逝者的生平并对其进行凭吊，无疑是一项与人伦相符的合理诉求。此种诉求的合理性决定了继承人对于逝者收到的通信内容进行继承，并无侵权法上的过错可言，因而也就不足以构成对发信方隐私权的侵害。与此同时，继承

---

① 赵荔、李曦烨、杨舒惠：《与账号有关的“数字财产”继承问题》，载《北京邮电大学学报》（社会科学版）2012年第3期。

人行为的合法性，也使网络服务提供者无需担心因向其移转逝者的通信内容而对发信方承担违约责任。

综上所述，无论是从逝者还是发信方的角度出发，允许继承人访问逝者存储于社交账号中的信息，都不会构成对其隐私权的侵害，网络服务提供者也不会因此违反对于用户的隐私保护义务。有鉴于此，保护网络用户的隐私权，不足以成为网络服务提供者拒绝继承人访问逝者隐私信息的合理理由。

（二）应区分社交账号与社交账号内存储的信息，适用不同的继承规则

统观以Facebook案为代表的社交账号（包括电子邮箱）继承纠纷可以发现，继承人真正的诉求往往是获取逝者在使用网络服务过程中形成和存储的各类信息（包括信件、照片、文档等），至于网络服务本身，则由于其大多属于标准化的免费服务，对继承人来说并无过多实际价值。然而，当继承人向网络服务提供者或法院提出诉求时，却大多会将继承标的指向网络服务本身，希望通过获取逝者的账号，实现对相关信息的访问和取回。笔者认为，此种诉求的表达方式，来自前互联网时代人们对于信息载体和信息内容之间关系的传统认识，然而当现代社会进入互联网时代，信息越来越多地存储于云端时，此种传统观念却可能导致两种不同的权利（对信息内容的权利和对信息载体的权利）发生混淆，进而在继承规则的适用中引发难以调和的矛盾。

具体来说，在前互联网时代，由于受制于技术条件，信息内容（此处所说的信息内容，仅指已被固定在有形载体之上的信息，不包括口头表述的信息）的传输，通常需要以转移信息载体（如纸张、光盘、磁带以及硬盘等）的占有为必要条件，因此，为了能够随时保持对于信息内容的控制（主要表现为对信息内容的访问、删除和修改等行为），人们大多会选择在自己拥有所有权（至少是有权占有）的信息载体上记载信息内容，以期使对信息载体享有的支配力扩散至其上记载的信息内容。在此种情况下，虽然权利人在表面上只享有一项对于信息载体的所有权，却同时获得了对于信息载体和信息内容的支配力，而此种“合二为一”的权利构造，也使人们在实践中逐渐形成了通过对信息载体主张权利来获取信息内容的

固定模式。

然而，由于作为信息载体的服务器属于网络服务提供者所有，当信息内容存储于云端时，网络用户只能通过使用网络服务对其存储的信息进行操作。而又鉴于网络服务使用权在法律性质上属于请求权范畴，因此，如果网络用户继续依循前互联网时代，基于对信息载体享有的权利对信息内容进行控制的话，那么其对于信息内容的控制力基础，就将从原本的支配权“降级”为请求权。这意味着网络用户将无法仅凭自己的意志，对云端存储的信息进行访问、修改、删除等操作。

笔者认为，这一法律效果的转变是难以令人接受的。因为对于民事主体来说，信息载体与信息内容原本就是两种在价值内涵和法律特征上存在本质差异的权利客体（事实上，信息内容往往比信息载体具有更高的独立价值），只不过当权利人拥有信息载体的所有权时，其对于信息内容的支配需求可以通过对于信息载体的支配得到实现，故而才形成了“合二为一”的权利构造。因此，当权利人对于信息载体仅享有请求权时，其原本对于信息内容拥有的支配力，非但不应随信息载体权利性质的转变而消失，反而应成为一项独立的权利。该项权利的核心内容在于，权利人可根据自己单方面的意志，以与信息存储时相同或同等的方式对信息内容进行访问（access），并可将其转移至其他信息载体之上，而无须他人意思上（非技术上）的协助。为方便表述，本文暂将此种新型权利称为“数字信息权”，在我国《民法典》规定的民事权利体系中，可考虑将其定位为数据权利的一种类型。

在此仅通过一例对创设此种新型权利的必要性进行说明：为维护自身经营秩序，履行法定管理义务，电子邮箱服务提供者通常会在用户协议中约定，如果网络用户利用其服务散播违法信息，则有权终止向其提供服务。那么，当网络服务提供者实际行使此种合同解除权时，作为相对方的网络用户是否有权要求取回电子邮箱中存储的那些不涉及违法行为的电子邮件和相关附件呢？笔者认为答案应是肯定的，因为这些电子邮件及相关附件并非电子邮箱服务的组成部分（区别于订阅类服务中的信息内容），而是网络用户在使用邮箱服务过程中自己形成或从第三方处获得的，网络服务提供者对其履行的是一种保管义务，而当服务关系解除时，网络用户理应有权要求网络服务提供者返还“保管物”，而上述以信息访问自由为主要内容的“数字信息权”，恰好为此种返还要求提供了必要的权利基础。

综上分析，当信息存储于云端时，网络用户对于信息载体享有的权利，将与对信息内容享有的权利发生分离，且二者在法律属性和权利内容上存在本质区别。因此，当网络用户不幸离世时，继承人应分别对这两种权利主张继承权，并适用与其自身特性相适应的继承规则。

（三）社交账号与账号内信息的继承规则

1.社交账号的继承规则

由于账号密码在本质上只是一种对于权利归属的表征，因此所谓对于社交账号的继承，实际上继承的是网络用户生前享有的对于网络服务的使用权。鉴于网络服务使用权在法律性质上属于合同债权，而对合同债权的继承同时涉及双方当事人的切身利益，因此在确定继承规则时，应重点考察网络用户主体身份的变更，是否确实会对网络服务提供者的正常经营秩序构成不利影响。如果答案是肯定的，且在与网络用户订立合同之初，网络服务提供者就已明确表示网络服务将于用户去世时终止，那么，网络服务作为一种在内容上呈现高度标准化特征的合同债权，理应具有可继承性。

2.账号内存储信息的默认继承规则

如前所述，网络用户对于其存储于账号内的信息享有“数字信息权”，而由于该项权利在法律属性上属于支配权范畴，主要反映的是主体与客体之间的归属关系，因此在对此项权利进行继承时，应首先将其视作一项财产，比照适用物权的继承规则，除非逝者生前将其排除出遗产范围，否则继承权人将有权对所有账号内存储的各项信息进行继承。

需要讨论的是，虽然如上所述，根据现行法律规范，民事主体自死亡时不再享有隐私权，但在现实生活中，希望隐私信息在身后被永远遗忘者却大有人在。因此，在制定数字信息权的继承规则时，是否应将隐私信息默认排除在继承范围之外，并规定只有当逝者明确表示同意时方可予以继承呢？

此种观点具有一定的合理性，也符合很多人的直观感受，但在实践中可能缺乏可操作性。一方面，由于隐私信息范围的界定，主要采取的是主客观相结合的判断标准，因此在最终结果上虽有部分核心共识，但因人而异的情况也十分常见。这使得在现实生活中，隐私信息与非隐私信息往往相互混杂，难以从外部视角做出清晰的界定。例如，某些涉及家庭生活的信息，对于外人来说无疑属于隐私范畴，但对于家人来说却非隐私；而公众人物与普通人在隐私范围的界定上，也可能存在较大差异。另一方面，隐私信息的具体类型十分多样，哪些属于逝者希望永远保密的，而哪些属于仅需在生前保密的，往往只有逝者自己才能做出准确的区分，不宜一概而论。例如，涉及逝者财务状况的信息，在其生前确有对所有人保密之必要，但在死后向近亲属公开却可能是符合其预期的。

总而言之，若笼统地以保护隐私为由，规定除非逝者明确同意，否则继承人无权访问和取回涉及隐私的信息内容，涉及的信息范围恐失之过宽，有违逝者本意。相较之下，以允许继承为原则，并允许逝者通过设立遗嘱等手段将特定信息排除在外的继承规则，显然更为合理，至少逝者的处境不会比将信息内容记录于有体物载体上时更差。

第一千一百二十三条【法定继承与遗嘱继承的关系】

继承开始后，按照法定继承办理；有遗嘱的，按照遗嘱继承或者遗赠办理；有遗赠扶养协议的，按照协议办理。

历史由来

本条沿袭自《继承法》第5条的规定，在内容和表述方面均未作任何调整。

规范目的或功能

本条明确了法定继承、遗嘱继承和遗赠以及遗赠扶养协议这三种继承方式的适用顺序，是处理遗产时应适用的法定规则，为相关权利的实现顺序提供了明确指引，有利于遗产归属及时得到确定。[①]本条与《民法典》第

① 陈苇主编：《中华人民共和国继承法评注：遗产的处理》，厦门大学出版社2019年版，第112页。

1154条存在衔接关系，第1154条是本条规定在遗产归属规则适用上的具体体现。

规范内容

一、遗嘱继承和遗赠优先于法定继承

遗嘱继承和遗赠，是指按照被继承人生前所立遗嘱，确定遗产继承人和受遗赠人范围，以及遗产分配的一种继承方式。[①]通过遗嘱的形式，被继承人可以自由且清楚地对在其去世后应如何处分其遗留的财产作出安排。法定继承，是指将被继承人的遗产按照法律规定的继承人范围、继承顺序、遗产分配原则移转给继承人所有的一种继承方式。[②]不同于在遗嘱继承和遗赠中，对于遗产的分配直接反映被继承人的真实意愿，法定继承规则是立法者根据社会公众的一般观念与习惯，对被继承人内心意愿作出的推定。[③]

由于被继承人通过设立遗嘱的方式，可以更为准确且细致地对遗产分配作出安排，因此基于对民事主体意思自治的尊重，本条明确规定遗嘱继承和遗赠应优先于法定继承。具体来说，此种优先性主要体现在以下四个方面：第一，继承人范围的划定；第二，继承人应继份额的确定和遗产的归属；第三，继承遗产的条件；第四，遗产管理人的选任。

相较之下，法定继承主要反映的是立法者的意志，属于继承法律关系中的默认规则，在被继承人没有通过遗嘱或遗赠扶养协议对遗产作出特殊安排时，作为遗产分割的基础性和补充性规则。与此同时，法定继承规则还为遗嘱自由划定了合理边界，以保障继承秩序不因被继承人过于恣意的遗嘱安排而受到影响。例如，《民法典》第1141条关于必留份的规定，就明确要求遗嘱中应当为缺乏劳动能力又没有生活来源的继承人保留必要的遗产份额，否则该部分遗嘱将被视为无效。

---

① 刘春茂主编：《中国民法学·财产继承》，人民法院出版社2008年版，第243页。

② 蓝承烈、杨震主编：《继承法新论》，黑龙江教育出版社1993年版，第75页。

③ 杨震：《我国法定继承人范围与顺序的历史检视与当代修正》，载《四川大学学报》（哲学社会科学版）2018年第1期。

二、遗赠扶养协议优先于遗嘱继承和遗赠

（一）遗赠扶养协议的性质

遗赠扶养协议作为一种特殊的遗赠形式，通过设计扶养人承担生养死葬的义务、获得受遗赠权利，令遗赠人老有所养，间接地弥补了我国老龄化现象越发凸显之下国家社会保障的不足，促进了社会关系的稳定。事实上，尽管从其表述上看，遗赠扶养协议确实属于“遗赠”的范围，但因其权利义务结构的特殊性，它与单纯的遗赠行为存在较大的区别。《民法典》第1158条继承了《继承法》第31条的规定，将遗赠扶养协议的内容确定为生养死葬义务和受遗赠。从遗赠和扶养这两项内容上看，更加明确了它本质上属于合同关系而与单方法律行为相区分。值得注意的是，这一制度的立足点不仅是为了保障遗赠人通过支配自己的财产在其临终时获得照顾的权利，还需要注意对扶养人获得遗赠财产权利的保障，因为如果扶养人在付出了辛勤劳动之后，作为合同的对价却不能获得相应的酬劳，则会使得制度目的落空。基于此，明确遗赠扶养协议具有何种性质，不仅是分析扶养人受遗赠权利的基础，更是确定遗产债务清偿顺序的前提。

就遗赠扶养协议的性质而言，学界普遍认为遗赠扶养协议具有有偿性和双务性的特征，[①]因为从定义上来看，遗赠扶养协议既是一种遗产转移的方式，但同时也是平等主体间就扶养与“遗赠”达成合意后签订的双务有偿的民事财产合同。从协议双方当事人的合同目的考察，遗赠人就是通过遗赠的财产换取扶养人的生养死葬行为，因此遗赠就是扶养的合同对价，因而具有了有偿合同的性质。[②]有观点认为，正是因为遗赠扶养协议具有的有偿性特征，因此它在效力上就应当优先于遗嘱与法定继承。[③]

---

① 何丽新：《论遗赠扶养协议的扩张适用》，载《政法论丛》2012年第3期。

② 郭明瑞：《继承法研究》，中国人民大学出版社2003年版，第188页；杨大文：《亲属法与继承法》，法律出版社2013年版，第381页。

③ 张昕：《论遗赠扶养协议的完善》，载《法学杂志》2007年第6期。

（二）《民法典》继承编中扶养人的权利实现机制和清偿顺位

作为一项发挥着社会保障功能的法律制度，《民法典》继承编所设计的遗赠扶养协议的权利实现机制存在系统性的缺漏，主要体现在对遗赠扶养协议与遗嘱继承的顺位关系规定不明。《民法典》继承编中扶养人的权利实现机制和清偿顺位由第1159条、第1123条和第1163条的规定构成。具体而言包括以下两个方面：

1.受遗赠权利实现的时间和方式

由于遗赠属于死因行为的范畴，因此受遗赠人的权利实现时间应当是在遗赠扶养协议成立并且遗赠人去世后才能生效。[①]在权利实现的方式上，《民法典》继承编改变了《物权法》的相关规定，由原先的遗赠人死亡后遗产自动转移所有权的模式转变成需要由受遗赠人向遗嘱执行人提出分配请求，因为遗赠扶养协议的生效仅发生债法上的效力。[②]另外，受遗赠的权利实现也与双方对遗赠条款的约定相关，必须在扶养人依照遗赠条款的约定履行义务时，才能获得对遗赠财产的请求权，否则在扶养人未依照条款履行义务的情况下，遗赠人享有对遗赠扶养协议的解除权。

2.遗产不能足额分配时的顺位安排

《民法典》第1123条规定了遗产继承的顺位关系，即“继承开始后，按照法定继承办理；有遗嘱的，按照遗嘱继承或者遗赠办理；有遗赠扶养协议的，按照协议办理”。依照该条的规定，死者的遗产继承顺位呈现出一种递进的关系，而且遗嘱继承、遗赠和遗赠扶养协议并没有明确相互之间的顺位。在遗产足以为各个顺位的继承人所分配的情形下，这三者并不存在冲突，但若财产不足以分配所有对遗产有请求权的继承人时，由三者产生的请求权就会发生冲突。其中，最根本的要素是，依据《民法典》继承编的相关规定，遗产继承应当在清偿完其生前债务和应缴税款之后才能分配给法定继

---

① 陈苇：《我国遗产债务清偿顺序的立法构建》，载《法学》2012年第8期。

② 接受遗赠的受遗赠人不能直接因遗赠人去世而取得遗赠财产所有权，仅针对继承人、遗嘱执行人享有转移遗赠财产所有权的请求权。李昊：《民法典继承编草案的反思与重构》，载《当代法学》2019年第4期。

承人、遗嘱继承人和受遗赠人。另外，因为此处的立法表述并没有将遗赠扶养协议的受遗赠人排除在“受遗赠人”这一类别外，所以从文义上解释的时候，扶养人当然地属于第1123条和第1163条的受遗赠人的情形之一。根据上述条文可知，扶养人的请求权未被视为被继承人债务的情形下，扶养人与其他遗赠人处于同一顺位，这样就会造成在遗产不足以完全分配的情况下，对已经尽到生养死葬义务的自然人和组织无法获得该行为所应当获得的遗赠财产。

事实上，依据《继承法意见》第5条的规定：“被继承人生前与他人订有遗赠扶养协议，同时又立有遗嘱的，继承开始后，如果遗赠扶养协议与遗嘱没有抵触，遗产分别按协议和遗嘱处理；如果有抵触，按协议处理，与协议抵触的遗嘱全部或部分无效。”该规定明确了遗赠扶养协议相对于遗嘱的优先性，但是在《民法典》中并没有将遗赠扶养与一般的遗赠顺位相区分，因此还是会存在一般遗赠中的继承人与遗赠扶养人之间的权利冲突。在这种情形下，依据遗赠扶养协议的双务有偿性，以及从遗赠扶养制度本身所需要达至的制度目标来看，较为稳妥的方式即为将遗赠扶养人对被继承人的遗产所享有的债权请求权作为被继承人的债务，使其优先于法定继承、遗嘱继承和一般的遗赠行为中的继承人，以此来作为巩固国家养老制度的一项有益的制度补充，稳固老年人通过协议方式处分私人财产并且获得扶养的权益。

举证责任

由于法定继承是处理遗产继承的默认规则，因此，主张根据遗嘱进行继承或受遗赠，以及根据遗赠扶养协议享有受遗赠权的一方当事人，应当承担被继承人留有遗嘱，或者曾与被继承人签订遗赠扶养协议的举证责任。如不能举证证明有遗嘱或遗赠扶养协议存在，或者遗嘱或遗赠扶养协议无效，应适用法定继承规则。

第一千一百二十四条【继承的放弃和遗赠的接受或放弃】

继承开始后，继承人放弃继承的，应当在遗产处理前，以书面形式作出放弃继承的表示；没有表示的，视为接受继承。

受遗赠人应当在知道受遗赠后六十日内，作出接受或者放弃受遗赠的表示；到期没有表示的，视为放弃受遗赠。

历史由来

本条沿袭自《继承法》第25条。首先，在条文的体例位置上，本条从《继承法》第四章“遗产的处理”提到了继承编第一章“一般规定”，与其条文规定内容更为契合，因为继承权和受遗赠权的接受与放弃，并非仅仅涉及遗产的处理，而是继承开始后首先需要解决的一个前提性问题，即继承人和受遗赠人范围的确定。其次，在规范内容上，本条部分采纳了《继承法意见》第47条的规定，明确继承人放弃继承的意思表示，应当以书面形式作出。此项要求，一方面可以促使继承人更为谨慎地作出放弃继承的决定，另一方面也可通过书面证据的留存，减少事后发生争议的概率。最后，将受遗赠人表示接受或者放弃继承的期限，从“两个月内”改为“六十日内”，以配合总则编中对于期间计算规则的调整。

在《民法典》立法过程中，本条规定主要在以下两个方面进行过调整：

一方面，对于应以书面形式作出放弃继承的表示的规定，是直至《民法典（草案）》才加入的，在之前的多个版本中，均未规定放弃继承意思表示的形式要件。

另一方面，在《民法典继承编（草案）》（征求意见稿）中，立法者均要求放弃继承或受遗赠的意思表示，应向遗产管理人作出；而从《民法典继承编（草案）》（一审稿）开始，则不再对放弃继承或受遗赠的表示对象进行限定。

规范目的或功能

继承与遗赠的接受和放弃制度，是指继承开始后，继承人和受遗赠人有权自主选择是否接受继承或遗赠的制度。立法者创设本项制度的目的，一方面是强调继承人和受遗赠人拥有自主选择是否接受继承和遗赠的权利，以体现法律对权利人意志自由的尊重；另一方面则是尽快确定继承人和受遗赠人的范围，以避免其他继承人、受遗赠人以及遗产债权人的合法权益因继承法律关系长期处于不确定状态而受到影响。[①]

规范内容

一、接受与放弃继承和遗赠的法律性质

（一）接受与放弃继承和遗赠是单方法律行为

继承权来源于继承人与被继承人之间的身份或扶养关系，根据本条规定，对于继承权的接受无需单独作出意思表示，只要继承人没有在遗产处理前表示放弃继承，即认为其自继承开始时接受继承。

所谓放弃继承，是指继承开始后继承人所为的消灭继承效力的法律行为，在法律性质上属于单方法律行为，[②]只要继承人作出放弃继承的有效意思表示，放弃继承行为即可成立生效，无需与他人达成合意。[③]在本条中，法律并未对继承人作出放弃继承意思表示的对象范围进行限定，但在实务中，为了使其他继承人能够及时知晓其放弃继承的决定，从而对遗产进行准确分割，继承人应向遗产管理人或其他继承人作出放弃继承的意思表示。

与继承权相反，受遗赠人需要在法定期限内作出接受遗赠的意思表示，方可继续享有受遗赠权，否则受遗赠权将随法定期限的经过而消灭。与放弃继承相同的是，接受或放弃受遗赠的意思表示同样为单方法律行为，受遗赠人可仅根据自己的意愿作出决定。

---

① 陈苇主编：《中华人民共和国继承法评注：遗产的处理》，厦门大学出版社2019年版，第78页。

② 刘耀东：《继承法修改中的疑难问题研究》，法律出版社2014年版，第94页。

③ 郭明瑞：《继承放弃行为辨析》，载《东方法学》2018年第4期。

（二）接受与放弃继承和遗赠行为的形式

不同于《继承法》，本条增加了对于放弃继承意思表示的书面形式要求，使其成为一项要式法律行为。根据《民法典》第135条之规定，法律规定采取特定形式的，应当采取特定形式，但立法者并未明确规定违反形式强制的法律后果。[①]笔者认为，立法者要求继承人以书面形式作出放弃继承的意思表示，主要目的有二：一是提醒继承人谨慎作出放弃继承的决定；二是给继承人放弃继承的决定留下充分证据，避免在遗产处理过程中发生纠纷。鉴于上述两项目的均旨在明确私人主体之间的权利义务关系，基本无涉国家和社会公共利益，因此只要当事人能够有其他充分证据证明，继承人确实在遗产处理前作出过放弃继承的意思表示，则放弃继承法律效力的发生，不宜过度拘泥于意思表示作出的形式，这也是我国长期司法实践经验的总结。[②]

相较于放弃继承，本条对于接受与放弃受遗赠的意思表示并未作形式上的要求，口头或书面均可。需注意的是，接受遗赠的意思表示必须以明示方式作出；而拒绝接受遗赠，则可以明示或默示方式作出，受遗赠人单纯地沉默，亦可在法定期限过后产生拒绝接受遗赠的法律效果。

二、接受与放弃继承和遗赠的时间

（一）接受与放弃继承决定的时间

根据本条第1款之规定，继承人可以在从继承开始后到遗产处理前的这段时间内，随时作出放弃继承的意思表示，但如果在遗产处理前未作出放弃表示的，则视为接受继承。进言之，如果继承人在遗产处理后方表示放弃继承的，那么他放弃的不再是继承权，而是对分得遗产的财产权。所谓遗产处理前，结合《民法典》第1152条及《继承法意见》第49条之规定，应当理解为遗产分割前。

需要讨论的是，如果继承人在继承开始前即作出放弃继承的意思表示，是否产生放弃继承的法律效果，对此理论界存在一定争议。肯定说认为，我国继承法并未禁止家庭成员之间通过签订继承契约对将来遗产的分配进行约

---

① 陈甦主编：《民法总则评注》（下册），法律出版社2017年版，第974页。

② 参见《继承法意见》第47条。

定，只要约定内容符合继承人和被继承人的意愿且不损害社会公共利益，就应当是合法有效的，其中就包括对继承权的放弃。[①]否定说则认为，我国法上的继承放弃是对主观继承权的放弃，而非对客观继承权即继承资格的放弃。因为只有在继承开始后，继承人继承被继承人遗产的权利才能转化为主观权利。[②]此外，只允许继承人在继承开始后放弃继承，也有利于保护继承人的合法权益，确保其在遗产状况确定后，谨慎地作出是否放弃继承的决定。[③]

我们认为否定说更为可取，因为在继承开始前，继承人所享有的只是理论上的继承期待权，是一种作为继承人的资格，而非实质性的权利，故不能对其作出有效的处分。我国司法实践亦主要采否定说，但同时基于诚实信用和公序良俗等原则，对继承开始前作出放弃继承决定的效力进行灵活处理，如果否定其效力可能导致相关主体利益失衡，且与民众普遍接受的风俗习惯相悖，则应承认其效力。例如，《北京市高级人民法院关于审理继承纠纷案件若干疑难问题的解答》第16条就规定，如果放弃继承的表示系在分家析产等合意行为中作出，涉及继承权之外其他权利义务安排，继续享有继承权有违相关习俗并导致显失公平的，人民法院对作出放弃表示方请求继承遗产的请求不予支持。换言之，继承人在继承开始前作出放弃继承的意思表示，虽然不能即时产生放弃继承的法律效果，但如果在继承开始后其仍未撤销该意思表示，且不撤销意思表示符合其内心真意，则应视为继承人于继承开始后作出了放弃继承的意思表示，并于继承开始时发生放弃继承的法律效力。

（二）接受与放弃遗赠的时间

根据本条第2款规定，受遗赠人若想接受遗赠，应当在知道受遗赠后60日内作出接受的表示，否则60日期限经过后，将被视为放弃受遗赠。本款中所谓“知道受遗赠后”，是指受遗赠人在继承开始后实际知道被继承人对其进行遗赠的时点。在现实生活中，受遗赠人虽然可能在被继承人设立遗嘱之时

---

① 陈苇主编：《外国继承法比较与中国民法典继承编制定研究》，北京大学出版社2011年版，第140页。

② 郭明瑞：《继承放弃行为辨析》，载《东方法学》2018年第4期。

③ 陈苇主编：《中华人民共和国继承法评注：遗产的处理》，厦门大学出版社2019年版，第93页。

即知道将受遗赠的安排，但鉴于直至继承开始前，被继承人有可能变更遗嘱，因而在继承开始前受遗赠人作出的意思表示，并不能产生取得或放弃受遗赠权的法律效果。

三、接受与放弃继承和遗赠的限制条件

（一）对继承和遗赠的接受与放弃不得附条件

虽然本条并未明确规定放弃继承或受遗赠不得附条件或期限，但由于如果允许继承人或受遗赠人在放弃继承权和受遗赠权时附条件或期限，将可能使继承法律关系长期处于不确定状态，从而影响其他继承人、受遗赠人以及利害关系人的利益，因此应通过对法条的解释得出不得附条件或期限放弃继承和受遗赠权的结论。[①]

（二）不得部分接受与放弃继承和遗赠

由于接受与放弃的标的是继承，而继承并非一项单一的财产，而是整个遗产中所占的一定比例，是权利和义务的统一体，[②]因而继承人只能概括地选择接受或放弃继承。如果允许继承人部分接受或放弃，其可能选择只接受积极财产，放弃消极财产，从而损害遗产债权人的利益。与之同理，遗赠的标的虽然只涉及积极财产，但不排除被继承人对受遗赠附有义务，因而受遗赠人也只能概括性地接受或放弃受遗赠权。需要注意的是，放弃继承（遗赠）和放弃对特定遗产的继承（遗赠）不同，后者是继承人（受遗赠人）对于通过继承（受遗赠）已经取得的财产权的处分行为，其建立在继承人（受遗赠人）已经接受继承（受遗赠）的基础之上，属于抛弃财产权的单方法律行为。

（三）放弃继承不得损害他人利益

放弃继承虽然是继承人对自己享有的权利进行的处分，但根据《民法典》第132条权利不得滥用之规定，继承人不得滥用放弃继承的权利，损害他人合

① 林秀雄：《继承法讲义》，台北元照出版有限公司2006年版，第175页。

② 陈苇、宋豫主编：《中国大陆与港、澳、台继承法比较研究》，群众出版社2007年版，第125页。

法权益。对于滥用放弃继承的权利，《继承法意见》第46条列举了一种典型情况，即因放弃继承权导致不能履行法定义务的，放弃继承权的行为无效。具体来说，本条中所说的法定义务主要包括继承人依法应当承担的法定扶养义务，以及依法应当缴纳的税款等债务。

存在一定争议的是，债权人能否对债务人放弃继承或遗赠的行为行使撤销权。在学界和司法实践中存在三种不同观点。

肯定说认为，由于我国继承法采取当然继承主义，因此在继承开始之时，继承人将当然取得遗产的财产权，因此其放弃继承的行为，将构成自身责任财产的减少。此外，债权人在同债务人进行交易时，不仅会考虑债务人当时的责任财产状况，其将来可能获得的财产也应在债权人的考量范围之内。鉴于此，如果继承人放弃继承的行为将影响债权的实现，则债权人应有权主张行使撤销权，撤销债务人放弃继承的行为。否定说认为，放弃继承行为事关继承人人格的基本自由及尊严，即使放弃继承会间接增加其债权人受偿不能的风险，债权人也不得撤销。[①]此外，也有学者持折中说，认为债权人原则上不得撤销继承人抛弃继承的行为，但若继承人放弃继承权系出于诈害债权人之故意，应当例外承认债权人的撤销权。[②]

笔者认为否定说更为可取。一方面，放弃继承的行为兼具财产行为和身份行为的双重属性，而身份行为事关自然人的人身自由、人格利益，法律不应允许债权人享有撤销债务人身份行为的权利。[③]另一方面，所谓债权人的撤销权，在本质上是立法者出于维护交易安全的需要，赋予债权人直接干预债务人意思自治的权利，体现的是法律对于公平与自由的平衡兼顾，因而只有在法定情形下方可行使。根据《民法典》第538条、第539条之规定，只有当债务人实施的行为造成或即将造成其既有责任财产发生减损时，债权人方可行使撤销权，而由于放弃继承的法律效力具有溯及力，因此该行为只会阻止其责任财产的增加，而不会造成既有责任财产的减损，也就

---

① 陈苇、王巍：《放弃继承行为不能成为债权人撤销权的标的》，载《甘肃社会科学》2015年第5期。

② 刘耀东：《继承法修改中的疑难问题研究》，法律出版社2014年版，第98页。

③ 王利明：《合同法要义与案例析解》（总则），中国人民大学出版社2001年版，第292页。

不会危及债权人的信赖利益。在此种情况下，债权人显然没有行使撤销权的理由。

四、接受与放弃继承和遗赠的法律效力

继承人接受继承的，自继承开始时享有继承权，自不待言。继承人作出放弃继承的有效意思表示后，放弃继承的效力将溯及继承开始之时，即从继承开始之时，放弃继承的继承人就不是继承权人，既不发生遗产权利变动的法律效果，也不负担被继承人的债务。[①]比较法上，大多亦有此规定。[②]如果继承人在放弃继承前，有对遗产进行管理的行为，则在其放弃继承后，应以妥当方式将其管理的遗产向遗产管理人或其他继承人进行移交，在移交之前，应以善良管理人之标准继续履行遗产管理义务。与接受和放弃继承相同，接受或放弃遗赠的意思表示一旦作出，亦同样产生溯及继承开始之时的法律效力。

第一千一百二十五条【继承权的丧失与恢复】

继承人有下列行为之一的，丧失继承权：

（一）故意杀害被继承人；

（二）为争夺遗产而杀害其他继承人；

（三）遗弃被继承人，或者虐待被继承人情节严重；

（四）伪造、篡改、隐匿或者销毁遗嘱，情节严重；

（五）以欺诈、胁迫手段迫使或者妨碍被继承人设立、变更或者撤回遗嘱，情节严重。

继承人有前款第三项至第五项行为，确有悔改表现，被继承人表示宽恕或者事后在遗嘱中将其列为继承人的，该继承人不丧失继承权。

受遗赠人有本条第一款规定行为的，丧失受遗赠权。

---

① 郭明瑞：《继承放弃行为辨析》，载《东方法学》2018年第4期。

② 参见《德国民法典》第1953条；《法国民法典》第805条。

历史由来

本条在沿袭《继承法》第7条规定的基础上，在第1款第4项中增加了“隐匿”遗嘱的情形，并新增了第5项丧失继承权的情形。同时，在《继承法意见》第13条的基础上，确立了继承宽宥制度，并将其适用范围扩大至除“故意杀害被继承人”和“为争夺遗产杀害其他继承人”以外的所有继承权丧失情形，体现了对被继承人自主意愿的尊重。此外，本条第3款还新增了受遗赠人丧失受遗赠权的规定。

在民法典立法过程中，继承宽宥制度的安排曾有调整，主要表现在《民法典继承编（草案）》（一审稿）中并未将“确有悔改表现”作为继承权恢复的前提条件，但从《民法典继承编（草案）》（二审稿）开始，立法者又沿袭了《继承法意见》第13条的表述方式，继续将“确有悔改表现”作为继承权恢复的前提条件。

规范目的或功能

本条规定了继承权丧失与恢复的法定情形。本条第1款通过列举继承人丧失继承权的法定情形，为继承人与被继承人之间的正常关系划清了底线，有助于维持社会公义和人伦道德，避免遗产继承秩序发生混乱，[①]保障被继承人的遗嘱自由不受侵犯。[②]在本条第2款中，立法者通过设立继承宽宥制度，发挥法律的教育功能，引导曾经铸下大错的继承人幡然悔悟、痛改前非，让家庭关系破镜重圆。同时，本款对于继承权宽宥制度适用范围的规定则代表了立法者在继承法律制度中，对于社会公平正义的底线要求。

---

① 王歌雅：《〈民法典·继承编〉：制度补益与规范精进》，载《求是学刊》2020年第1期。

② 林秀雄：《继承法讲义》，台北元照出版有限公司2006年版，第33页。

规范内容

一、继承权丧失制度的法理基础

（一）维护最为基本的公平正义与伦理道德

日耳曼法谚云："染血之手，不能为继承人。"[①] 当继承人存在故意杀害、遗弃或者虐待被继承人等严重侵害后者生命健康的行为时，无论其与被继承人之间存在何种亲缘关系，让其在被继承人去世后继承遗产，都将与社会公平正义观念和伦理道德发生严重冲突。故法律理应对其施以制裁，剥夺其继承权。

（二）保护其他继承人，维护良好的遗产继承秩序

一个良好的遗产继承秩序，集中表现为遗产能够按照被继承人的真实意愿，在继承人中间顺利完成分配。因此，继承人为了争夺遗产而杀害其他继承人的行为，是对遗产继承秩序最大的破坏，在无形中也剥夺了被继承人根据自己意愿分配遗产的机会。同时，继承人之间的骨肉相残，也是为社会伦理道德所不容的大恶之行。因此，为了保护其他继承人的合法权益，维护良好的继承秩序，理应剥夺实施此类行为的继承人的继承权。

（三）维护被继承人的遗嘱自由

意思自治是民法的基本原则，在继承法律制度中集中表现为被继承人的遗嘱自由，即通过设立遗嘱对于遗产的分配方案作出安排。因此，当继承人存在伪造、篡改、隐匿、销毁遗嘱，以及以欺诈、胁迫手段迫使或者妨碍被继承人设立、变更或者撤回遗嘱等行为时，将构成对被继承人遗嘱自由的侵害。在此种情况下，若仍允许继承人继承遗产，遗嘱自由原则恐将流于形式。[②] 因此，继承权的丧失制度还有利于维护被继承人之遗嘱自由。

---

① 李昊：《民法典继承编草案的反思与重构》，载《当代法学》2019年第4期。

② 刘耀东：《继承法修改中的疑难问题研究》，法律出版社2014年版，第61页。

二、继承权丧失的法定事由

我国继承法以列举方式对继承权丧失的法定事由作出规定，明确了丧失继承权的法定原因，因此在司法实践中，裁判者不能擅自对这些法定原因作类推适用，扩大继承权丧失制度的适用范围。[①]具体包括以下五种法定事由：

（一）故意杀害被继承人

只要继承人在主观上具有剥夺被继承人生命的故意，且在客观上实施了加害行为，那么无论行为人是否出于谋夺遗产的目的，是既遂还是未遂，是主犯还是从犯，是实行犯还是帮助犯，乃至是否被追究刑事责任，都将产生丧失继承权的法律效果。但如果继承人是因为正当防卫造成被继承人死亡，则不产生丧失继承权的法律效果。需要注意的是，虽然我国继承法对于继承权丧失的效力采当然丧失主义，只要存在法定事由即发生继承权丧失的法律效果，无需法院单独宣告，但判断继承人的行为是否构成故意杀害被继承人，通常还是需要根据法院的判决予以确定。[②]

（二）为争夺遗产而杀害其他继承人

与故意杀害被继承人不同，继承人只有以争夺遗产为目的杀害其他继承人时，才产生丧失继承权的法律效果，故适用范围有所限缩。除此之外，故意杀害行为的认定标准与前项相同，在此不赘。需要讨论的是，应如何理解“其他继承人”的范围。有观点认为，被杀害的继承人应仅限于在先顺序或与行为人相同顺序的继承人，因为杀害后顺位继承人并不会对行为人的继承份额产生影响，不符合为争夺遗产的目的限制。笔者认为此种观点有一定道理，但在现实生活中，并不能完全排除继承人为防止后顺位继承人对其继承资格提出质疑而实施杀害行为的可能性；加之杀害其他继承人行为本身，在法律和道德上均具有极大的恶性，因此，不妨将对行为人是否具有争夺遗产意图的判断，留到个案之中由法官根据具体案情作出，而不急于在法律解释层面

① 吴国平：《海峡两岸继承权丧失制度比较研究》，载《海峡法学》2014年第2期。

② 刘耀东：《继承法修改中的疑难问题研究》，法律出版社2014年版，第63页。

早早划定“其他继承人”的范围。

（三）遗弃被继承人，或者虐待被继承人情节严重

所谓遗弃被继承人，是指继承人有扶养能力和扶养条件而对缺乏劳动能力又无生活来源的被继承人拒不履行扶养义务，导致其生活陷入危难或困境之中。在实务中，需注意将遗弃行为与继承人因为被继承人的过错而与之分居或者来往不密切严格区分。所谓虐待，是指对被继承人的身体或精神进行摧残或折磨，如打骂、冻饿、限制人身自由、不提供基本医疗条件、强迫从事体力劳动等。至于情节是否严重，需要根据遗弃和虐待行为的时间、手段、后果和社会影响等多方面因素综合判断，但并不一定需要达到构成犯罪的程度。

需要讨论的是，被继承人主观上对遗弃、虐待行为的认定，是否为继承权丧失的必要条件。笔者认为答案是肯定的，因为与其他几项法定事由均有明确的客观标准不同，对于遗弃、虐待的认定，往往与受害人的主观感受存在较大关联，这点从遗弃罪和虐待罪均为自诉案件亦可看出端倪。一个更为现实的问题是，若被继承人自始未将继承人的行为视为遗弃或虐待，那么即使继承人事后确有悔改表现，被继承人往往也不会单独做出宽恕的意思表示，使其继承权得到恢复。在此种情况下，仅根据客观标准剥夺继承权，未必与被继承人的真实意愿相符。当然，为保障继承人的合法权益，亦不能仅根据被继承人的主观意愿判断继承人是否存在丧失继承权的法定情形。

（四）伪造、篡改、隐匿或者销毁遗嘱，情节严重

首先，继承人实施上述行为应是故意为之，且在客观上造成了对真实遗嘱发生效力的影响；其次，继承人伪造、隐匿、篡改或销毁的遗嘱，应是被继承人合法设立的遗嘱，不包括继承人已经撤销的遗嘱或无效的遗嘱。具体来说，所谓伪造遗嘱，是指故意以被继承人的名义制作假遗嘱，包括没有遗嘱时伪造遗嘱，以及隐匿或者销毁有效遗嘱后伪造遗嘱；所谓篡改遗嘱，是指故意改变合法设立的遗嘱的内容；所谓隐匿遗嘱，包括故意隐瞒被继承人曾设立遗嘱的事实，以及故意将被继承人设立的遗嘱秘不示人两种情况；所谓销毁遗嘱，是指故意使遗嘱灭失的行为。判断上述行为是否达到“情节严重”，应主要考虑其对遗产分配结果的改变是否严重违背被继承人的意愿，以及是否

给其他继承人的合法权益造成严重损害。例如，若上述行为侵害了缺乏劳动能力又无生活来源的继承人的利益，并造成其生活困难，即应构成情节严重。

（五）以欺诈、胁迫手段迫使或者妨碍被继承人设立、变更或者撤回遗嘱，情节严重

本项中所列行为，同样具有妨害被继承人遗嘱自由，让遗嘱无法反映被继承人内心真意的效果。但与伪造、篡改、隐匿或销毁遗嘱是以遗嘱为对象实施的不法行为不同，继承人实施欺诈、胁迫等行为的对象是被继承人，行为人是通过对被继承人的行为进行干涉，达到限制其遗嘱自由目的的。需要说明的是，继承人实施欺诈、胁迫等行为的目的，并不以图利自己为限，为他人牟利或者单纯为损害被继承人的利益亦均有可能。所谓情节严重，首先应考察欺诈、胁迫行为本身的恶劣程度，以及该行为对被继承人造成影响的持续性，如果被继承人只是一时被欺诈、胁迫，而后仍有机会根据自己的内心真意设立、变更或撤回遗嘱，通常不宜认定为情节严重。如果被继承人在生前没有机会改变遗嘱，还应考察欺诈、胁迫行为对遗产分配结果造成的实际影响，如果涉及的遗产数额较小，或者对其他继承人造成的影响相对有限，可考虑保留行为人的继承权，而仅根据《民法典》第1143条之规定，认定受欺诈、胁迫所立的遗嘱无效，并酌情少分其遗产即可。

三、继承权丧失的法律效力

（一）继承权的当然丧失、绝对丧失和相对丧失

所谓继承权的当然丧失，是指一旦丧失继承权的法定事由发生，继承人即当然丧失继承权，无需被继承人单独提出主张或经司法确认。[①]结合我国《继承法意见》第9条之规定可以合理推知，我国司法实践采当然丧失主义。

根据继承权丧失法定事由的轻重，继承权丧失可进一步分为绝对丧失与相对丧失。所谓绝对丧失，是指一旦失权事由发生，继承人便终局丧失继承权，不因被继承人的宽恕而恢复。由于此种法律效果不仅是对继承人继承权

① 宋豫：《完善我国继承权丧失制度的若干思考》，载《河北法学》2006年第1期。

的剥夺，也是对被继承人遗嘱自由在一定程度上的限制，属于公权力对自然人意思自治的直接干预，[①]因此只能适用于最为严重的违法和悖德行为。根据本条规定，此类行为仅指故意杀害被继承人和为争夺遗产而杀害其他继承人。所谓相对丧失，是指继承人在丧失继承权后，可以通过被继承人对其的宽恕而恢复继承权的情形，本条第1款第3项至第5项的行为均属此类。相较于绝对丧失继承权，相对丧失继承权行为的恶性程度相对较低，造成的影响也主要限于家庭内部，因此应允许被继承人根据自己的意愿恢复被继承人的继承权。

（二）继承权丧失的法律效力溯及继承开始之时

在实践中，导致继承权丧失的法定事由可能发生于继承开始之后，如在继承开始后实施伪造、篡改、隐匿或者销毁遗嘱的行为；或者因当事人之间对是否存在此等法定事由存在争议，而在继承开始后方由法院作出判决。但无论是上述何种情况，继承权丧失的法律效力均应溯及继承开始之时，即一旦继承人丧失继承权，就应视为其自始不享有继承权。[②]继承人在丧失继承权之后，不仅不能再参与遗产的分配，而且也不能再实施一切需以具备继承人资格为前提的行为，如参与遗产的管理，乃至放弃继承权。如果在继承权被确认丧失前遗产已经被分割或者占有的，继承权丧失者应当向其他享有继承权的人返还所得遗产。[③]

（三）针对特定被继承人丧失继承权

当继承人存在本条规定的法定事由时，其丧失只是对与法定事由存在特定关联的被继承人的继承权，而不妨碍对其他被继承人享有的继承权。[④]例如，甲以欺诈、胁迫手段迫使甲父设立遗嘱时，只会丧失对甲父的继承权，而不影响其对甲母的继承权。当然，不排除存在因实施某一项行为，导致同时丧失对多个被继承人的继承权的情况。如甲为争夺遗产而杀害甲兄，其将同时

---

① 翟云岭、刘耀东：《论继承权丧失制度——以我国〈继承法〉第7条的修改为中心》，载《北方法学》2012年第5期。

② 刘耀东：《继承法修改中的疑难问题研究》，法律出版社2014年版，第72—73页。

③ 吴国平：《海峡两岸继承权丧失制度比较研究》，载《海峡法学》2014年第2期。

④ 张玉敏：《继承法律制度研究》，法律出版社1999年版，第37页。

丧失对所有以甲兄为继承人的被继承人的继承权，如甲父、甲母及甲的其他兄弟姐妹等。

四、继承宽宥制度

对继承人予以惩戒，并非立法者设立继承权丧失制度的唯一目的，通过惩戒实现对其错误观念和违法行为的矫正，使家庭关系重归和谐，才是该项制度最大的价值。与此同时，继承权纠纷的私法属性也决定了国家应最大限度尊重被继承人的自主意愿，不宜过度进行干预。因此，本条在总结和发展我国司法实践的经验基础上，正式创设了继承宽宥制度，允许被继承人通过对确有悔改表现的继承人进行宽恕，使其继承权溯及既往地得到恢复。科学、合理的继承宽宥制度，需要在发挥法律的惩戒功能与尊重被继承人的意志之间寻求衡平，[①]而此种衡平主要体现在以下两个方面。

（一）继承宽宥制度的适用范围

继承宽宥制度的适用范围，体现了国家公权力与被继承人意思自治在恢复继承权的权利归属问题上的博弈。根据本条第2款之规定，继承宽宥制度不适用于因故意杀害继承人，以及为争夺遗产杀害其他继承人而丧失继承权的情形，即使继承人事后确有悔改表现，且得到了被继承人的宽恕，亦不能恢复继承权；被继承人通过遗嘱将遗产指定由该继承人继承的，该部分遗嘱无效。立法者作出此种限制的主要原因在于，杀害被继承人或其他继承人的行为，不仅严重违背伦理道德，对被继承人的家庭关系造成巨大伤害，而且也对社会公共秩序和公序良俗造成严重威胁，若允许故意杀害被继承人的人恢复继承权，在法感情层面难以被社会公众所接受；而允许被继承人根据自己的意愿，宽恕故意杀害其他继承人的人，则可能引发其他继承人的强烈不满与担忧。

对于上述规定学界多有反对之声，认为剥夺故意杀人者的继承权虽理所应当，但不应强制规定此种丧失是永久的、绝对的且不可逆转的。主要理由在于：第一，继承法作为私法规则，应最大限度尊重和保障被继承人对于私有财产的处分自由，如果被继承人愿意宽恕继承人曾经的错误行径，法律没

---

① 王歌雅：《〈民法典·继承编〉的编纂理念与制度构想》，载《求是学刊》2018年第6期。

有理由作过多干涉。[①]否则，丧失继承权的结果，就不再只是对继承人的惩罚，在某种程度上也将对被继承人产生株连效果，特别是在被继承人没有其他继承人的情况下，表现得最为突出。第二，现实生活是复杂的，在不同案件中，继承人实施杀害行为的动机、方式以及造成的结果往往各不相同，有些确实罪无可赦，有些则并非没有挽回的余地。若不加区分地一概排除继承宽宥制度的适用，可能会在个案中造成不公平的结果，亦不利于引导继承人改过自新。例如，在未成年人因与父母争吵而激情杀人未遂的情况下，未成年人在服刑完毕后很可能会继续与父母共同生活，而子女一时的糊涂在血浓于水的亲情面前很可能会被彻底谅解，在此种情况下，若严格禁止父母恢复子女的继承权，似乎有违常理，亦不利于正常家庭关系的恢复。[②]

（二）继承宽宥的构成要件

根据本条第2款之规定，继承人若想恢复继承权，需要同时具备两个条件：一是确有悔改表现，二是被继承人对其表示宽恕。

第一，所谓确有悔改表现，是指继承人既在主观上意识到了自己行为的错误，也在客观上有后悔改正的行为，主动纠正过往错误行为造成的后果。对此有观点认为，尽管在现实中，被继承人的宽恕往往来自继承人的悔改，但基于继承权的私权属性，应充分尊重被继承人的意思自治，不宜再对被继承人的宽恕附加其他条件，只要被继承人作出了真实的意思表示，即可产生继承权恢复的法律效果。[③]同时，确定是否有悔改表现是一个主观性很强的判断，法院的判断很可能与被继承人的并不一致，导致继承权能否恢复的结果与被继承人的意愿相悖。[④]笔者认同上述观点，即使在继承人没有悔改表现

---

① 杨立新、和丽军：《关于恢复继承权宽宥制度的重新思考》，载《东南学术》2013年第1期。

② 郭明瑞：《民法典继承编应弘扬社会主义核心价值观——兼论〈民法典各分编继承编（草案）〉》，载《烟台大学学报》（哲学社会科学版）2019年第3期。

③ 杨立新、和丽军：《关于恢复继承权宽宥制度的重新思考》，载《东南学术》2013年第1期。

④ 朱创威：《完善我国继承权丧失的法定事由》，载《广西政法管理干部学院学报》2015年第5期。

而被继承人依然宽恕其错误的极端情况下，继承权的恢复可能会招致其他继承人的不满，但此种道德上的谴责，不应影响被继承人对其遗产的处分自由。鉴于此，建议司法实践中对于“确有悔改表现”，可采取主客观相结合的标准进行判断，并将被继承人作出的宽恕表示本身，作为认定继承人确有悔改表现的主要依据。

第二，被继承人作出宽恕继承人的有效意思表示。在法律性质上，被继承人对继承人的宽恕属于单方法律行为，不需要相对方作出任何意思表示便可发生法律效力。被继承人表示宽恕的形式主要包括两种，一是针对继承人丧失继承权的法定事由，作出宽恕继承人的意思表示，口头或书面形式均可；二是在发生继承权丧失的法定事由后，再次设立遗嘱，将丧失继承权的继承人列为继承人。需要注意的是，如果被继承人只是在法定事由发生后，没有特意改变既有遗嘱中对丧失继承权的继承人的遗产分配安排，则不能产生继承权恢复的法律效果。

五、受遗赠权的丧失

根据本条第3款之规定，当受遗赠人存在本条第1款中规定的某项行为时，其从被继承人处受遗赠的正当性基础将随之消失，进而产生丧失受遗赠权的法律效果。此外，由于相较于继承权，受遗赠权是纯粹的财产性权利，而与受遗赠人的身份无关，因此被继承人若想使该受遗赠人再次获得受遗赠权，只需在其受遗赠权丧失后重新设立遗赠遗嘱即可，而谈不上恢复受遗赠权的问题。

举证责任

主张继承人丧失继承权的当事人，包括被继承人、其他继承人以及其他利益相关方，应当对继承人存在继承权丧失的法定事由承担举证责任，不能举证证明对方存在丧失继承权的法定事由的，继承人依法继续享有继承权。与之对应，继承人主张其已经获得被继承人的宽恕从而恢复继承权的，应对被继承人作出宽恕的意思表示承担举证责任。

第二章

法定继承

第一千一百二十六条【继承权男女平等】

继承权男女平等。

历史由来

本条完全承袭了《继承法》第9条的规定。中华人民共和国成立以来，我国妇女的社会地位发生了翻天覆地的变化，男女平等获得了国家宪法和法律的确认和保障。[①]在1950年颁布的《婚姻法》中，法律即明确确立了男女平等的原则，使妇女在法律上真正获得了与男子平等的地位。[②]在1985年《继承法》第9条中，立法者专门规定继承权男女平等，使抽象的男女之间法律地位平等原则，在遗产继承的具体场景中得到体现，对于保障女性的经济独立，推动女性人格独立，在当时的社会环境下具有相当重要的现实意义。该条规定不仅是单纯保障女性在遗产继承法律关系中享有与男性平等的法律地位，更是为了在家庭生活和社会生活的各个领域中，全面实现平等保护女性合法权益，防止封建陋习通过限制、剥夺女性的继承权来漠视、降低女性的社会地位、家庭地位，使女性再度成为男性和家族“附属”，从而实现女性的真正解放。[③]在此种背景下，立法者选择沿袭《继承法》第9条的规定，未对其作任何调整。

规范目的或功能

本条旨在明确法律对于自然人的继承权予以平等保护，与继承人的性别无关。本条既是《宪法》第48条平等保护妇女权益在继承法律制度中的具体体现，也是《民法典》第4条关于平等原则的规定，以及第113条关于民事主体的财产权利受法律平等保护规定在继承编中的转化。本条作为继承法的基

---

① 陈爱武：《新中国70年妇女人权保障之回顾与展望》，载《法律科学》（西北政法大学学报）2019年第5期。

② 刘春茂：《中国民法学·财产继承》，人民法院出版社2008年版，第37页。

③ 王歌雅、任江：《中华人民共和国继承法评注：法定继承》，厦门大学出版社2019年版，第35页。

本原则，在司法实践中直接作为裁判规则的情况较少，其功能主要体现为在继承人资格确认、遗产分配、继承事务管理等具体规则的理解和适用过程中，发挥解释导向和漏洞填补等作用，使继承权男女平等的理念和要求贯穿其中。

规范内容

一、规定继承权男女平等原则的必要性

在民法典立法过程中，学界有观点认为，已无必要继续以单独条文规定继承权男女平等原则。主要理由在于：第一，从规则的体系性角度看，继承权男女平等原则是民法基本原则的应有之义，既然总则部分已经规定了平等原则，就不必在继承编中另行规定；[①]第二，与1985年《继承法》制定时相比，当今社会男女平等的观念已经深入人心，并在社会生活的方方面面得到体现，女子继承权被排斥的现象也已经基本不复存在。[②]笔者认为，上述观点有一定道理，但考虑到男女平等原则的实现并非一朝一夕之事，不仅需要在立法上不断巩固男女平等的核心价值，还需要在社会生活和司法实践中久久为功，通过一个个真实案例的累积，逐渐扭转整个社会的风气与观念。事实上，在我国一些经济和社会发展水平相对落后、传统封建思想和宗族观念依然较强的地区，重男轻女、男尊女卑的封建思想并未完全被清除，妇女的继承权也往往被习惯性地忽略和侵害。在此种情况下，在《民法典》中继续以专门条文规定继承权男女平等，仍然是有现实意义的，对在继承法律关系中进一步巩固男女平等原则有益无害。

二、继承权男女平等的具体含义与表现

（一）继承人取得继承权与性别无关

继承权作为一项基于身份关系或者扶养关系产生的民事权利，只要身份

① 杨立新：《民法分则继承编立法研究》，载《中国法学》2017年第2期。

② 房绍坤：《继承制度的立法完善——以〈民法典继承编草案〉为分析对象》，载《东方法学》2019年第6期。

关系或者扶养关系未被依法解除，民事主体即可依法享有继承权，而与其性别无关。结合现实生活中存在的剥夺女性继承权的情况，应重点在以下几个方面强调继承权男女平等原则。

第一，无论女儿是否出嫁，其均与兄弟平等享有继承权。在我国某些农村地区，依然残存着“嫁出去的女儿是泼出去的水”的传统观念，限制、禁止出嫁女参与遗产继承的情况并不鲜见，并在一定程度上成为当地的“风俗习惯”。[①]不容否认，此种风俗习惯之所以时至今日依然在某些地区具有顽强的生命力，确实与出嫁女在家庭生产和父母赡养的实际贡献方面，和与父母共同生活的其他子女存在一定差距有关，[②]但在此种看似符合权利义务对等原则的表象背后，潜藏着男尊女卑的封建思想和腐朽的宗族制观念，是对女性独立人格地位的根本性否定，认为女性只能依附于宗族而存在，一旦出嫁即属夫家成员，从而丧失了对娘家财产的继承资格。[③]进言之，根据继承权男女平等原则，无论女儿是否出嫁，均不影响其依法享有继承权；当然，如果出嫁女确实较少或未履行扶养义务，可在遗产分配时酌情少分或不分。

第二，无论妻子在丈夫去世后是否再婚，都有权处分其继承的财产。受传统夫权和家族观念的影响，某些地区的习惯中依然存在禁止寡妇再婚时带走丈夫遗产的情况。此种观念背后潜藏着的是对妇女在家庭生活中付出劳动价值及其独立人格地位的否认，认为丈夫创造的财产是其个人及家族的私有财产，寡妇一旦改嫁就不再是夫家的家族成员，因此也就失去了继续保有丈夫遗产的权利。此种将财产与身份绑定的观念，不仅与现代的财产权制度和婚姻家庭制度不符，也是对妇女婚姻自由的严重制约，试图以财产为枷锁对妇女进行道德上的绑架。[④]对于上述陈腐观念，《民法典》亦在第1157条中专门作出回应，规定“夫妻一方死亡后另一方再婚的，有权处分所继承的财产，任何组织或者个人不得干涉”。

---

① 陈苇：《当代中国民众继承习惯调查实证研究》，群众出版社2008年版，第591页。

② 麻昌华：《论法的民族性与我国继承法的修改》，载《法学评论》2015年第1期。

③ 刘春茂主编：《中国民法学·财产继承》，人民法院出版社2008年版，第38—40页。

④ 马新彦、卢冠男：《民法典编纂中继承法编几个问题的探讨》，载《当代法学》2017年第3期。

第三，孙子女与外孙子女享有相同的继承权和代位继承权。在传统宗族观念中，女儿与儿子的子女因姓氏不同，在亲属称谓上有“内、外”之分，但从亲属关系上看，孙子女与外孙子女均是祖父母的直系晚辈血亲，因此在权利义务关系上不应区别对待，既应对祖父母享有相同的继承权，也应对其承担相同的赡养义务。同时，在发生代位继承时，无论先于被继承人去世的是其儿子还是女儿，孙辈均应享有平等的代位继承权。[①]

（二）继承人享有继承权的内容相同

无论继承人的性别是男是女，其作为继承人的法律地位应一律平等，依法享有继承权的内容也应是相同的，主要表现在以下两个方面：一方面，男、女在法定继承人的范围和顺序上相同，包括父母与子女互为第一顺序继承人；夫、妻互为第一顺序继承人；兄弟姐妹互为第二顺序继承人；祖父母与孙子女、外孙子女互为第二顺序继承人等。另一方面，继承人享有的应继份额，不因继承人是男是女而有所区别。但这并不妨碍法官根据继承人在经济条件、劳动能力、父母赡养等方面的不同情况，对应继份额进行适当调整。换言之，对继承权的平等保护并不意味着遗产分配结果的完全平等。

（三）继承人的继承权受到法律平等的保护

“所谓平等就是指凡是被法律视为相同的人，都应当以法律所确定的方式对待。”[②]当任何继承人的继承权受到非法侵害时，都可以请求人民法院依法保护和救济，法律对其的保护不应因为权利人的性别不同而差别对待。[③]

---

① 刘春茂主编：《中国民法学·财产继承》，人民法院出版社2008年版，第40页。

② ［美］E.博登海默：《法理学：法律哲学与法律方法》，邓正来译，中国政法大学出版社2004年版，第308页。

③ 马俊驹、余延满：《民法原论》，法律出版社2010年版，第34页。

第一千一百二十七条【法定继承人的范围与继承顺序】

遗产按照下列顺序继承：

（一）第一顺序：配偶、子女、父母；

（二）第二顺序：兄弟姐妹、祖父母、外祖父母。

继承开始后，由第一顺序继承人继承，第二顺序继承人不继承；没有第一顺序继承人继承的，由第二顺序继承人继承。

本编所称子女，包括婚生子女、非婚生子女、养子女和有扶养关系的继子女。

本编所称父母，包括生父母、养父母和有扶养关系的继父母。

本编所称兄弟姐妹，包括同父母的兄弟姐妹、同父异母或者同母异父的兄弟姐妹、养兄弟姐妹、有扶养关系的继兄弟姐妹。

历史由来

本条沿袭自《继承法》第10条，未对条文内容作实质性调整。但在《民法典》立法过程中，学界围绕法定继承顺序条款却提出过较多修改意见，主要集中于以下三点：

第一，建议调整父母与配偶的法定继承顺序，将子女定为第一顺序继承人，父母定为第二顺序继承人，同时将配偶定为无固定顺序继承人，与第一或第二顺序继承人共同继承。[①]将父母列为第二顺序继承人的主要理由在于，当遗产由父母继承后，该部分遗产可能最终流向旁系，从而与被继承人希望遗产在本支内部向下流动的初衷不符；同时，父母的扶养问题可通过社会保障及孙辈的扶养义务实现，而无需通过遗产继承来解决。在将父母调整为第二顺序继承人后，不宜再将配偶固定为第一顺序继承人，否则在被继承人无子女时遗产将全部归于配偶，导致虽同为一亲等，姻亲却明显优于血亲的结果。因此，应同步将配偶设置为无固定顺序，让其分别与第一、第二顺序继

① 陈甦主编：《中国社会科学院民法典分则草案建议稿》，法律出版社2019年版，第412页；陈苇：《亲属法与继承法专论》，法律出版社2009年版，第437页；郑倩、房绍坤：《父母法定继承顺位的立法论证》，载《东北师范大学学报》2015年第3期。

承人共同继承。

第二，建议适当扩大法定继承人范围，将四等亲以内的旁系血亲（如叔、伯、姑、舅、外甥子女、侄子女）作为第三顺序法定继承人。[①]主要理由在于，我国家庭人口和社会人口结构较之《继承法》立法时已发生较大改变，家庭人口数量的递减直接导致亲属范围的缩小，进而造成法定继承人数量随之递减，无人继承情况发生的概率增加。因此，为尽量避免出现遗产无人继承的情况，让遗产更多留在与继承人有血缘关系的家族成员之中，有必要扩大法定继承人的范围，这与国际立法趋势也是相符的。

第三，建议不再将有扶养关系的继父母和继子女作为法定继承人，改为通过赋予遗产酌给请求权方式对其进行保护。主要理由在于，由于继子女对继父母享有继承权会对继父母亲生子女的利益造成影响，因而可能成为后者反对父母再婚的理由，不利于离婚一方再婚。[②]如果继父母与继子女之间已经实际形成扶养关系，可通过遗嘱或遗产酌给请求权分给其适当的财产。[③]

三 规范目的或功能

本条是关于法定继承人范围和法定继承顺序的一般规则，相较之下，第1128条和第1129条应属于确定法定继承人范围的特殊规则。从法律规范体系上看，本条既是法定继承规则的核心内容，规定了在被继承人未设立遗嘱的情况下，应在哪些主体范围内对遗产进行分配；同时也为遗嘱继承规则的适用奠定了基础，是区分遗嘱继承和遗赠的主要依据。此外，为进一步厘清法定继承人的范围，本条还对子女、父母、兄弟姐妹的法律概念作出界定，与婚姻家庭编中对于亲属关系的规定形成呼应。

---

① 王利明：《继承法修改的若干问题》，载《社会科学战线》2013年第7期；王歌雅：《论继承法的修正》，载《中国法学》2013年第6期；杨立新：《民法分则继承编立法研究》，载《中国法学》2017年第2期。

② 张玉敏：《继承法律制度研究》，法律出版社1999年版，第205—206页。

③ 陈苇：《外国继承法比较与中国民法典继承编制定研究》，北京大学出版社2011年版，第422页。

规范内容

一、法定继承人的范围

法定继承人的范围由法律直接规定，一经确定即产生身份权的法律效果，因此被继承人不能根据自己的意愿，任意改变法定继承人的范围，剥夺法定继承人的继承人资格。综合第1128条和第1129条之规定，《民法典》对于法定继承人范围的划定依据，主要来自自然人与被继承人之间的血缘关系、婚姻关系和扶养关系。[①]

（一）配偶

配偶，是指被继承人死亡时，与其保持夫妻关系的人。根据《民法典》第1049条之规定，完成结婚登记时，夫妻双方婚姻关系即正式确立。此外，根据《婚姻法解释（一）》第5条之规定，1994年2月1日民政部《婚姻登记管理条例》公布实施以前，男女双方已经符合结婚实质要件的，按事实婚姻处理；在公布实施以后，男女双方符合结婚实质要件的，婚姻关系自补办结婚登记时确立，并溯及符合结婚实质要件之时。

需要讨论的是，如配偶一方在离婚诉讼过程中或者在协议离婚冷静期内死亡，生存一方是否有权以配偶身份继承死者的遗产，我国《民法典》对此未作明确规定。笔者认为，虽然从法律关系上看，被继承人在死亡之时的婚姻关系并未解除，因此配偶依然保有法定继承人身份，但若完全忽视夫妻双方婚姻关系已经走向终结的事实，而在遗产分配时适用与婚姻关系正常状态下完全相同的继承规则，恐怕未必符合被继承人的真实意愿。我们认为，在现行法基础上，可在遗产份额的分配方面，结合离婚诉讼的具体情况或者离婚协议中财产分配的约定，根据其他继承人的请求，对配偶的继承份额作酌情调整。

---

① 王歌雅、任江：《中华人民共和国继承法评注：法定继承》，厦门大学出版社2019年版，第3页。

（二）子女

子女，是与被继承人亲等关系最近的直系晚辈血亲。无论是否已经结婚，亦无论其是否属于婚生，子女都是被继承人的法定继承人，并平等享有继承权。此外，根据《民法典》第16条之规定，因在涉及遗产继承时，胎儿被视为具有权利能力，因此也应将胎儿纳入作为法定继承人的子女范畴。根据本条第3款之规定，作为法定继承人的子女包括以下几类：

第一，婚生子女，指在夫妻关系存续期间生育的子女，也包括遗腹子。

第二，非婚生子女，指未缔结婚姻关系的男女所生育的子女。根据《民法典》第1071条之规定，非婚生子女享有与婚生子女同等的权利，其中亦包括继承权。

第三，养子女，是指因收养关系成立而与养父母发生拟制血亲关系的子女。根据《民法典》第1111条之规定，养子女与养父母以及与养父母的近亲属之间的权利义务关系，与亲生子女无异。同时，在收养关系成立后，养子女与生父母以及生父母的近亲属之间的权利义务关系自动消除。

第四，有扶养关系的继子女。继子女，是指丈夫与前妻或妻子与前夫所生的子女。与养子女不同，继子女与继父母之间并不存在拟制血亲关系，其成为法定继承人的法理基础是二者之间形成的事实扶养关系。换言之，如果继子女与继父母之间并未形成扶养关系，则仅凭姻亲关系并不足以成为法定继承人。需要注意的是，具有扶养关系的继子女在继承继父母遗产后，并不影响其作为生子女继承生父母的遗产，这点与养子女不同；同时，继父母与继子女之间因扶养关系而形成的拟制亲子关系，也并不因继父母与生父母之间婚姻关系的解除而终止。

（三）父母

父母，是与被继承人亲等关系最近的直系长辈血亲。作为法定继承人的父母包括生父母、养父母和有扶养关系的继父母，因与子女存在一一对应关系，故在此不作赘述。

（四）兄弟姐妹

兄弟姐妹，是与被继承人亲等关系最近的旁系同辈血亲。包括同父母的兄弟姐妹、同父异母或者同母异父的兄弟姐妹、养兄弟姐妹，以及有扶养关系的继兄弟姐妹。

（五）祖父母、外祖父母

祖父母、外祖父母，是除父母以外与被继承人亲等最近的直系长辈血亲。作为法定继承人的祖父母、外祖父母，既包括与被继承人存在事实血缘关系的祖父母、外祖父母，也包括与被继承人存在拟制血亲关系的养祖父母、养外祖父母。需要区别的是，《继承法意见》第22条中所指的作为第一顺序继承人的“养祖父母”，实际上指的是隔代收养中的养祖父母，而非与本条中所指的因子女收养孙子女而形成的养祖父母。

二、法定继承顺序及其法律特征

法定继承人的继承顺序，是指由法律规定的法定继承人继承遗产的先后顺序。根据本条第1款之规定，六类法定继承人共分为两种继承顺序，其中配偶、子女、父母为第一顺序继承人；兄弟姐妹、祖父母、外祖父母为第二顺序继承人。在继承开始时，只要尚有第一顺序继承人在世，遗产就应在第一顺序继承人范围内进行分配；只有在没有第一顺序继承人，或者第一顺序继承人全部放弃、丧失继承权时，方可由第二顺序继承人继承遗产。

法定继承顺序具有如下特征：①

第一，法定性，即法定继承的顺序由法律直接规定，被继承人虽可通过设立遗嘱方式，避免根据法定继承规则分配遗产，却不能根据自己的意志改变法定继承的顺序。

第二，强行性，立法者设置法定继承顺序的目的，是在被继承人未设立遗嘱的情况下，为遗产的合理分配提供一套默认规则，任何人均不得以任何理由改变法定继承的顺序，即便是继承人自己，也只能选择放弃继承权而不能实质性改变法定继承的顺序。

第三，排他性，即只有在没有第一顺序法定继承人，或第一顺序法定继

---

① 王歌雅、任江：《中华人民共和国继承法评注：法定继承》，厦门大学出版社2019年版，第67页。

承人全部放弃或丧失继承权时，第二顺序法定继承人才有权参与继承。

第四，限定性，法定继承顺序仅适用于法定继承规则，被继承人通过遗嘱对遗产进行的分配，不受法定继承顺序的影响。

综观世界各国立法，对于法定继承顺序的规定在本质上是一个基于历史、文化和社会等多方面因素作出的价值判断和政策选择，只要不与一般民众对于遗产的处分意愿明显违背，就无是非对错之分。以父母的继承顺序为例，将其作为第一顺序继承人固然存在遗产最终流向旁支的问题，但考虑到我国绵延千年的儒家孝道传统，以及在现实生活中很多父母会在子女成年后，继续倾尽自己所能为其提供经济上的巨大帮助，因此，保持父母的第一顺序继承人位置，亦是一个顺理成章且与广大民众一般道德观念相符的选择。①

三、继父母与继子女之间的继承关系认定

在离婚率持续增长、重组家庭数量不断增多的当下，在家庭中形成继父母与继子女关系的情况不断增加，如果经历多段婚姻，还可能有多个继父母或继子女。因此，对于继父母与继子女之间继承关系的认定，可能同时牵涉多个重组家庭和原生家庭的利益格局，而从司法实践情况来看，在这两类家庭之间产生遗产继承纠纷的情况确实十分常见，故应谨慎对待。根据我国司法实践和学界主流观点，对于继父母与继子女扶养关系的认定，需要根据权利义务对等的基本原则，综合考量形成扶养关系的时间、经济与精神扶养的程度、家庭身份的融合性等多方面因素。②具体来说，可大致分为主观标准、客观标准两个方面。

所谓主观标准，主要考察继父母与继子女双方之间是否存在形成父母子女关系的意愿。在现实生活中，出于维护家庭和睦关系以及最基本的情感连接考虑，继父母与继子女之间往往会有实质上的扶养行为，如承担对方在生活、教育和医疗上的开销，或给予精神上的抚慰等，但相互之间可能并无形

---

① 杨震：《我国法定继承人范围与顺序的历史检视与当代修正》，载《四川大学学报》（哲学社会科学版）2018年第1期。

② 参见云南省高级人民法院（2018）云民申1536号民事判决书。

成拟制父母子女关系的主观意愿，或者仅有一方有此意愿而对方并不接受。在此种情况下，若仅根据客观上的扶养行为认定扶养关系存在，进而确立双方之间的法定继承关系，恐与当事人意愿不符。鉴于此，应当充分尊重当事人的自主意愿，确保扶养关系建立在双方足够深厚的情感关系基础之上。具体来说，此种主观上的认可在现实生活中的主要表现为，继父母与继子女在家庭生活和社会交往中，以父母和子女的关系互认互称，并形成了稳定的亲子关系。

所谓客观标准，主要包括两个方面，一是长期共同生活。所谓“共同生活”主要指生活居所的同一性和生活内容的一致性，[①]但对于何为“长期”，目前尚无通行标准，综合我国社会一般观念和司法实践经验，三年或五年以上的观点较为主流，因为只有足够稳定的扶养关系，方可在继父母和继子女之间产生足以比拟亲生父母子女的亲情关系。[②]二是继父母与继子女之间存在持续性的照顾关系，主要表现为在经济上承担对方在生活、教育和医疗等方面所需全部或主要费用，并在生活、教育和医疗等方面提供扶助，在精神上予以慰藉。需要注意的是，为了提高继父母与继子女相互间的扶养积极性，无需用亲生父母子女之间履行经济上扶养义务的标准要求继父母子女。即使是承担了一部分扶养开销或者用继父母与生父母婚后取得的夫妻共同财产支付扶养费用，也应视为履行了经济上的扶养义务。[③]

此外，实务中有观点认为，被抚养的继子女应仅限于未成年子女和不能独立生活的子女，因为只有在该阶段的子女才有权要求父母承担抚养义务，而这也是继父母通过实施抚养行为与继子女形成拟制亲子关系的法律基础。反之，如果继父母对有独立生活能力的成年子女提供生活上的资助和照料，则并不属于法律意义上的抚养行为，更多是一种基于家庭亲情的赠与。

---

① 房绍坤、郑倩：《关于继父母子女之间继承权的合理性思考》，载《社会科学战线》2014年第6期。

② 潘芳芳：《动态视角下继父母子女间法律规范重构》，载《黑龙江省政法管理干部学院学报》2019年第5期。

③ 房绍坤、郑倩：《关于继父母子女之间继承权的合理性思考》，载《社会科学战线》2014年第6期。

第一千一百二十八条【代位继承】

被继承人的子女先于被继承人死亡的，由被继承人的子女的直系晚辈血亲代位继承。

被继承人的兄弟姐妹先于被继承人死亡的，由被继承人的兄弟姐妹的子女代位继承。

代位继承人一般只能继承被代位继承人有权继承的遗产份额。

历史由来

本条第1款、第3款基本沿袭了《继承法》第11条关于代位继承的规定；第2款是新增内容，它将被继承人的兄弟姐妹纳入被代位人范围，并将其子女纳入代位继承人范围，体现了尽量使遗产在被继承人家族内部进行传承的立法理念，有利于避免出现遗产无人继承的情况。

规范目的或功能

代位继承与本位继承相对应，是法定继承的一种特殊情况，旨在解决法定继承人先于被继承人死亡时，如何确定继承人范围和遗产份额分配的问题。代位继承规则的法理基础和主要功能，在于维持被继承人家族各支脉之间的利益平衡，使各个支脉家庭能够相对公平地分配被继承人的遗产，不会因某一子女的死亡而使孙辈之间的继承利益发生严重失衡。此外，代位继承规则也体现了继承法按支脉继承的基本原则，符合被继承人希望遗产在直系血亲范围内不断向下传递的意愿，避免因子女死亡而出现旁系血亲优先于直系孙辈子女继承遗产的情况。

规范内容

一、代位继承的性质

对于代位继承的法律性质，学界始终存在代表权说和固有权说的争议，不同的法律性质，将直接决定代位人在何种情况下能够享有继承权，以及享有继承权的具体内容。

代表权说认为，代位继承人享有的是被代位人对被继承人享有的继承权。换言之，被代位人享有的继承权是代位继承人继承被继承人遗产的根据和基础。[①]因此，当继承人丧失继承权时，代位继承人将因“无权可代”而不能对被继承人主张继承权。我国司法实践主要采纳此种观点，这从《继承法意见》第28条关于“继承人丧失继承权的，其晚辈直系血亲不得代位继承”的规定中即可得到证明。结合本条第1款、第2款对于代位继承发生原因的规定，以及第3款对于代位继承人应继份额的规定可以看出，《民法典》亦倾向于采纳代表权说。

固有权说认为，代位继承人对于被继承人遗产的继承，是基于其自己固有的继承权，并不以被代位人是否有继承权为转移，只不过当被代位人在世时，按照亲等近者优先的原则，代位人享有的继承权无法实际行使。在比较法上，大陆法系国家和地区多采纳此种观点，包括《意大利民法典》《德国民法典》《日本民法典》等。我国学界大多支持固有权说，主要理由在于：

第一，固有权说更符合权利义务对等原则。根据《民法典》第1074条之规定，祖父母和孙子女在法定情形下互负抚养（赡养）义务，然而在法定继承中，祖父母是孙子女的第二顺序继承人，孙子女则需要通过代位继承来继承祖父母的遗产。在此种情况下，若采取代表权说，当被代位人因故丧失继承权时，孙子女将被彻底排除出祖父母的法定继承人范围，此结果不仅会造成孙子女与祖父母之间的权利义务失衡，与被继承人的真实意愿也很可能相悖，此种结果也与代位继承制度内涵的“育幼”功能存在矛盾。反之，若采取固有权说，即便被代位人丧失继承权亦不会影响代位继承人对被继承人享有的继承权，该结果显然更符合权利义务对等原则，也更符合我国社会伦理的一般观念。

第二，固有权说更有利于实现支脉之间的利益平衡，特别是在被代位人丧失继承权的情况下，若采取代表权说，将可能使被代位人这一支脉的家庭成员，因被代位人一人之过错而丧失从被继承人处分得遗产的权利，从而与旁系血亲家庭发生利益失衡。特别是在本条赋予兄弟姐妹的子女代位继承权后，可能出现被继承人的遗产全部由侄子女继承，而亲孙子女无法继承的情

① 张玉敏：《继承法律制度研究》（第二版），华中科技大学出版社2016年版，第144页。

况，在有“隔代亲”传统的我国社会，这通常是与被继承人的意愿相违背的。此外，如果被继承人除了被代位人没有其他法定继承人，其遗产将被收归国家或集体所有，这恐怕也有悖于被继承人的真实意愿，不利于对私有财产的保护。[①]

第三，在某些极端情况下，采纳代表权说会产生有违常理的结果。例如，在代位继承人故意杀害被继承人或其他代位继承人的情况下，由于被代位人的继承权并不会因此被剥夺，导致在理论上行凶者依然可以基于代位继承权继承被继承人的遗产，这显然有违公平正义的基本原则。反之，若采纳固有权说，可通过剥夺该代位继承人的继承权方式，实现结果的实质公平。

综上所述，代表权说和固有权说最为根本的差异在于，是否将被代位人的直系晚辈血亲视为被继承人的法定继承人，而此种差异最为直观的表现就是，在被代位人丧失继承权的情况下，其晚辈直系血亲能否获得代位继承权。相较之下，固有权说更为符合继承立法的基本精神和被继承人的真实意愿。因此，在《民法典》施行后，我们认为，当采代表权说将得出难以接受的解释结论时，应改采固有权说，以保护被继承人子女晚辈直系血亲的代位继承利益。

二、代位继承的发生原因

代位继承发生的原因，是指引发代位继承的法律事实。由于我国的立法和司法实践主要采纳代表权说，因此被代位人先于被继承人死亡是代位继承发生的唯一原因。这里需要讨论的是，被继承人与被代位人同时死亡时，是否发生代位继承。如前所述，在《民法典》立法过程中，立法者曾特意将“同时死亡”列为代位继承的发生原因，相较于同时死亡互不发生继承的一般规定，此种做法不仅更有利于实现代位继承对于被继承人孙子女、外孙子女的“育幼”功能，而且也更符合子股平衡的遗产分配原则。然而遗憾的是，立法者最终并未坚持这一做法，而从目前本条第1款、第2款的文义表述中，并不能合理解释出被继承人与被代位人同时死亡时，可以发生代位继承。

---

① 王歌雅、任江：《中华人民共和国继承法评注：法定继承》，厦门大学出版社2019年版，第120页。

至于继承人丧失继承权是否构成代位继承的发生原因，主要取决于对代位继承法律性质的界定。如果采取代表权说，则继承人丧失继承权并不构成代位继承的发生原因，但出于对代位继承人生存利益的保障以及权利义务一致原则，如果代位继承人缺乏劳动能力又没有生活来源，或对被继承人尽赡养义务较多的，可考虑通过赋予遗产酌给请求权的方式对其予以照顾。

至于被代位人放弃继承权的，由于根据《民法典》第1124条之规定，放弃继承的意思表示只有在继承开始后作出方可生效，而在继承开始前作出的放弃继承并不会产生放弃继承权的法律效果，[①]因此不可能发生代位继承的问题。此外，放弃继承是消灭继承效力的单方行为，是继承人对自身权利作出的处分，如果将放弃继承权作为代位继承的发生原因，恐将违背继承人放弃继承的初衷。

三、代位继承人的范围

根据本条第1款、第2款之规定，根据被代位人的不同身份，代位继承人的范围包括以下两种情况：

第一，被代位人是被继承人的子女的，代位继承人包括被代位人的所有直系晚辈血亲，且不受代数限制，但应由与被代位人亲等较近者行使代位继承权。需要说明的是，丧偶儿媳或女婿因对公婆或岳父母尽了主要赡养义务而作为第一顺序继承人的，不会影响其子女的代位继承权。这主要是因为两项继承权的产生基础并不相同，一是基于赡养事实而根据权利义务一致原则获得的继承权，二是基于血亲关系获得的继承权。

第二，被代位人是被继承人的兄弟姐妹的，代位继承人是被代位人的子女。相较于《继承法》,《民法典》将代位继承权人的范围扩大到了被继承人兄弟姐妹的子女，从而实质上扩大了法定继承人的范围，有利于避免出现遗产无人继承的情况。但考虑到在现实生活中，叔伯姑舅姨与侄（甥）子女的子女之间亲等关系已经较远，且往往并无十分密切的情感连接，因此立法者并未将被继承人侄（甥）子女的晚辈直系血亲全部纳入代位继承人范围。

---

① 王歌雅、任江：《中华人民共和国继承法评注：法定继承》，厦门大学出版社2019年版，第110页。

四、代位继承人的应继份额

代表权说与固有权说的主要区别在于代位继承人继承资格的权利来源不同，但对于应继份额的确定却无实质性差异，均认为代位人享有的应继份额应与被代位人在世时享有的继承权相同；当代位继承人有数人时，他们也只能共同继承被代位人的应继份额。本条第3款亦对此作出了明确规定。这意味着，如果被代位人在生前对被继承人尽了主要扶养义务或者与被继承人共同生活，则代位人可以根据《民法典》第1130条第3款之规定，主张多分遗产，而无论其是否对被继承人履行过扶养义务；反之，若被代位人存在第1130条第4款之情形，其他继承人亦可要求对代位人不分或者少分遗产。

当然，代位人的应继份额并非完全没有调整余地，出于对实质公平的保护，如果代位继承人缺乏劳动能力又没有生活来源，或者对被继承人尽过主要赡养义务的，分配遗产时，可以多分。这也是立法者在本条第3款中加入“一般”的表述，从而为司法实践提供必要灵活空间的原因。此外，由于根据《民法典》第1154条第3项之规定，遗嘱继承人先于被继承人死亡时，遗产中的有关部分即告失效，因此代位继承人的应继份额只能根据法定继承规则确定。

值得讨论的是，如果被继承人的子女全部先于被继承人死亡，孙子女之间是否仍应按照代位继承的原则继承遗产？对此比较法上主要有两种做法，一种是坚持按支继承，孙辈只能基于父辈享有的继承权行使代位权；[①]另一种是按人均分，即被继承人的遗产在各孙子女之间均分，而与父辈享有的继承权无关。[②]笔者认为，前种做法与我国法律规定更为契合。一方面，在现实生活中，被继承人的子女通常并非同时死亡，因此孙子女的代位继承权是陆续且分别获得的，该项权利的性质和内容不宜因被继承人子女的全部死亡而发生改变；另一方面，虽然被继承人的子女已全部死亡，但子股平衡和按支继承的原则仍应被坚持，如果按人头进行均分，对于子女较少的支脉显然不甚公平。[③]

---

① 参见《法国民法典》第740条、第742条、第743条。

② 参见《美国统一继承法典》第2-103条。

③ 刘耀东：《继承法修改中的疑难问题研究》，法律出版社2014年版，第32页。

第一千一百二十九条【丧偶儿媳女婿的继承权】

丧偶儿媳对公婆，丧偶女婿对岳父母，尽了主要赡养义务的，作为第一顺序继承人。

历史由来

本条沿袭自《继承法》第12条，仅在文字表述上稍作调整，规范内容未作实质性改变。

1984年8月30日发布的《民事政策法律意见》(现已失效)第39条中规定："丧失配偶的儿媳与公婆之间、丧失配偶的女婿与岳父母之间，已经形成扶养关系至一方死亡的，互有继承权。"在司法实践层面首次规定了丧偶儿媳、女婿成为公婆或岳父母法定继承人的条件。在次年颁布施行的《继承法》第12条中，立法者在总结司法实践经验的基础上，正式赋予尽了主要赡养义务的丧偶儿媳和女婿第一顺序继承人身份。该项规则也成为我国继承法在法定继承规则中的一个突出特色。[①]

在此次立法过程中，学界对本条规定持反对意见者不在少数，主张不宜再将丧偶儿媳或女婿作为第一顺序继承人，而应通过酌给请求权方式对其予以保护。[②]在《民法典》立法进程中，《民法典继承编（草案）》（征求意见稿）第13条采纳学界观点，规定"丧偶儿媳对公、婆，丧偶女婿对岳父、岳母，尽了主要赡养义务的，应当分给合理份额的遗产"。但《民法典继承编（草案）》（一审稿）第908条又恢复到《继承法》第12条的规定，赋予对公婆或岳父母尽了主要赡养义务的丧偶儿媳、女婿第一顺序继承人身份，直至《民法典》最终通过，本条内容未再作任何实质性改变。

规范目的或功能

本条是划定法定继承人范围的特殊规则，与第1127条、第1128条共同构成

① 任江：《民法典视角下的继承原则重构——兼评杨立新、杨震〈《中华人民共和国继承法》修正案草案建议稿〉》，载《北方法学》2014年第6期。

② 梁慧星主编：《中国民法典草案建议稿附理由：继承编》，法律出版社2013年版，第38页；陈苇：《中国继承法修改热点难点问题研究》，群众出版社2013年版，第563页。

法定继承人范围的规则体系。本条旨在通过赋予对公婆或岳父母尽了主要赡养义务的丧偶儿媳、女婿以第一顺位继承人资格，来弘扬中华民族养老育幼、照顾病残的传统美德和社会主义核心价值观，并确保主动承担赡养义务的丧偶儿媳和女婿能够因其善举而获得合理回报，以体现继承法权利义务对等的基本原则。

规范内容

一、丧偶儿媳和女婿作为法定继承人的法理基础

（一）权利义务相一致原则

在我国继承法中，亲属关系的存在是产生法定继承权的基础，而夫妻关系是其中唯一的非血缘关系。换言之，在姻亲之间通常并不存在法定继承关系，只有当姻亲关系与扶养或赡养关系相结合时，才能够产生拟制血亲的法律效果，使扶养人获得法定继承人的资格。继父母与继子女的关系如是，丧偶儿媳、女婿与公婆或岳父母的关系亦如是，而在此种制度安排的背后，体现的是权利义务相一致的原则。事实上，一旦扶养关系正式成立，姻亲关系的存续与否也就不再重要，即便丧偶儿媳、女婿已经再婚，但只要继续对老人承担主要赡养义务，其法定继承人的身份就不会发生改变。

当然，此处的权利义务相一致原则并非简单的“等价交换”，丧偶儿媳、女婿所尽的赡养义务，仍然与其婚姻家庭关系具有不可分割的联系，其在某种程度上履行的是道德上的赡养义务。[①]换言之，特定的姻亲关系依然是自然人基于扶养事实而取得法定继承人身份的“必要但不充分条件”。

（二）鼓励敬老养老的传统美德，维系稳定的家庭关系

虽然儿媳、女婿对公婆或岳父母不存在法定赡养义务，但在我国传统家庭观念中，通常会将儿媳、女婿与公婆或岳父母视为一个大家庭，特别是在实施计划生育政策以来，独生子女的比例不断提高，“四个老人+一对夫妻+

---

① 王歌雅、任江：《中华人民共和国继承法评注：法定继承》，厦门大学出版社2019年版，第127页。

一个孩子”的家庭结构十分普遍。在此种家庭结构中，双方老人往往会共同为子女的家庭提供经济和劳务上的支持（如凑钱为小两口购房，双方老人共同带孩子等），而夫妻双方也会共同承担对双方老人的赡养义务。然而，若夫妻一方不幸离世，其父母将可能陷入无人赡养的境地。此时，若儿媳、女婿能够主动对公婆或岳父母承担赡养义务，不仅可以保障“失独老人”老有所养，对于在精神上缓解老人的丧子之痛，亦具有不可估量的作用。

正是基于上述国情，立法者决定赋予尽了主要赡养义务的丧偶儿媳、女婿第一顺序继承人身份。该规定对于鼓励丧偶儿媳、女婿主动承担赡养义务，更好发挥家庭的社会保障职能，以及弘扬爱老、敬老的中华民族传统美德，形成良好社会风尚，均具有积极作用，也是对《民法典》第1条“弘扬社会主义核心价值观”立法目的的践行。

二、丧偶儿媳、女婿继承权的存废之争

对于丧偶儿媳、女婿是否应当基于对公婆或岳父母的赡养而取得法定继承权，理论界始终存在针锋相对的两派意见。虽然《民法典》的颁布实行已在相当程度上为该争议“盖棺论定”，但就观点交锋本身进行分析与回顾，对于更好地理解和适用现行法定继承规则，仍然具有相当的价值。

（一）否定说

否定说观点认为，丧偶儿媳、女婿不宜被纳入公婆或岳父母的法定继承人范围，如果其确实对公婆或岳父母尽了主要赡养义务，可以通过主张遗产酌给请求权的方式对其予以补偿。主要理由包括：

第一，赋予儿媳、女婿法定继承人身份，与法定继承人以血缘关系和婚姻关系为基础的中国传统相违背。[①]此外，统观世界各国继承法，法定继承人与被继承人的身份关系，要么是婚姻关系，要么是血亲关系，也基本都不包括姻亲关系。这主要是因为，相较于血亲关系，姻亲关系可能随婚姻关系解除而消灭，而相较于作为血亲关系源头的婚姻关系，姻亲之间亦不可能产生血缘上的连接，因此稳定性较差，不足以跻身法定继承人之列。

---

① 张平华、刘耀东：《继承法原理》，中国法制出版社2009年版，第179页。

第二，导致继承结果不公平。首先，由于丧偶儿媳或女婿成为第一顺位继承人，并不影响其子女的代位继承权，因此可能造成一个家庭获得两份遗产的情况，对其他继承人有失公允，[①]也有违按支继承的传统习惯。对此也有学者主张，为鼓励赡养老人、淳化社会风气，可将尽了主要赡养义务的丧偶儿媳和女婿作为第一顺位继承人，但为了保持子股间的平衡，丧偶儿媳或女婿作为第一顺序继承人应以不存在代位继承人为前提条件。[②]其次，只赋予尽了主要赡养义务的儿媳和女婿法定继承人资格，而其他同样尽了主要赡养义务的人（包括被继承人的其他非法定继承人血亲、其他姻亲，以及朋友、邻居等非亲属）只能享有遗产酌给请求权，不仅有失公平，在法理基础上也不甚合理。[③]

第三，让丧偶儿媳或女婿成为第一顺序继承人，可能导致遗产外流的结果，特别是当被继承人没有其他第一顺位继承人，且儿媳、女婿没有子女时，被继承人的遗产将彻底流向姻亲家族，第二顺序继承人将被完全排除在外。该结果显然有损被继承人其他血亲继承人的利益，可能有违被继承人的真实意愿，亦与我国民众的继承习惯不符。[④]

（二）肯定说

肯定说认为，赋予尽了主要赡养义务的丧偶儿媳、女婿法定继承权，符合我国基本国情，是继承法对于司法实践经验的总结与发展，故应予以坚持。主要理由包括：

第一，该项制度来源于新中国成立以来的家庭生活现实，是对长期司法实践经验的提炼与确认，符合我国独特的家庭赡养情形，并彰显了我国社会特有的家庭伦理价值。[⑤]将此种道德指引与激励以制度形式入法，既有利于保障年迈公婆或岳父母的晚年生活，也有利于发扬中华民族的传统美德，并提

---

① 杨立新：《民法典继承编草案修改要点》，载《中国法律评论》2019年第1期。

② 刘耀东：《继承法修改中的疑难问题研究》，法律出版社2014年版，第6页。

③ 杨立新：《继承法修订入典之重点问题》，中国法制出版社2016年版，第63页。

④ 王光辉：《论我国〈继承法〉的修改及完善》，载《法学杂志》2009年第9期。

⑤ 杨震：《我国法定继承人范围与顺序的历史检视与当代修正》，载《四川大学学报》（哲学社会科学版）2018年第1期。

倡养老育幼和相互帮扶的优良社会风尚，对社会发展有益无害。[①]

第二，鼓励丧偶儿媳、女婿对公婆或岳父母主动承担赡养义务，有助于“避免家族机能的衰退，强调家庭在生存、养老等方面的基本职能”[②]。在独生子女家庭比例偏高以及人口老龄化严重的现实国情面前，保持并发挥家庭养老的社会功能，对于缓解社会养老的压力也具有一定的积极作用。

第三，符合权利义务相一致的原则，儿媳、女婿的法定继承人资格，来源于其对公婆或岳父母尽了主要赡养义务，因此即使从遗产分配结果来看，可能出现丧偶儿媳、丧偶女婿继承和子女代位继承的所谓双份继承情形，但这只是权利义务一致原则的体现，而并非对子股平衡原则的违背，毕竟两种继承权的取得依据是完全不同的。[③]

我们认为，肯定说与否定说均有一定道理，各自提出的制度安排也无是非对错之分，均可实现对相关主体的合法权益的公平保护。在此种情况下，立法者的决定更多是一种政策选择的结果。考虑到自1985年《继承法》第12条创设该项规则以来，其已经通过司法实践在人们的继承观念中留下了深刻的烙印，且从实际取得的社会效果来看，积极意义也明显大于消极影响，因此在《民法典》中不对其进行大幅度调整，不失为一种稳妥的选择。

三、主要赡养义务的界定

与亲生儿女对于父母的赡养不同，只有当丧偶儿媳、女婿对于公婆、岳父母尽到了“主要”赡养义务时，方有资格成为第一顺序法定继承人，如果只是尽了一般赡养义务，则不足以使其成为第一顺序继承人。根据《继承法意见》第30条规定：“对被继承人生活提供了主要经济来源，或在劳务等方面给予了主要扶助的，应当认定其尽了主要赡养义务或主要扶养义务。”具体来说，包括以下几个方面：

第一，提供了主要经济来源。所谓主要经济来源，是指儿媳、女婿支付

① 房绍坤：《关于修订继承法的三点建议》，载《法学论坛》2013年第2期。

② 孙毅：《继承法修正中的理论变革与制度创新——对〈《继承法》修正草案建议稿〉的展开》，载《北方法学》2012年第5期。

③ 杨震：《我国法定继承人范围与顺序的历史检视与当代修正》，载《四川大学学报》（哲学社会科学版）2018年第1期。

的赡养费，在公婆或岳父母的日常开销中占据较大比例。换言之，公婆或岳父母日常生活的维系，应主要依赖于儿媳、女婿提供的经济支持。具体又可从绝对和相对两个标准进行衡量。所谓绝对标准，是指儿媳、女婿提供的经济支持，应当足以满足公婆或岳父母的日常生活需要，具体数额至少不应低于当地的平均生活水平。所谓相对标准，一方面表现为丧偶儿媳、女婿支付的赡养费与其自身经济条件的对比；另一方面则表现为丧偶儿媳、女婿和亲生子女支付的赡养费，在公婆或岳父母生活开销中所占的比例。

第二，在生活上提供照料。除了提供经济上的支持外，在生活上提供劳务扶助也是赡养老人的重要表现，特别是对体弱多病甚至丧失自理能力的老年人来说，照料生活起居、带其求医问病等扶助行为，往往比经济上的支持更为重要。

第三，在精神上予以慰藉。根据《老年人权益保障法》第14条之规定，对于老人的赡养义务，除了经济上的供养和生活上的照料，还包括精神上的慰藉。随着我国人民生活水平的提高，老年人在经济上的匮乏逐渐被精神上的空虚和孤独所取代，成为影响其生活质量的最主要因素。特别是经受了老年丧子之痛的老人，更需要精神上的陪伴和抚慰。此时，儿媳和女婿作为已去世子女的配偶，往往可以给予老人他人无法取代的精神上的安慰，让老人获得情感上的寄托，对其生活质量的提升，精神和心情的愉悦，具有重要意义。

第四，对老人的赡养应当具有连续性，自赡养开始至老人去世期间，不应发生间断。当然，因老人自身在经济、身体以及家庭成员关系等方面发生改变，儿媳、女婿对于老人的主要赡养方式也可能产生变化，如从以经济支持为主变为以生活照料为主，但这并不会影响赡养关系的连续性。但如果存在开始赡养、后来不赡养，或者间断性赡养的情况，则不宜承认儿媳、女婿法定继承人身份，但可通过遗产酌给请求权的方式给予必要补偿。

四、丧偶儿媳、女婿作为第一顺位继承人时的法定继承规则

第一，丧偶儿媳、女婿的继承权具有独立性，无论其是否再婚，均不影响其子女的代位继承权。对此，我国《妇女权益保障法》第35条和《继承法意见》第29条均有明确规定。具体来说，儿媳、女婿与其子女取得继

承权的法律事实和法理基础完全不同，子女取得代位继承权，是基于父或母先于被继承人死亡的法律事实，进而代替其行使继承权；丧偶儿媳、女婿成为第一顺序继承人，则是基于对公婆、岳父母尽了主要赡养义务的法律事实，因此，二者享有的是两项完全独立的继承权，不存在相互替代的关系。

第二，丧偶儿媳、女婿只能继承公婆或者岳父母的遗产，而与其他姻亲无继承关系。如前所述，丧偶儿媳、女婿对于公婆或岳父母的继承权，来源于前者对后者所尽的赡养义务，是权利义务一致原则的体现，而双方之间的姻亲关系只是一个必要但不充分条件。因此，丧偶儿媳、女婿作为法定继承人的继承对象，应仅限于其公婆或者岳父母，而不应包括其他姻亲。

举证责任

与被继承人的血亲法定继承人不同，在实务中，丧偶儿媳、女婿的法定继承人资格，往往需要其积极主张方可实际取得，而为了取得法定继承人资格，儿媳、女婿需要举证证明其在公婆或岳父母生前，对其尽了主要赡养义务。

第一千一百三十条【遗产份额的分配原则】

同一顺序继承人继承遗产的份额，一般应当均等。

对生活有特殊困难又缺乏劳动能力的继承人，分配遗产时，应当予以照顾。

对被继承人尽了主要扶养义务或者与被继承人共同生活的继承人，分配遗产时，可以多分。

有扶养能力和有扶养条件的继承人，不尽扶养义务的，分配遗产时，应当不分或者少分。

继承人协商同意的，也可以不均等。

历史由来

本条沿袭自《继承法》第13条的规定，仅在文字表述上有些许差异，即将“对生活有特殊困难的缺乏劳动能力的继承人”修改为“对生活有特殊困难又缺乏劳动能力的继承人”，其他方面均未作调整。在《民法典》立法过程中，本条规定也自始至终保持稳定，未曾经历实质性调整。

规范目的或功能

本条作为裁判规则，旨在解决法定继承情形下，如何在同一顺序继承人之间合理分配遗产份额的问题。本条共包括四项具体规则，分别适用于一般情形和特殊情形：在一般情形下，适用遗产均分规则；在特殊情形下，则根据继承人的实际情况不同，分别适用照顾特殊困难者规则、扶养与继承的权利义务对等规则，以及协商一致规则。因此，本条也可概括为“均等继承的有限原则”[①]。立法者设置上述四项不同规则，均旨在实现遗产分配结果的公平与合理，亦即使各继承人最终分得的遗产份额，能够尽量反映被继承人的真实意愿，并符合社会道德伦理的基本判断。

规范内容

本条确立的遗产份额分配规则，一方面体现了平等保护继承权的民法基本原则，另一方面在特殊情况下对遗产份额的分配进行合理的倾斜，则体现了我国养老育幼、照顾病残的传统美德，以及法律对于公平、公正的价值追求。

一、遗产分配应以均分为一般原则

根据本条第1款规定，均分规则是法定继承中遗产分配的一般规则，只要不存在本条后四款中规定的特殊情形，则处于同一顺序的法定继承人在根据法定继承规则继承遗产时，应当实行平均分配。如果因为实物遗产无法分割而导致价值分配不均，多分得遗产的继承人应通过金钱或其他恰当方式对

① 王歌雅、任江：《中华人民共和国继承法评注：法定继承》，厦门大学出版社2019年版，第160页。

其他继承人予以补偿。由于平均分配是公平原则最为直观的体现，且在实际操作中简便易行，有助于继承人尽快确定各自继承份额并开始遗产分割程序，因此，即便各继承人在劳动能力以及对被继承人所尽的扶养义务方面可能存在程度上的差异，也并不会影响对于遗产均分规则的适用。

二、照顾特殊困难者规则

对于公平的理解，不仅体现为对相同情形予以相同对待，还体现在对不同情形予以不同对待。因此，当特定继承人在生活和经济上存在特殊困难时，即便其与其他继承人在法律上处于同一顺位，仍有必要在遗产分配时对其予以特殊照顾，使其生活获得必要的保障。

具体来说，有必要予以特殊照顾的继承人，需同时具备“生活有特殊困难”和“缺乏劳动能力”两个要件，二者缺一不可。所谓“生活有特殊困难”，主要指继承人没有独立、稳定的收入来源，或经济收入不足以维持最基本的生活水平；所谓“缺乏劳动能力”，主要指继承人因年龄（包括年迈和年幼）或身体原因（疾病或残疾）而部分或全部丧失劳动能力。如继承人同时具备上述两个要件，则应当根据其生活困难和缺乏劳动能力的具体情况，确定遗产分配中对其予以照顾的合理限度。

三、扶养与继承权利义务对等规则

为了激励继承人积极履行扶养义务，弘扬中华民族养老育幼的传统美德，同时对有能力扶养而不尽扶养义务的不道德行为予以必要制裁，立法者在遗产份额分配规则中融入了权利义务相一致的理念，将继承人的应继份额与其扶养义务履行情况挂钩。

首先，对于对被继承人尽了主要扶养义务或者与被继承人共同生活的继承人，由于相较于其他继承人，其不仅在客观上为被继承人提供了主要的经济支持和劳务扶助，而且也往往与被继承人存在更为深厚的感情，因此在遗产分配时适当多分，无疑是合情合理的。此种特殊照顾，通常也是符合被继承人的真实意愿的。但需要注意的是，相较于本条第2款之规定，本款仅规定“可以”向尽了主要扶养义务的继承人多分遗产，而非必须多分，因此在分配遗产时，若同时存在本条第2款和第3款的情形，应优先保障生活有特殊困难且缺乏劳动能力的继承人的利益。

其次，有扶养能力和有扶养条件的继承人，不尽扶养义务的，分配遗产时，应当不分或者少分。本规则的适用同样需要同时具备两项前提条件：其一，继承人具备履行扶养义务的能力和条件，如果继承人主观上愿意履行扶养义务，但因客观条件而不具备履行扶养义务的能力，不应根据本款规定减少其遗产继承份额；其二，被继承人需要被扶养，而继承人不履行扶养义务。根据《继承法意见》第33条之规定，如果被继承人有固定的收入或劳动能力，明确表示不要求扶养的，则继承人是否履行扶养义务，将不会对其应继份额产生影响。

所谓对被继承人的扶养，既包括经济上的支持，也包括生活上的照顾。在很多情况下，被继承人虽然具有独立的经济能力，但因年老体弱而生活无法自理，此时被继承人通过劳务上的扶助，帮助其重归正常生活或为其提供医疗上的保障等，亦属于履行扶养义务的体现。

四、协商一致规则

根据意思自治原则，继承人之间可以通过协商方式，基于合意确定遗产分配方案，法律通常不予干涉。鉴于遗产分配方案的确定在法律性质上属于合同范畴，因此协议的生效应具备如下条件：第一，参与协商的继承人应当具有完全民事行为能力，无民事行为能力人、限制民事行为能力人应当由其监护人代为参与协商；第二，继承人的意思表示应当是真实的，不存在被欺诈、胁迫等意思表示瑕疵情形；第三，遗产的分配方案，必须取得所有继承人的一致同意，而不能通过决议方式确定；第四，遗产的分配方案，不存在违反法律法规的强制性规定，或违背公序良俗等导致民事法律行为无效的情况。

举证责任

继承人主张因生活有特殊困难又缺乏劳动能力而要求在分配遗产时予以照顾的，应当提供相应的证据予以证明，在判断其主张是否成立时，应当以继承开始时继承人的状态为依据。继承人主张自己对被继承人尽了主要扶养义务而要求多分遗产，或者主张其他继承人不尽扶养义务而应少分或不分遗产的，应当对其主张承担相应的举证责任。

第一千一百三十一条【遗产酌给请求权】

对继承人以外的依靠被继承人扶养的人，或者继承人以外的对被继承人扶养较多的人，可以分给适当的遗产。

历史由来

本条沿袭自《继承法》第14条之规定，但对被继承人扶养的人享有酌给请求权的要件进行了修改，删除“缺乏劳动能力又没有生活来源”的前置条件，在一定程度上降低了被扶养人享有酌给请求权的门槛。此项修改自《民法典继承编（草案）》（征求意见稿）时便已提出，并在此后的各次审议稿中得以延续，直至《民法典》最终通过。

规范目的或功能

本条规定了非继承人的酌给请求权，具体划定了遗产酌给请求权人的主体范围，明确了其取得条件以及权利实现的法律效果。遗产酌给请求权是我国继承法中一项颇具特色的制度安排，[①]通过将继承人以外的与被继承人存在事实扶养关系的人纳入遗产分配环节，并赋予法官一定的自由裁量权，有助于实现遗产分配结果的实质公平。一方面，避免被扶养人因被继承人的去世而突然失去生活来源；另一方面，则通过对无继承关系扶养人给予适当报偿，展现立法者对于此等美德行为的褒扬和鼓励。

本条规定与第1130条共同组成了法定继承中的遗产分配规则，二者在制度功能上存在互补关系。特别是对于一些虽然存在事实扶养关系但无法定继承关系的家庭（如旁系血亲组成的家庭、未婚同居家庭、事实收养家庭）来说，遗产酌给请求权作为法定继承制度的补充，在保障无继承关系的扶养人

① 刘春茂主编：《中国民法学·财产继承》，人民法院出版社2008年版，第128页。

和被扶养人的合法权益方面，具有不可替代的作用。[①]同时，酌给请求权也是对被继承人遗嘱自由的一种限制，通过保护在被继承人生前与其存在扶养或被扶养关系人的利益，体现出立法者对于社会公平正义理念和善良风俗的塑造。此种限制是继承法社会属性的体现，也是被继承人与继承人必须容忍与接受的限制。

规范内容

一、遗产酌给请求权的取得

遗产酌给请求权，是指继承人以外的自然人，基于在被继承人生前与其形成的扶养或被扶养关系，要求从继承人的遗产中适当分得一部分的权利，其规范目的在于死后扶养意思的延续与生前扶养的报偿，[②]是一项基于人道主义和人文关怀理念形成的法定权利。根据本条规定，依法享有遗产酌给请求权的主体，须同时具备消极和积极两个方面的条件。

所谓消极条件，是指请求权人必须是“继承人以外的人”，而如何理解该范围，学界存在不同观点。有观点认为，“继承人以外的人”是指法定继承人以外的人，即只要属于本法第1127条规定的亲属，即不能享有遗产酌给请求权。[③]也有观点认为，不应将“继承人以外的人”机械理解为法定继承人以外的人，而应解释为享有应继份额的继承人以外的人。[④]例如，当被继承人有第一顺序继承人时，如果第二顺序继承人与被继承人之间形成了符合本条规定的扶养关系，那么也应赋予其遗产酌给请求权。我们认为第二种观点更为妥当，因为立法者创设遗产酌给请求权的目的，本就是对法定继承制度形成补充，以保护那些无法基于继承人身份分得遗产的人。因此，如果仅因名义上的继承人身份，就彻底剥夺第二顺序继承人主张遗产酌给请求权的资格，无

---

① 王歌雅、任江：《中华人民共和国继承法评注：法定继承》，厦门大学出版社2019年版，第180页。

② 张平华、刘耀东：《继承法原理》，中国法制出版社2009年版，第214页。

③ 郭明瑞、房绍坤：《继承法》，法律出版社1996年版，第127页。

④ 蒋月：《婚姻家庭与继承法》，厦门大学出版社2007年版，第331页。

异于本末倒置，在事实层面看也有失公允。[①]同理，如果被继承人已经通过遗嘱或生前赠与等方式，给予了被扶养人或扶养人一定数额的财产，那么赋予这些主体遗产酌给请求权的基础和必要性也就丧失了。总而言之，在考察特定主体是否具备主张遗产酌给请求权的主体资格时，应秉持“实质重于形式”的基本原则，从维护实质公平的角度出发作出判断。

所谓积极条件，是指请求权人与被继承人之间形成了扶养关系，具体又包括两种情形：

第一，请求权人是依靠被继承人扶养的人，而所谓“依靠”被继承人扶养，可从请求权人对被继承人在经济和生活上的依赖程度，以及此种依赖关系的持续时间这两个维度进行综合判断。一方面，请求权人对于被继承人的依赖，主要表现为后者是前者的主要经济来源，或者在生活、教育和医疗等方面为其提供了主要扶助，一旦扶养突然终止，被扶养人将直接失去必要的生活来源。需要注意的是，相较于《继承法》第14条，本条未再强调被继承人“缺乏劳动能力又没有生活来源”，我们认为此种调整是有必要的，其更为直接地反映了立法者创设遗产酌给请求权制度的初衷。在现实生活中，“缺乏劳动能力又没有生活来源”并非导致请求权人依靠被继承人扶养的唯一原因，而立法者之所以要赋予受扶养人遗产酌给请求权，是因为其依靠被继承人扶养这一事实情况本身，至于造成此种结果的原因为何其实并不重要。在此种情况下，删除“缺乏劳动力又没有生活来源”这一前置条件，更有利于在司法实践中结合个案的具体情况保护受扶养人的权益。另一方面，被扶养人对于被继承人扶养的依赖关系，应稳定持续一段时间且直至继承开始之时，如果只是偶然或临时性地提供经济帮助和生活照料，并不足以在双方之间形成依赖关系。也有观点在此基础上认为，共同居住和共同生活是构成事实扶养关系的主要表现形式。[②]

第二，请求权人是对被继承人扶养较多的人。所谓“扶养较多”，一方面，

---

① 付翠英、王晓宇：《遗产酌给制度的性质、确立基础及其适用》，载《中国政法大学学报》2014年第6期。

② 付翠英、王晓宇：《遗产酌给制度的性质、确立基础及其适用》，载《中国政法大学学报》2014年第6期。

表现为在经济和生活上为被继承人持续提供了较多支持，使其生活需要能够得到实际满足；另一方面，则表现为相较于其他继承人，扶养人在经济、劳务或精神上有更多的付出。需要注意的是，由于赋予扶养人遗产酌给请求权的目的，是对其前期投入给予的补偿，因此扶养人对于被继承人的扶养，并不需要达到与"尽主要赡养义务"同等的程度。

二、遗产酌给请求权的性质和实现次序

（一）遗产酌给请求权属于债权

对于遗产酌给请求权的法律性质，我国学界主流观点认为其是一项基于事实扶养关系形成的对于遗产的独立债权，[①] 与基于身份关系享有的继承权存在本质区别。遗产酌给请求权的债权属性意味着：首先，在继承开始后，请求权人需通过向继承人积极主张酌给请求权，方可酌分一定数额的遗产，权利人对于遗产酌给请求权的行使，也需要受到诉讼时效的限制；[②] 其次，权利人基于遗产酌给请求权取得的遗产份额，仅为积极财产，无需对遗产债务承担偿还责任；最后，酌给请求权通过分得一定数额的金钱即可实现，无需以获得被继承人的遗产实物为必要。

（二）遗产酌给请求权的实现次序

在遗产的处理过程中，遗产酌给请求权的实现次序，主要取决于与如下几项权利的关系：

第一，遗产酌给请求权与继承权和受遗赠权。基于遗产酌给请求权的法律性质属于继承开始时生效的遗产债务，因此根据本法第1159条和第1162条之规定，其应当优先于继承权和受遗赠权得到清偿。对此有观点认为，有必要区分受扶养人和扶养人的酌给请求权，对于前者，因涉及对权利人基本生活的保障，故有理由优先于继承人和受遗赠人实现；但对于扶养人的酌给请求权，因其体现的是对生前扶养的报偿，其权利实现的紧迫程度相对较低，

---

① 王歌雅、任江：《中华人民共和国继承法评注：法定继承》，厦门大学出版社2019年版，第194页。

② 李佳伦：《民法典编纂中遗产酌给请求权的制度重构》，载《法学评论》2017年第3期。

因此至少不宜优先于反映被继承人生前意思的受遗赠权，二者应在同一顺序按比例进行分配。[①]此种观点有一定道理，但考虑到无论是被扶养人还是扶养人的酌给请求权，都是立法者基于政策考量和价值判断以法定方式对遗产分配进行的直接干预，而在扶养人的酌给请求权中，体现的是立法者对养老育幼这一中华民族传统美德的鼓励。因此，赋予其优先于继承人和受遗赠人受偿的次序利益，更为符合立法者创设酌给请求权制度的初衷。

第二，遗产酌给请求权与必留份。虽然本法第1159条仅规定了缺乏劳动能力又没有生活来源的继承人享有的必留份，应当优先于遗产债务得到实现，但考虑到立法者赋予受扶养人遗产酌给请求权的目的与必留份制度异曲同工，均是保障权利人的基本生存权益，因此基于对本条规定的目的解释，在权利实现的次序上将二者置于同一地位较为妥当。[②]相较之下，扶养人的酌给请求权因在权利实现的迫切程度上相对较低，让其在继承人的必留份之后受偿更为合理。

第三，遗产酌给请求权与遗赠扶养协议请求权。与遗产酌给请求权与必留份的关系类似，应区分受扶养人和扶养人的遗产酌给请求权。对于受扶养人的遗产酌给请求权，如果权利的实现与保障权利人的基本生存权益直接相关，应优于遗赠扶养协议请求权，否则两项权利应置于同一顺序较为妥当。相较之下，由于扶养人的酌给请求权在权利实现的迫切程度上相对较低，且考虑到遗赠扶养协议实质上是一项交易行为，特别是当扶养人为专业养老机构时，交易色彩将更为明显，当被扶养人去世后，扶养人能否依约足额获得约定的遗产份额，对于遗赠扶养协议制度的良性发展至关重要。因此，建议遗赠扶养协议请求权应优先于扶养人的酌给请求权得到实现。

第四，扶养人的遗产酌给请求权在普通遗产债权中的清偿顺序。有观点认为，扶养人的酌给请求权在法律性质上与无因管理之债较为类似，因此应与普通债务和遗赠扶养协议在同一顺序获得清偿；[③]也有观点认为，扶养人的

---

① 付翠英、王晓宇：《遗产酌给制度的性质、确立基础及其适用》，载《中国政法大学学报》2014年第6期。

② 汪洋：《遗产债务的类型与清偿顺序》，载《法学》2018年第12期。

③ 杜江涌：《遗产债务法律制度研究》，群众出版社2013年版，第174页、第229页；陈甦主编：《中国社会科学院民法典分则草案建议稿》，法律出版社2019年版，第425页。

酌给请求权产生于道义上的义务，并非强制偿还债务，应劣后于遗赠扶养协议以及普通债务受偿。[①]我们认为第一种观点更为妥当，因为扶养人的酌给请求权虽然来源于权利人的道义行为，但请求权本身是基于对此种道义行为形成的法定债权，既体现了立法者的价值判断，也蕴含着对于被扶养人生前意愿的拟制与推定，因此将其与遗赠扶养协议和普通债务列为同一顺序更为合理。

三、酌给遗产的数额

对于酌给请求权的数额能否高于继承人分得的遗产份额，有观点认为，应设置统一的最高限额，如不得超过继承人应继份额的一半。[②]主要理由是，非继承人之间的扶养关系，并不能取代继承人之间的血亲或婚姻关系，如果此等扶养关系对被继承人真的如此重要，那么继承人可以通过生前赠与或遗赠的方式对其利益予以特殊安排。我们认为，鉴于遗产酌给制度本身就是基于价值判断而进行利益衡量的结果，不宜对遗产酌给的份额设置过于死板的规定，而应主要根据个案实际情况，综合考察多方面因素进行权衡判断，在实现遗产酌给请求权制度目标的同时，妥善维持相关主体的利益均衡。[③]

第一，所谓“适当”的遗产，一方面，需要考察权利人与被继承人之间的扶养程度。对于被扶养人，主要表现为对被继承人生前扶养的依赖程度，为此需主要考察被扶养人的经济状况、劳动能力，除被继承人外是否还有其他扶养人，以及被继承人生前扶养的时间、方式和程度等情况。对于扶养人，应主要考察其为扶养被继承人所付出的财产和劳务情况。另一方面，为平衡兼顾酌给请求权人与继承人、受遗赠人以及其他利害关系人之间的关系，也应综合考量遗产的数量、继承人和受遗赠人的生活状况、遗产债务的数额等情况。[④]

---

① 陈苇：《我国遗产债务清偿顺序的立法构建》，载《法学》2012年第8期。

② 和丽军：《对遗产酌给请求权的反思与重构》，载《法治研究》2013年第10期。

③ 付翠英、王晓宇：《遗产酌给制度的性质、确立基础及其适用》，载《中国政法大学学报》2014年第6期。

④ 王歌雅、任江：《中华人民共和国继承法评注：法定继承》，厦门大学出版社2019年版，第182页。

第二，酌给遗产的数额上限，不必拘泥于继承人的应继份额。根据《继承法意见》第31条规定，酌给遗产的数量"按具体情况可多于或少于继承人"，体现了司法机关在处理酌给请求权纠纷中，相较于继承人与被继承人之间的身份关系，更为注重实质公平的裁判理念。此外，在被继承人没有继承人或继承人丧失继承权的情况下，亦不能完全排除遗产酌给请求权人分得全部遗产的情况。[①]

举证责任

在司法实践中，应由主张遗产酌给请求权的当事人，举证证明其与被继承人之间构成事实扶养关系，从而取得遗产酌给请求权。同时，权利人还需就其受扶养或扶养他人的具体情况进行举证，以便法院据此对遗产酌给的份额作出判断。

第一千一百三十二条【遗产分割的原则与程序】

继承人应当本着互谅互让、和睦团结的精神，协商处理继承问题。遗产分割的时间、办法和份额，由继承人协商确定；协商不成的，可以由人民调解委员会调解或者向人民法院提起诉讼。

历史由来

本条沿袭自《继承法》第15条。

规范目的或功能

本条是关于继承人之间分割遗产时所应遵循的基本原则以及纠纷解决程序的规定。

在继承法律关系中，遗产分割始终处于核心地位，然而在现实生活中，

① 公青：《遗产酌给请求权的行使》，载《法律适用》2006年第4期。

以何种方式完成遗产的分割，往往会成为继承人之间家庭关系的分水岭。特别是在私有财产总量不断增长的今天，因遗产分割引发矛盾，最终导致家庭关系破裂者不在少数。继承制度与家庭制度和社会伦理道德紧密相连，继承关系的妥善处理，不仅有利于维护和睦的家庭关系，也有助于营造一个和谐稳定的社会环境。为此，本条规定一方面明确了继承人之间在处理继承问题时所应遵循的基本原则，鼓励通过平等协商方式，对遗产分割的时间、办法和份额等问题进行决定；另一方面，当各方协商不成时，本条也为纠纷的解决提供了两条外部途径，一是由人民调解委员会调解解决，二是向人民法院提起诉讼。总而言之，本条旨在通过倡导继承人之间妥善处理继承问题的良好精神，以及明确纠纷发生后的解决路径，营造一个和谐有序的遗产分割制度环境，尽量避免继承人之间因遗产分割发生难以调和的矛盾，使家庭关系发生破裂，进而引发各类社会问题。

规范内容

一、互谅互让、和睦团结在继承法律关系中的体现

互谅互让、和睦团结精神，是中华民族传统美德和优良习惯的体现，继承编对于该精神的强调，是将道德规则上升为国家意志的一种体现，目的在于使内化的道德与外化的规则相统一，以法律的约束力来规范人们的行为并提高其道德水平。[①]具体来说，互谅互让、和睦团结精神主要体现在以下三个方面：

第一，在遗产份额分配环节，除了适用特留份和遗产酌给请求权等法定情形，继承人之间在协商确定遗产分配方案时，也应充分考量各自的经济条件、生活状况以及对被继承人的扶养情况，在均分的基础上进行适当调整，对生活条件困难者适当多分遗产或让其少担债务，以体现家庭成员之间的亲情关系。需要说明的是，提倡互谅互让、和睦团结的精神，并非要对继承人

---

① 王歌雅、任江：《中华人民共和国继承法评注：法定继承》，厦门大学出版社2019年版，第210页。

的意思自治进行限制，而是希望继承人能够在一个和谐、互信、宽容的氛围中，尽快就遗产分割达成共识，从而实现对于遗产的合理分配、妥善管理和高效分割。

第二，在遗产分割环节，兼顾遗产价值的公平分配和继承人的实际需要，特别是在实物遗产的分配方面，应充分考虑特定遗产对于继承人正常生活和工作的影响。例如，将夫妻共同居住的房屋和日常生活用品，优先分配给被继承人的配偶；将遗产中的生产工具，分配给曾与被继承人共同生产经营的继承人；将有纪念意义的遗产分配给与其存在特殊情感关联的继承人等。

第三，在遗产的管理环节，如果遗嘱没有指定遗嘱执行人，继承人亦应秉持互谅互让、和睦团结的精神，综合考量能力、意愿以及威望等多方面因素，及时在继承人中间推选出遗产管理人，并积极配合其履行各项职责，全面清理并妥善保护各项遗产，尽快处理遗产债务，并根据遗嘱或法定继承规则对遗产进行分割。

二、人民调解与司法确认：建立多元化的继承纠纷解决路径

随着我国经济发展水平的不断提高，个人的私有财产总量早已今非昔比，因遗产继承引发的纠纷数量也随之快速增长。当继承人无法通过内部协商有效解决纠纷时，借助外部力量就成为人们的必然选择。然而，向人民法院提起诉讼并非唯一的纠纷解决路径，在有着“厌讼”传统的中国社会，一家人以对簿公堂的方式解决继承纠纷，往往具有十分明显的副作用，财产关系得到厘清的代价，很可能是家庭关系走向破裂，甚至还可能引发各类社会问题。

相较之下，人民调解委员会作为我国多元纠纷解决机制的组成部分，在纠纷解决过程中，往往能够更好地兼顾法理与人情，并为当事人营造一个和谐、轻松、温情的纠纷解决氛围，对比法庭上原告、被告双方的针锋相对，调解机制更有利于避免当事人之间矛盾的激化和升级。经人民调解委员会调解达成协议的，可以制作调解协议书，对达成调解的内容进行记录。然而，经人民调解委员调解达成的协议仅具有合同法上的约束力，[①]因此在一方当

---

① 参见《最高人民法院关于审理涉及人民调解协议的民事案件的若干规定》第1条。

事人拒不履行协议时，他方当事人并不能直接依据调解协议向人民法院申请强制执行，而仍需通过诉讼要求对方当事人履行协议。调解协议强制执行力的缺失，导致在一段时间内，通过人民调解解决纠纷的案件数量呈现下降趋势。[①]

为了更好地发挥人民调解的纠纷解决功能，2010年通过的《人民调解法》充分吸收了人民法院在探索司法确认制度改革中取得的成果，[②]首次以立法形式确认了调解协议司法确认制度，赋予经确认的调解协议以强制执行效力。[③]根据《人民调解法》第33条之规定，当事人可以自调解生效之日起30日内，共同向调解组织所在地的基层人民法院提出司法确认申请，经审查符合法律规定的，人民法院依法确定调解协议有效，从而使调解协议的内容获得强制执行力，当事人拒不履行或者未全部履行协议的，其他当事人可以直接向人民法院申请强制执行。司法确认制度与调解协议的有效衔接，为人民调解机制装上"牙齿"，有效提高了通过人民调解实际解决纠纷的能力。[④]目前，已有越来越多的人民调解委员会在当事人达成调解协议后，主动协助当事人向人民法院申请司法确认，通过"调解协议+司法确认"的有机配合，确保调解结果能够得到真正落实。

具体来说，对于就继承纠纷所达成的调解协议，在申请司法确认时，应注意以下几方面问题：

第一，根据《民事诉讼法》第194条之规定，申请司法确认的调解协议，应当是经过人民调解委员会调解达成的调解协议，如果是继承人之间自行达成的遗产分配协议，则不能直接申请司法确认。此外，当事人应当在调解协议生效后30日内，共同向调解组织所在地的基层人民法院申请司法确认，如果超过期限或有当事人不愿意申请司法确认，则调解协议依然仅具有合同效力，无法借助司法确认程序获得强制执行力。

---

① 兰荣杰：《人民调解：复兴还是转型？》，载《清华法学》2018年第4期。

② 参见《最高人民法院关于建立健全诉讼与非诉讼相衔接的矛盾纠纷解决机制的若干意见》第20—25条，首次以司法解释形式确立了司法确认制度。

③ 龙飞：《论国家治理视角下我国多元化纠纷解决机制建设》，载《法律适用》2015年第7期。

④ 范愉：《〈中华人民共和国人民调解法〉评析》，载《法学家》2011年第2期。

第二，人民法院对于申请司法确认的调解协议需进行审查，对于继承纠纷调解协议，审查重点主要集中于真实性、合法性和可执行性三个方面。①真实性主要指，调解协议的内容反映了当事人的真实意思，不存在受欺诈、受胁迫等意思表示瑕疵的情形。合法性主要指，调解协议的内容不存在违反法律法规强制性规定、侵害国家和社会利益、侵害案外人合法权益、损害公序良俗等违法情形。例如，如果当事人在调解协议中对于遗产的分割，未给胎儿保留继承份额，那么该份协议的效力将可能因损害案外人合法权益而不被法院所确认。可执行性主要指，协议的内容明确具体，且不涉及身份关系等，适宜以调解方式进行解决的纠纷。②

第三，对于当事人提出的司法确认申请，经审查符合法律规定的，人民法院应以裁定书形式对其予以确认，从而赋予协议内容强制执行力；反之，对于审查不符合法律规定的，亦应当出具驳回申请裁定书。申请被驳回后，当事人可以通过调解方式变更原调解协议或者达成新的调解协议，也可以直接向人民法院提起诉讼。需要注意的是，由于司法确认属于特别程序，因此实行一审终审，当事人不能对裁定本身提起上诉，但可根据再审程序申请再审。

司法确认制度在多元纠纷解决机制之间搭建了良性互动的桥梁，为“诉调对接”提供了制度性保障，有助于充分发挥人民调解委员会在解决继承纠纷上的优势，让继承人之间的矛盾在更为和谐、友好的氛围中得到化解，既避免了家庭关系因继承纠纷发生破裂，同时还可为当事人节约诉讼成本。③

---

① 周翠：《司法确认程序之探讨——对〈民事诉讼法〉第194—195条的解释》，载《当代法学》2014年第2期。

② 参见《最高人民法院关于人民调解协议司法确认程序的若干规定》第4条、第7条。

③ 谭筱清、王莉娟：《调解协议司法确认程序若干问题的理解与适用——兼评现行〈民事诉讼法〉第194条、第195条及相关条文》，载《法律适用》2013年第5期。

第三章

遗嘱继承和遗赠

第一千一百三十三条【遗嘱继承、遗赠与遗嘱信托的一般规定】

自然人可以依照本法规定立遗嘱处分个人财产，并可以指定遗嘱执行人。

自然人可以立遗嘱将个人财产指定由法定继承人中的一人或者数人继承。

自然人可以立遗嘱将个人财产赠与国家、集体或者法定继承人以外的组织、个人。

自然人可以依法设立遗嘱信托。

历史由来

本条是对遗嘱继承、遗赠以及遗嘱信托的一般规定，是在《继承法》第16条规定的基础上稍加修正而成。与《继承法》第16条相较，本条有下列四个方面的修正。

1.将“公民”修改为“自然人”。从“公民”到“自然人”的修正，是继承法回归民事主体的科学性体现。因为“公民”是指具有一国国籍的自然人，是一种政治意义上的身份，这一概念关涉一个人是否可以参加国家政治生活。继承法律关系是平等主体之间基于自然人死亡的事实而移转财产的权利义务关系，属于民事法律关系，一个人作为继承法律关系的主体时应称为自然人。《继承法》在《民法通则》通过前颁行，即使在制定《民法通则》时，仍然有称为“公民”还是“自然人”的争论，当时采取了折中的做法，即在公民的后面加了个括号写上“自然人”[①]的表达方式。之后，在1999年《合同法》颁行时，就已经直接采用了“自然人”的概念，2017年的《民法总则》也采用了“自然人”这一表述。从《民法典继承编（草案）》（征求意见稿）第15条开始即已完成这一修正，此后的《民法典继承编（草案）》（一审稿）第912条、《民法典继承编（草案）》（二审稿）第912条以及《民法典（草案）》第1133条，也均呈现为一致表述。此外，在民法典起草过程中，几部学者建议稿也都采

① 即公民（自然人）。

用“自然人”的表述。[①]由此可以看出，对于在民事生活中采“自然人”的概念这一点，立法和学界早已达成共识。

2.新增了遗嘱信托。在《继承法》第16条的基础上增加一款“自然人可以依法设立遗嘱信托”，这一修正是在《民法典》最终审议通过前完成的。

3.受遗嘱人的范围与变化。将“国家、集体或者法定继承人以外的人”修改为“国家、集体或者法定继承人以外的组织、个人”，与《继承法》第16条规定相比，这一修正实际上扩大了受遗赠人的范围。

4.文法修正。有两处修改：一是将“由法定继承人的一人或者数人继承”修改为“由法定继承人中的一人或者数人继承”；二是将“公民可以立遗嘱将个人财产赠给”修改为“自然人可以立遗嘱将个人财产赠与”。前一修正是在《民法典继承编（草案）》（一审稿）第912条中完成的，后一修正是在民法典公布前完成的。

梁慧星先生作为全国人大代表曾提出修订继承法的提案，郭明瑞先生也在《法制日报》上发文建议立法机关应及时对继承法进行修订完善，其中均有关于修改遗嘱继承的建议。[②]在2014年民法学年会上，郭明瑞先生再次提出对继承法中的遗嘱继承制度进行修改的建议。[③]可以说，在我国继承法的修订问题上，遗嘱继承是备受关注的问题，也有了许多研究成果。

三 规范目的或功能

在个人私有财产数量极大增长的社会环境里，人们对于自己身后财产分配问题的重视程度显著提升。《继承法》乃私法，是确定在自然人死亡后其个

① 可参阅何丽新、谢美山、熊良敏、刘新宇：《民法典草案继承法编修改建议稿》，载《厦门大学法律评论》（第七辑），厦门大学出版社2004年版；王利明主编：《中国民法典学者建议稿及立法理由：人格权编·婚姻家庭编·继承编》，法律出版社2005年版；梁慧星主编：《中国民法典草案建议稿》（第二版），法律出版社2011年版；陈苇：《〈中华人民共和国继承法〉修正案建议稿》，载《私法》2012年第2期，华中科技大学出版社2012年版。

② 郭明瑞：《继承法之“大修”》，载《法制日报》2010年3月17日，第12版。

③ 郭明瑞：《〈继承法〉修订中的重大问题》，载《中国社会科学报》2014年10月22日，第A07版。

人财产移转与归属的法律制度，与婚姻制度一样应当以尊重民事主体的个人意志为己任，应重视并充分体现对当事人意志的尊重，故而死者处分其身后财产的意愿对于继承制度的设计具有重要意义，也是遗嘱继承发生的主要根据。继承制度只有顺应多数人的意愿才可能得到社会认同而有效实施，这是立法肯定遗嘱继承与遗赠的重要意义之一。立法允许自然人立遗嘱处分财产，让被继承人在规定的继承方式中有更多的选择余地，使其自由支配遗产的意愿得到保障，这既便于实现被继承人处分财产的目的，也有利于明确遗产范围、确定继承人，对于减少法制与自然人意愿及道德的冲突也有积极意义。

近年来，人们的权利意识逐渐增强，自己生前处分其财产的现象日益普遍。这表现在，通过遗嘱处理自己的私有财产及其他事务已成为较普遍而非个别的现象。可以说，在某种意义上，遗嘱继承已成为遗产继承的主要方式。依本条规定，自然人可以依照本法的规定设立遗嘱处分其遗产，指定由法定继承人中的一人或者数人继承其遗产，或者将其个人财产赠与国家、集体或者法定继承人以外的其他人，并可以指定遗嘱执行人，也可以依法设立遗嘱信托。这从法律效果上看，是法律允许遗嘱人在法律许可的范围内，通过立遗嘱而改变继承者的人选及继承顺序，甚至取消法定继承人的继承份额，也可以将自己的遗产赠与不具有继承关系的第三人。

本条规定赋予自然人在生前对自己所有的财产的身后归属予以自由处置，是继承法尊重所有人处分其身后财产愿望的集中反映，也是尊重和保护个人财产所有权的应有之义，尽管只是一个说明性法条，但对于遗嘱继承和遗赠相关问题的判断具有基础性作用。

规范内容

一、遗嘱、遗嘱继承的意义

（一）遗嘱的含义

在我国古代汉语中，遗嘱有“遗属”“遗书”“遗言”“遗命”“遗诏”“遗表”“家约”“唯书”“先令”等称谓，其含义远比现代汉语中作为专门法律术语的“遗嘱”广泛，一般可理解为死者生前预留给后人的一种嘱咐，可能包括对遗产的处分，也可能不包括。[①]在西语中，据考证，“遗嘱”二字出自公元前5世纪中叶罗马的《十二铜表法》。《十二铜表法》规定：“凡以遗嘱处分自己的财产，或对其家属指定监护人的，具有法律上的效力。”[②]《学说汇纂》第2篇对遗嘱下的定义为：“遗嘱（testa–mentum）是我们对希望在自己死后做的事情的意愿之合法表示（ius tasent entia1）。即立遗嘱人在生前对自己死后想做的事情或是愿望所作的预先意思表示，并且这种表示行为要具有合法性。立遗嘱人可以是对自己财产权利的处分，可以是解放自己的奴隶，也可以是对某种行为的处理，抑或是除此之外的其他事情，只要是合法的表示，即视为遗嘱有效。”[③]

现代继承法的许多规定与优士丁尼时代法律中规定的遗嘱制度有着千丝万缕的联系和相当多的共同特征。[④]现代法上的遗嘱，是指自然人在生前按照法律的规定处分自己死后的遗产，预先安排与此有关的事务，并于死亡后发生效力的单方民事法律行为。

遗嘱的优点是遗嘱人可以选择将自己的财产给法定继承人中的任何一个人，也可以选择多给某个继承人或少给某个继承人，甚至可以选择将自己的财产赠与法定继承人以外的个人或组织。这一优点恰好满足了人们的感情需求。一般而言，遗嘱人最清楚其家庭成员或近亲属的性格、爱好以及人生理想，对他们的生活、工作状况等也比较了解，特别是他们对遗嘱人的扶养情况和投入感情程度，遗嘱表达了遗嘱人对他们的情感取舍和愿望，相对而言，其遗产安排是最妥当的，这也是相关当事人对维护和执行遗嘱没有多少怨言的原因。

（二）允许立遗嘱处分财产的意义

首先，允许立遗嘱处分个人财产，便于明确遗产的范围。由于各种各样

---

① 苏亦工：《香港华人遗嘱的发现及其特色》，载《中国社会科学》2002年第4期。

② 《十二铜表法》第5表第3条。

③ ［意］桑德罗·斯奇巴尼：《婚姻·家庭和遗产继承》，费安玲译，中国政法大学出版社2001年版，第251页。

④ 费安玲：《罗马继承法研究》，中国政法大学出版社2000年版，第102页。

的原因，继承人可能并不知道或许也根本无从知道被继承人遗留有哪些遗产，这些遗产又在何处，而被继承人生前也不愿意或者不方便告知继承人。如果被继承人没有留下遗嘱，其身后的亲属既无法查找这些遗产，也容易引起互相猜疑。

其次，允许立遗嘱处分个人财产，还便于确定继承人的范围。这一点主要是针对非婚生子女的继承权而言的。社会生活的多样性导致了因婚外情而有非婚生子女，不论人们对此作何种道德评价，非婚生子女的法律地位与婚生子女都是相同的。然而，在被继承人死亡之后，怎样证明他们之间的关系则成了大问题。

最后，遗嘱继承还有助于减少道德与法制的冲突。道德与法制的冲突自古就有，而遗嘱继承问题所导致的冲突则经常成为人们关注的焦点。在一些特殊的案例当中，经常会由于遗嘱问题而出现道德与法制的冲突，所以一旦出现道德与法律的对抗，应该以完全符合法律效力要求的标准来执行，这才是法治国家的规范化管理前提。相反，如果没有依照遗嘱继承制度进行继承，法律无法保障继承人的权利时，就会出现法律与道德层面上的冲突。我国历来有“死者为大”“死者为尊”的观念，维护和执行遗嘱几乎是死者近亲属义不容辞的责任，因此，按照遗嘱分配遗产一般不易发生纠纷。即使遗嘱在处理遗产上对某些人不公，人们也可以接受。

（三）遗嘱的解释和法律特征

遗嘱虽然也是法律行为，但它与一般的法律行为特别是双方法律行为相比更为特殊和复杂。对于如何进行遗嘱解释，立法例有不同态度，较具代表性的做法有三种：一是专门就遗嘱的解释作出规定，如《埃塞俄比亚民法典》；二是对遗嘱的解释不作专门规定，而就法律行为的解释及合同的解释作出规定，遗嘱解释可以参照合同的解释规则，或适用法律行为的解释规则，如《德国民法典》；三是对遗嘱的解释不作规定，只就合同的解释作出规定，如《智利共和国民法典》《法国民法典》《意大利民法典》等。我国《民法典》显然可以归入前述第二种做法。一般认为，遗嘱具有下列法律特征：

1.遗嘱为单方法律行为。法律行为解释的目的在于探求当事人的真实意思，按照对真实意思的不同理解，分为表示主义（客观说）和意思主义（主观说）。因为遗嘱继承是继承人无偿取得财产利益，遗嘱也不可能给相关人造成如合同般的信赖利益损失，故而在解释遗嘱时须以遗嘱人的内心真实意思为准，即意思主义，而非一般法律行为解释所采的表示主义。

2. 遗嘱是遗嘱人死后生效的法律行为。遗嘱人死亡后，不可能再向其询问订立遗嘱时的真实想法，故在对于遗嘱的内容产生解释上的分歧时，裁判者只能依靠其审判经验探求遗嘱人内心的真实意思。

3. 遗嘱是严格的要式法律行为。为保证遗嘱的真实性，各国和地区遗嘱立法多明确规定，非依法定形式订立的遗嘱原则上无效。需要注意的是，遗嘱的这种要式性可能影响遗嘱人真实意思的实现。关于遗嘱的形式，既要考虑现代技术条件下遗嘱形式的多样性，更要考虑遗嘱之所以为要式行为是为了保障遗嘱为立遗嘱人的真实意思，因此，不可仅因形式有瑕疵，就否定遗嘱的效力。①

4. 遗嘱人通过遗嘱进行财产处分，所体现的不仅仅是人们在财产利益上的追求，更多地包含着遗嘱人的种种社会伦理关系、个人感情因素，甚至遗嘱人的人生理想。因此，探求遗嘱人的真意也往往需要考虑社会伦理因素、民族心理和传统观念的影响。

（四）遗嘱继承的法律地位及特征

遗嘱继承是法定继承的对称，是指在被继承人死亡后，继承人按照被继承人生前所立的合法有效的遗嘱，继承被继承人遗产的继承方式。被继承人生前可以通过立遗嘱的途径，明确指定继承人的范围、继承顺序和继承的遗产种类以及各继承人的应继份额、遗产管理以及遗嘱执行等内容，故又称为“指定继承”。在遗嘱继承中，生前立有遗嘱的被继承人称为遗嘱人或立遗嘱人，依照遗嘱的指定享有遗产继承权的人为遗嘱继承人。遗嘱继承所指向的客体为被继承人指定的遗产份额。

古罗马以遗嘱继承为主，以无遗嘱继承为例外，因而其遗嘱继承制度很发达。马克思在考察遗嘱继承的起源时即指出：“遗嘱权或者按遗嘱继承，起源于罗马，而且是罗马的特征。罗马的家长对于他的家庭经济范围内的一切

---

① 具体参见郭明瑞：《论遗嘱形式瑕疵对遗嘱效力的影响》，载《求是学刊》2013年第2期。

享有绝对权力。”[①]伯尔曼指出：“教会法无论是在西方还是在东方，都受到罗马法的深刻影响，古典时期和后古典时期的罗马法的大量概念和规则被接受过来，尤其是在财产、继承以及契约等事务方面。”[②]梅因在《古代法》中论述人类遗嘱继承的早期史时也曾说，遗嘱法在封建制度开始的年代里发展很少受到阻碍，它们没有像其他法律部门那样由于罗马帝国的解体而中断过，“教会的影响是‘遗嘱法’历史没有被中断的主要原因”[③]。日耳曼人灭亡罗马帝国后，由于实行分封制及嫡长子继承制为核心的法定继承制度，西欧事实上不存在遗嘱继承制度。中世纪后期，教会法庭支持信徒将动产遗赠给教会，因此，在动产上适用遗嘱，以后扩展至不动产，罗马式的遗嘱制度才被恢复，并沿用至今。

我国夏、商时已产生法定继承制度，至西周时日趋完善。从西周到民国初年的各代统治者，为了保证封建家族的财产和权力不被分散，都竭力维护并求助于封建的宗祧继承制度，将身份继承、祭祠继承和主要财产的继承统归一人，宗祧继承成了强制性的法律规范。[④]在中国古代奴隶社会与漫长的封建社会，自然经济占据主导地位，法定继承按照血缘关系的远近确定继承人范围、继承份额，满足了自给自足的自然经济的需要。可见，政治上的宗祧继承制与经济上落后的自然经济，决定了在中国古代奴隶社会与整个封建社会，都是法定继承制占据绝对主导地位，遗嘱自由没有立足之地，遗嘱继承制度非常落后。自中国社会进入近代以来，随着商品经济的发展及西方法律思想的传播，遗嘱继承制度逐渐得到法律的确认。新中国成立后，继承权的法律保护曾经经历了一个“受保护—受冲击—被全部否定—恢复保护”的曲折发展过程。在《继承法》颁布前的一个很长的历史时期，我国学界对遗嘱继承问题也持有不同看法，有主张限制遗嘱继承或者有条件的遗嘱继承的；也有主张废除遗嘱继承，只承认法定继承的。

---

① 中共中央马克思、恩格斯、列宁、斯大林著作编译局编译：《马克思恩格斯全集》（第16卷），人民出版社2005年版，第650页。

② ［美］伯尔曼：《法律与革命——西方法律传统的形成》，贺卫方译，中国大百科全书出版社1993年版，第243页。

③ ［英］梅因：《古代法》，高敏、瞿慧虹译，九州出版社2007年版，第217页。

④ 刘春茂：《中国民法学·财产继承》，中国政法大学出版社1990年版，第16页。

1985年颁布的《继承法》，第一次以继承法典的形式，将遗嘱继承确立为我国的基本继承方式之一，进一步完善了我国的遗嘱继承制度。但《继承法》对遗嘱继承制度的规定过于简单，再加上受长期的封建思想与宗祧继承的影响，我国的遗嘱继承制度长期不发达，法定继承仍占主导地位。在旧的习惯势力的束缚下，大部分社会成员尤其是占人口绝大多数的农民很少在生前立下遗嘱，对自己的财产作出处分，仍习惯于在死后由法律或当地习惯确立继承人的范围、顺序及继承份额。随着我国社会主义市场经济的发展，自然人的财产所有权意识不断增强，在生前用遗嘱处分自己合法财产的情形日益增多，遗嘱继承制度逐渐成为我国的主要财产继承制度。

遗嘱继承的特征可以概括为：其一，遗嘱继承以事实构成作为发生依据，除须具备被继承人死亡这一法律事实外，还须以被继承人所立的合法有效的遗嘱为要件；其二，遗嘱继承直接体现被继承人的意志，通过对被继承人遗嘱的执行与实现来直接体现被继承人的意志；其三，遗嘱继承具有效力优先性，关系到谁可以实际参与继承，以及遗嘱继承人可以得到多少遗产份额；其四，遗嘱继承的主体具有限定性，限定在一定的范围之内。

二、遗嘱的内容

《民法典》未对遗嘱的内容作正面的指引性规定，但依《遗嘱公证细则》（司法部令〔2000〕第57号）第13条的规定，遗嘱应当包括遗嘱人的姓名、性别、出生日期、住址；遗嘱处分的财产状况（名称、数量、所在地点以及是否共有、抵押等）；对财产和其他事务的具体处理意见；有遗嘱执行人的，应当写明执行人的姓名、性别、年龄、住址等；遗嘱制作的日期以及遗嘱人的签名。同时，遗嘱中一般不得包括与处分财产及处理死亡后事宜无关的其他内容。尽管该细则中用了“应当”的表达，但在司法实践中，即使遗嘱不完全具备上列内容的，也不影响其效力。

（一）指定继承人、受遗赠人

指定继承人或者受遗赠人是实现设立遗嘱分割财产所必需的。罗马法甚至要求在遗嘱中必须指定继承人，未指定继承人或者指定的继承人不符合法律规定或继承人拒绝继承等情形下遗嘱均无效。[①]罗马法的这一特点表明古代继承制度主要是以身份继承为主，财产移转仅是死者身份地位延续的标志之一。梅因也认为："在开始的时候，'遗嘱'并不是分配死亡者财产的一种方法，而是将家族代表权转移给一个新族长的诸多方法中的一种。"[②]

根据本条规定，遗嘱指定的继承人应为法定继承人范围内的人。遗嘱指定的受遗赠人可以是法定继承人以外的任何人。受遗赠人须为遗嘱生效时生存的人，也包括遗赠人死亡时已受孕的胎儿。

1.须明确区分遗嘱继承人和受遗赠人的范围。确定遗嘱继承人的范围，将遗嘱继承人同受遗赠人区别开来是十分必要的。因为根据我国现行法的规定，遗嘱继承人与法定继承人一样，既继承被继承人的遗产，也承担被继承人的债务，而遗赠的受遗赠人处在接受赠与的法律地位上，无须承担清偿遗赠人债务的义务。[③]

对于遗嘱继承人和受遗赠人的关系和范围，学界主要有三种观点：一是认为遗嘱继承的继承人应是法定继承人中的一人或数人，法定继承人以外的人或组织，依照遗嘱接受遗产属于遗赠的范畴；二是认为法定继承人、法定继承人以外的人可以成为遗嘱继承的继承人，也可以成为遗赠的受遗赠人；三是认为遗嘱继承的继承人既包括法定继承人，也包括法定继承人以外的人，而遗赠的受遗赠人则只能是法定继承人以外的人和组织。鉴于我国现行法对于遗嘱继承人与受遗赠人规定有不同的权利和义务，故在司法实践中有必要严格区分遗嘱继承人与受遗赠人。前述第二和第三种观点容易引起难以区分某人是遗嘱继承人还是受遗赠人，进而也就无法明确具体的权利义务的问题。本条"指定由法定继承人中的一人或者数人继承"显然采纳了第一种观点，即遗嘱继承人应限定在法定继承人的范围之内，而遗赠的受遗赠人则是法定

---

① 这是因为罗马法中遗嘱继承制度的首要目的在于保持被继承人人格与身份的同一性，并非为分割遗产。正如史尚宽先生所言："在罗马法之遗嘱，以继承人之指定为其生命，而非单纯财产之支配，故如指定继承人拒绝继承，则全部遗嘱处分无效，法定继承开始。"史尚宽：《继承法论》，中国政法大学出版社2000年版，第394页。

② ［英］梅因：《古代法》，高敏、瞿慧虹译，九州出版社2007年版，第243页。

③ 审判实践中，为了维护债权人的合法权益，在程序上把受遗赠人的财产先用于清偿债务，剩余部分才用于遗赠，这不是受遗赠人履行某种义务的表现。

继承人以外的人或组织。法定继承人以外的人或组织依照遗嘱取得遗产属于遗赠，不属于遗嘱继承。这种观点不仅概念清楚、内涵明确，而且可以避免其他两种说法所引起的混乱。

2.关于遗嘱继承人可否参与死者其余遗产的继承问题。被继承人通过遗嘱将其财产的一部分指定由法定继承人中的一人或数人继承，对其余财产并未作出处理，这部分未作处理的遗产应依照法定继承的方式继承。在这种情形下，被遗嘱指定的继承人在依照遗嘱接受遗嘱指定的遗产后，能否再以法定继承人的身份与同一顺序的其他法定继承人一起继承死者的其余遗产？对此，有观点认为，遗嘱继承人已经依遗嘱取得了遗产，就没有资格同其他法定继承人再分其他遗产，应取消遗嘱继承人参与继承其他遗产的权利。这样的理解值得商榷。

首先，法定继承权和遗嘱继承权虽然都是法律所确认并加以保护的，但它们产生的依据不同：法定继承是基于法律的规定，遗嘱继承则是基于被继承人在法律允许条件下的个人意愿。二者产生的依据有质的区别，互不排斥。

其次，遗嘱继承和法定继承有不同的制度功能，不能相互代替。既不能因某人通过遗嘱继承取得遗产而否定其通过法定继承取得其他遗产的权利，也不能因某人通过法定继承取得遗产而否定其通过遗嘱继承取得指定遗产的权利。无论是法定继承权还是遗嘱继承权，对每个民事主体都是平等的，除法律有特殊规定外，任何人都无权干涉或剥夺民事主体的这种权利，只要具有法定继承人的身份，就享有法定继承权；只要被继承人所立的遗嘱不违背法律的规定，遗嘱所指定的继承人就具有遗嘱继承权，接受了遗嘱继承的人，并未丧失法定继承人的资格，反之亦同。故遗嘱继承人依遗嘱继承遗产后，并不必然丧失与其他法定继承人一同继承被继承人未以遗嘱处理的其他遗产的资格。

最后，如果被继承人在遗嘱中已经明确指定遗嘱继承人只能继承遗嘱所指定的那部分遗产，其余遗产应归其他法定继承人继承时，遗嘱继承人便没有资格再参与其余遗产的继承了。被继承人在遗嘱中的这种指定实际上属于被继承人已经对其余遗产都作了处理，只要遗嘱不违背法律，遗嘱继承人和其他法定继承人（实际上也是遗嘱继承人）都只能依照遗嘱的指定各自继承相应的遗产。这同遗嘱继承人可以得到遗嘱指定的那部分遗产，而其他法定继承人无权得到这部分遗产是同样的道理。此外，如果遗嘱继承人依遗嘱取得遗产后，主动放弃其余遗产部分的继承权时，其也就不再参与其余遗产的继承了。

（二）指明遗产的名称、范围及继承份额

遗嘱人在遗嘱中可以指定遗产的名称、范围或者数额，并指明各遗嘱继承人应继承的具体遗产和份额。如果遗嘱人没有指明各遗嘱继承人应继承的具体遗产和份额的，遗产应在其指定的遗嘱继承人中作等额分配。

（三）明确遗产的分割方法和份额

1.遗产分割方法的确定。遗产分割方法有遗嘱分割、协议分割和裁判分割等。遗嘱人可以在遗嘱中设定分割方法，也可以在遗嘱中委托他人代定分割方法。在遗嘱继承中，如果遗嘱人指定了合理的遗产分割方法，或委托他人代定分割方法，基于遗嘱自由原则，只要不违反法律的限制性规定，应遵其遗嘱。

如果遗嘱没有明确遗产分割方法，可以由继承人以协议方法予以明确。协议行为为法律行为，故参与协议分割的继承人须为完全民事行为能力人。对此，可参照适用《民法典》第1132条对于法定继承中遗产分割的规定，即继承人应当本着互谅互让、和睦团结的精神，协商处理继承问题。遗产分割的时间、方式和份额，由继承人协商确定；协商不成的，可以由人民调解委员会调解或者向人民法院提起诉讼，诉请法院裁判分割。

在司法实践中，法院可以依遗产性质和法律规定，比照一般共有物的分割规则予以分割。[①]通常的做法为：首先，对于适宜分割的遗产，可进行实物分割。即在可分割遗产可分为等量而又不损害其性质的，可以原物分割；如果按量分配继承人中有不能获得相当其应继份的份额的，可以金钱补偿。其次，对于不宜分割的遗产，可以采取折价、适当补偿或者共有等方法处理。

---

① 《民法典》第304条规定了共有物的通常分割方式：共有人可以协商确定分割方式。达不成协议，共有的不动产或者动产可以分割且不会因分割减损价值的，应当对实物予以分割；难以分割或者因分割会减损价值的，应当对折价或者拍卖、变卖取得的价款予以分割。

折价，是指将遗产出卖变为价金，再由各继承人按自己应得遗产份额的比例，各自取得与其应得遗产份额相对应的价金。补偿，是指将遗产折算成价金，先由继承人中的一人取得遗产的所有权，再由取得该遗产的继承人按其他继承人应得遗产份额的比例，分别补偿给其他继承人的应得价。共有，是指继承人将遗产作为共有物，由各个继承人按各自应得的遗产份额按份共有。

2.遗嘱中禁止分割遗产的内容的效力。对于遗嘱中禁止分割遗产的内容的效力，或者继承人以协议方式约定对遗产不予分割的内容的效力问题，我国立法未予规定。立法例对此有不同规定。[①]

需要注意的是，我国继承法在遗产分割问题上更强调发挥遗产的实际作用。例如，《继承法意见》第58条规定："人民法院在分割遗产中的房屋、生产资料和特定职业所需要的财产时，应依据有利于发挥其使用效益和继承人的实际需要，兼顾各继承人的利益进行处理。"对此，《民法典》第1156条也延续《继承法》第29条的规定："遗产分割应当有利于生产和生活需要，不损害遗产的效用。不宜分割的遗产，可以采取折价、适当补偿或者共有等方法处理。"即对于不宜分割的遗产，法律规定可以不分割，而采用其他方法予以处理。由此可见，如果禁止分割遗产的内容不利于生产和生活需要，或者损害遗产的效用，这一内容的效力也可能受影响。

当然，从遗嘱继承制度本身就是尊重意思自治的产物，以及应当尊重继承人对于遗产的自由处分意思的角度来看，只要不违反对遗嘱的限制性规定，就应认定这种遗嘱或者协议的内容有效，这种认可有利于更充分地体现保护遗嘱继承的立法宗旨。

（四）指定遗嘱执行人

遗嘱的执行是实现遗嘱意志的必要程序。曾经有教会法学家声称，"没有指定遗嘱执行人的遗嘱根本不称其为真正的遗嘱"[②]。遗嘱人可以通过遗嘱明确遗嘱执行人的范围、遗嘱执行顺序、遗嘱执行的限制和遗嘱执行的费用支付

---

① 例如，依我国台湾地区的规定，被继承人之遗嘱，定有分割遗产之方法，或托他人代定者，从其所定。遗嘱禁止遗产之分割者，其禁止之效力以十年为限。

② 何勤华、魏琼主：《西方民法史》，北京大学出版社2006年版，第234页。

等问题。随着遗嘱继承的增多，执行遗嘱成为实务中一个突出的问题。我国《继承法》虽然承认了遗嘱执行人制度，但规定粗泛，对于遗嘱执行人的选任、职责、履职程序等规则都付诸阙如，仅仅用“公民可以依照本法规定立遗嘱处分个人财产，并可以指定遗嘱执行人”一句就概括了两大法系国家和地区多用专章或者专节规定的遗嘱执行人制度，这种过于原则化的规定在司法实践中操作困难，也不便于执行。本条基本沿用了这一做法，但在第四章对“遗产管理人”作了规定。

1.遗嘱执行人的任职资格。对于遗嘱执行人的任职资格，实践中的基本共识是遗嘱执行人应当具有完全民事行为能力。在我国，对于心智健全的18周岁以上的人可以成为遗嘱执行人是不存疑问的，但对于16周岁以上未满18周岁，以自己的劳动收入作为主要生活来源的未成年人是否可以作为遗嘱执行人的问题，学界观点未尽一致。从目前社会实际情况看，以自己的劳动收入作为主要生活来源的未成年人不宜作为遗嘱执行人，因为执行遗嘱是一个非常复杂的事务，未成年人在社会问题的处理上没有非常丰富的经验，因此并不具备担当遗嘱执行人的合适条件。

对于法人和非法人组织是否可以作为遗嘱执行人，各国和地区立法一般不作限制，我国也未予限制。法人和非法人组织作为遗嘱执行人有一个非常大的优势，尤其是专业的社会组织，如遗嘱信托基金及律师事务所，都具有较强的专业素质和知识，完全可以履行作为遗嘱执行人的职责。

需要注意的是，破产人以及还不起自身债务的人不能做遗嘱执行人。因为遗嘱执行人一般都有管理和分配遗产的权利，但遗嘱执行人应当对在执行过程中因故意或过失造成的损害承担赔偿责任。不能负担自己债务的人或破产人已经没有能力承担赔偿责任，且破产人的财产管理能力通常也有限，所以解释上应排除这两类人作为遗嘱执行人的可能性。

2.遗嘱执行人的确定。遗嘱人可以在遗嘱中指定遗嘱执行人，依遗嘱确定的执行人为遗嘱执行人。被指定的遗嘱执行人既可以是法定继承人，也可以是法定继承人以外的人。但指定继承人之外的人作为遗嘱执行人必须具备两个条件：其一，要由遗嘱人在遗嘱中指定。对于遗嘱人在遗嘱中没有直接指定具体遗嘱执行人，而是委托他人指定遗嘱执行人的情形，我国继承法未予明确是否允许，但解释上应予以肯定。因为遗嘱人既然有权指定遗嘱执行人，当然也就有权委托他人去指定遗嘱执行人。域外立法例对此也多持肯定态度。[①]当然，无论是由遗嘱人自己指定，还是以遗嘱委托他人代为指定，都必须在遗嘱中作出明确的规定。其二，被指定的人同意承担遗嘱执行人的义务。遗嘱人用遗嘱指定执行人是单方的法律行为，只要遗嘱人一经指定即具有法律效力，遗嘱人死亡后，被指定的执行人即可执行遗嘱。遗嘱中指定遗嘱执行人为二人以上的，除遗嘱人在遗嘱中另有明确的意思表示外，应共同执行遗嘱。遗嘱执行人对遗嘱的执行意见不一致时，可以请求人民法院裁定。

遗嘱人未指定遗嘱执行人或者指定的遗嘱执行人不能执行遗嘱的，应由遗嘱继承人负责执行遗嘱；遗嘱人既没有指定遗嘱执行人又没有指定遗嘱继承人的，遗嘱人的法定继承人按照继承顺序的先后负责执行遗嘱。同一顺序法定继承人为数人的，该顺序全部继承人为共同遗嘱执行人。当然，继承人也可以共同推举一人或者数人为代表执行遗嘱。

既没有遗嘱指定的遗嘱执行人和遗嘱继承人，也没有法定继承人能够执行遗嘱时，可以由遗嘱人生前住所地的民政部门或者村民委员会担任遗产管理人，其即为遗嘱执行人。这种做法是符合中国实际情况的，目前也是司法实践中的惯例。

3.遗嘱执行人的接受和拒绝。继承人以外的人被指定为遗嘱执行人的，其有权决定是否担任遗嘱执行人；不愿担任遗嘱执行人的，应当及时通知继承人、受遗赠人或者其他利害关系人。

对于被指定人是否接受指定或者委托人是否接受委托，《民法典》未予规定接受或者拒绝的期间。为避免指定的遗嘱执行人长期不作出是否担当此任的意思表示，解释上可以理解为一个合理期间。该合理期间过后未作明确表态的，应当视为放弃指定或放弃委托。而且，继承人、受遗赠人和其他利害关系人在此期间内也可以进行催告。

4.遗嘱执行人与遗产保管人。尽管遗嘱执行人在遗嘱执行过程中也可能需要保管遗产，但遗嘱执行人不同于遗产保管人。被继承人死亡时，遗产可能由继承人保存，也可能由继承人以外的人保存。为保证这些遗产在遗产管

---

① 例如，《德国民法典》第2198条第1款规定：“被继承人可以托付第三人指定遗嘱执行人。”

理或者遗嘱执行前不至于流失，遗产保管人极为必要。依《民法典》第1151条的规定，存有遗产的人，应当妥善保管遗产，任何组织或者个人不得侵吞或者争抢。依《继承法意见》第44条的规定，对于出现有继承人，但又无法通知的情况时，为继承人“保留其应继承的遗产，并确定该遗产的保管人或保管单位”。从这两个规定我们可以看出,《继承法》规定我国的遗产仅限于保管。作为保管人，仅是对遗产的消极管理，防止财产被他人侵吞。对于遗产保管人，可以考虑准用无因管理的规定。也即如果遗嘱中没有明确报酬的，遗嘱执行人可以请求就执行遗嘱所支出的合理费用要求偿还。

5.遗嘱执行人的职责。遗嘱人可以在遗嘱中明确遗嘱执行人的职责。遗嘱执行人的义务就是实现遗嘱人的真实意愿，其应当按照法律的规定认真履行自己的职责。

对于遗嘱执行人执行遗嘱是权利，还是义务，抑或是一种资格？对此理论上有争议。我国《民法典》虽然没有对遗嘱执行人的相关问题作具体规定，但在第1145条中规定，继承开始后，遗嘱执行人即为遗产管理人。再依据第1147条对遗产管理人的职责进行的规定，结合实践情况，除遗嘱中另有特别规定外，遗嘱执行人的职责一般包括但不限于：查明遗嘱是否合法真实；清理遗产；管理遗产，包括对遗产的占有、交易、处分等；诉讼代理；召集全体遗嘱继承人和受遗赠人，公开遗嘱内容；按照遗嘱内容将遗产最终转移给遗嘱继承人和受遗赠人；排除各种执行遗嘱的妨碍，必要时可申请法院帮助排除妨碍；请求遗嘱继承人赔偿因执行遗嘱受到的意外损害等。

遗嘱执行人不能适当地履行自己的职责时，遗嘱继承人、受遗赠人以及其他利害关系人可以申请人民法院撤销遗嘱执行人的资格。此外，需要注意对于遗嘱执行的限制和遗嘱执行的费用支付：执行遗嘱，不得妨碍清偿遗嘱人生前所欠税款和所负的债务；执行遗嘱所需要的费用，由遗产支付。

6.遗嘱执行的顺序。遗嘱生效后，遗嘱人已经死亡，遗嘱人本身已无法执行遗嘱，如果没有严格的遗嘱执行程序，遗嘱人的意愿将难以实现。一般应当按照下列顺序进行：第一，向全体法定继承人和受遗赠人公布遗嘱内容；第二，给付受遗赠人相应的遗产；第三，履行遗嘱中指定的义务；第四，遗嘱继承人取得遗产。

7.遗嘱执行人的报酬。依《民法典》第1149条的规定，遗产管理人可以依照法律规定或者按照约定获得报酬。遗嘱人可以在遗嘱中对遗嘱执行人指定报酬。如果遗嘱中给予遗嘱执行人报酬或者是继承人许诺给予遗嘱执行人报酬的，应当允许遗嘱执行人获得报酬。

8.遗嘱执行人的责任。遗嘱执行人执行遗嘱时，应当按照法律的要求和遗嘱人的意愿忠实地履行自己的职责。

对于遗嘱执行人在执行遗嘱过程中致继承人或受遗赠人造成损害是否应当承担赔偿责任，或者什么情况下应当承担赔偿责任的问题，理论上存在争议。一般认为，如果遗嘱执行人执行遗嘱是无偿的，其不能在执行遗嘱中得到报酬，则责任不应该过重；但如果遗嘱执行人是有偿执行遗嘱，可以按照遗嘱人在遗嘱中的表示分给其一定报酬，则对其责任也应当严格，即只要因其过错造成的损害，就应当负赔偿责任。

（五）指定遗嘱信托的受托人和受益人

遗嘱信托除符合《信托法》的基本要求外，还应当符合《继承法》的规定。一般而言，遗嘱信托应当采取书面形式。遗嘱信托文件应包括三方当事人：委托人（被继承人）、受托人（遗嘱执行人）和受益人（继承人）。如果被继承人设立遗嘱信托，应当指定遗嘱信托的受托人和受益人。

（六）其他事项

如确定遗嘱继承人和受遗赠人的附加义务等。

三、遗嘱的形式

各国和地区继承法为确保遗嘱的真实性，并避免日后可能发生的纠纷，对遗嘱多规定有严格的形式。如果被继承人所立遗嘱在形式上不符合法律的要求，可能会影响到遗嘱的效力。[①]

---

① 有学者甚至认为，法律对于遗嘱形式要件的严格要求，就是为了保证遗嘱的真实性，确保遗嘱体现的是遗嘱人处分自己死后遗产的真实意思。如果遗嘱的形式要件不符合法律的要求，就不能确定遗嘱人在遗嘱中表达的意思是其处分自己遗产的真实意思表示，因而违反形式要件的遗嘱不能进行继承。杨立新：《自书遗嘱的形式要件与法律效力——对一起违反形式要件要求错误认定自书遗嘱效力的典型案件的分析》，载《法治研究》2014年第10期。

我国《继承法》特别赋予公证遗嘱以优先效力，代书遗嘱、录音遗嘱和口头遗嘱是在特定情况下才允许采用的遗嘱形式，且须有两个以上的见证人在场见证，见证人还须为与遗嘱无利害关系的完全民事行为能力人。特别是口头遗嘱，只能在被继承人生命垂危或其他紧急情况下不能以其他方式订立时，才能订立，且当危急情况结束后，口头遗嘱即无效，被继承人应以其他方式重新订立遗嘱。在民法典编纂过程中，普遍认为《继承法》规定的遗嘱形式及其效力规则过于简单笼统，主要表现有四点：一是对各种遗嘱的设立程序没有规定，可能给遗嘱人带来不便。二是对设立遗嘱的形式标准规定不够具体合理。三是关于不同形式遗嘱的效力层级的区分不合理，尤其体现在对公证遗嘱的效力规定过高。四是对电子遗嘱的设立没有规定。

有调查显示，关于遗嘱的适用频率和形式，大部分民众依然不习惯采用遗嘱，但口头遗嘱已成为大部分民众首选的遗嘱形式，且对遗嘱进行公证也还没有得到大多数民众的认同。[①]从我国继承立法的社会经济、政治和文化背景，以及民众的继承观念和继承习惯出发，法定遗嘱的形式以及遗嘱的订立不应过于复杂和烦琐。本次《民法典》编纂拓展并细化了遗嘱的形式及订立标准。

四、关于遗赠

（一）遗赠的含义

遗赠，是指遗嘱人以遗嘱的方式将个人财产赠与国家、集体或者法定继承人以外的组织、个人。遗赠于立遗嘱人死亡后发生法律效力。遗赠和遗嘱继承均为自然人生前立遗嘱预先处分自己的财产而于死亡后生效的一种财产权转移方式，但二者也有不同：

其一，受遗赠人和遗嘱继承人的范围不同。也即二者的接受对象不同：依遗嘱继承接受遗产的对象只能是法定继承人中的一人或数人，即只能是

---

① 2005年8月至2006年7月，西南政法大学陈苇教授组织了当代中国民众继承习惯调查。参见陈苇：《当代中国民众继承习惯调查实证研究》，群众出版社2008年版。

法定继承人范围之内的人，不能是法定继承人以外的自然人或单位，只是不受法定的继承顺序和继承份额的限制；依遗赠方式接受遗赠的对象可以是国家、集体或者法定继承人以外的组织、个人，但不能是法定继承人范围之内的人。

其二，受遗赠人与遗嘱继承人取得遗产的方式不同。遗嘱继承人是基于与被继承人的继承法律关系直接继承遗产，受遗赠人基于被继承人遗嘱的指定从遗产执行人处取得遗赠财产而不直接参与继承。依《民法典》第1124条的规定，遗嘱继承人自继承开始至遗产分割前未明确表示放弃继承的，即视为接受继承；受遗赠人自知道受遗赠后60日内未作出接受遗赠的表示的，视为放弃受遗赠。受遗赠人表示接受遗赠的，有权请求遗嘱执行人向其移转遗赠的标的，继承人只能继承执行遗赠后剩余的遗产。

其三，受遗赠人与遗嘱继承人的权利义务内容不同。遗嘱继承人对遗产的继承是概括地承受，即遗嘱继承人既要继承被继承人的遗产，也要负责清偿被继承人的债务，即同时继承积极财产和消极财产；而受遗赠人原则上只是享受遗赠财产的权利，即只继承积极财产而不承担偿还债务的义务，但执行遗赠不得妨碍清偿遗赠人依法应当缴纳的税款和债务。如果遗赠人将其全部遗产遗赠给国家、集体或某自然人，而其生前又有债务的，则受遗赠人只能接受清偿债务后剩余的财产，但这种清偿只能是对被继承人债务的处理，受遗赠人本身并不承受被继承人的债务。

（二）受遗赠人的范围

依本条规定，遗嘱中指定的受遗赠人只能是国家、集体或者法定继承人以外的组织、个人。对于遗赠的受遗赠人的范围，立法例上有不同规定。[①]依我国法律规定，继承人只能是自然人，继承权也仅为自然人享有。法人、非法人组织和国家也可以接受遗产，但不是基于继承权接受，即不是以继承人

---

① 立法例上有不同态度。例如，在《俄罗斯联邦民法典》中，继承人既可以是自然人，也可以是法人，还可以是俄罗斯联邦、俄罗斯联邦各主体、市政机构、外国国家和国际组织。参见鄢一美：《俄罗斯民法典中继承法律规范的新变化》，载《比较法研究》2004年第2期。此外，韩国法律对受遗赠人也没有特别限制，法人和自然人都可以成为受遗赠人。

身份接受被继承人的遗产。综合而言，在我国，法人、非法人组织和国家接受遗产的情况有两种：一是受遗赠。被继承人可以通过遗嘱将其财产赠与国家、集体或者法定继承人以外的组织、个人，但不能指定其为遗嘱继承人。二是接受无人继承又无人受遗赠的遗产。在这种情况下，法人、非法人组织和国家也不是基于继承权接受遗产的。

此外，还需要注意的是，受遗赠人须为遗嘱生效时生存的人，但遗赠人死亡时已经受孕或在接受遗赠的法定期间内受孕的胎儿可以作为受遗赠人。

（三）遗赠的财产

遗赠的财产须为遗产，且在遗赠人死亡时执行遗赠为可能和合法。我国继承法对遗赠的种类未作明文规定，在学理上可以分为对特定遗产的遗赠和概括遗赠。对遗赠的标的物也没有进行限制，遗赠的标的物既可以是遗嘱人的全部或部分财产，也可以是某项特定财产或债权。

（四）遗赠的效力

设立遗赠会使其他继承人丧失或者部分丧失继承被继承人遗产的权利。具体可以归纳为四个方面：

其一，遗赠的效力及于主物的从物及自遗嘱生效时起由遗赠物所生的孳息，但不影响遗嘱生效时已经存在于遗赠标的上的权利。

其二，受遗赠人具有《民法典》第1125条规定的丧失受遗赠权情形的，其受遗赠权消灭，并且其受遗赠权不会因遗赠人的宽恕而恢复。

其三，受遗赠人应当在知道受遗赠后60日内，作出接受遗赠的意思表示，到期没有表示的，视为放弃接受遗赠。对于继承开始前，受遗赠人死亡的，遗赠的法律效果如何，我国现行法未作特别规定。对此，参照遗嘱继承的规定，此时认定遗赠无效较为适宜。当然，如果继承开始后，受遗赠人表示接受遗赠，并于遗产分割前死亡的，其受遗赠的财产作为自身的遗产由其继承人继承。

其四，遗嘱人可以将遗产赠与法人、非法人组织和国家，但不得逃避其应当缴纳的税款和清偿所负的债务。

五、关于遗嘱信托

（一）遗嘱信托的含义

信托制度起源于英国，在财产管理、资金融通、投资理财和社会公益等方面具有多样化的社会功能，在形式上有民事信托、营业信托和公益信托等。遗嘱信托属于民事信托，也称死后信托，是指委托人以立遗嘱的方式交付信托。委托人应当预先以立遗嘱的方式，将财产的规划内容，包括交付信托后遗产的管理、分配、运用及给付等，订立在遗嘱中。待遗嘱生效时，再将信托财产转移至受托人名下，由受托人依信托的内容（即立遗嘱人的意愿），以自己的名义，为受益人的利益或特定目的进行管理或处分的行为。

在立法例上，一般把遗嘱信托分为遗嘱执行信托和遗产管理信托。遗嘱执行信托，通常是在遗嘱人财产较多，遗产的分割处理关系比较复杂，且缺少可靠执行人等情况下为了实现遗嘱人的意志而设立。信托机构在受托之后，根据遗嘱或有关的法院裁决，在遗嘱人死亡后，办理清理遗产、收取债权、清偿债务、支付税款、分配遗赠物、分割遗产等有关遗嘱的执行事宜。遗嘱执行信托一般以死者的遗嘱为依据，继承人均已确定，除了巨大和复杂的产业之外，清理工作在两三年内即可完成。遗产管理信托，通常或者是因无遗嘱，对财产的管理、清理、处理困难，所花费时间长；或者是因虽有遗嘱，但继承人存在与否尚不清楚；或者是因虽有遗嘱和明确的继承人，但继承人尚不能自己管理遗产，需要委托信托机构管理遗产。故信托机构受遗嘱人或法院委托，在某一时期内以遗产管理为目的而进行信托业务。遗产管理信托的内容与遗嘱执行信托在内容上会有一定交叉，但遗产管理信托侧重在管理遗产方面。

（二）遗嘱信托制度的意义

近些年来，随着个人财富的急剧增加以及民众在遗产均等继承方面意识的增强，我国因遗产分配而引发的纷争频发，这既不利于家族和睦，也不利于社会的健康发展。在这方面，遗嘱信托制度的优势凸显。首先，遗嘱信托制度有助于被继承人为照顾特定人而做出财产规划，保障自己的财产在死后按自己的意愿运用，尽可能避免因遗产继承人缺乏管理能力或者任意挥霍而使遗产流失，保障被继承人突然身故或丧失民事能力的情况下遗产还能得到有效的管理。这样既有立遗嘱防纷争的优点，又因采用信托的规划方式而使遗产受益人的生活更有保障。例如，受益人若是无民事行为能力人、限制民事行为能力人，或者虽然有民事行为能力但缺乏管理财产的专业技能，通过遗嘱信托，可以利用专业财产管理人的技能更好地维护自身的利益，从而可以避免直接采取遗嘱继承或者遗赠的方式所可能导致的财产的散佚和浪费。从这个意义上看，遗嘱信托制度具有超越遗嘱继承和遗赠制度的优越性。这是本条允许自然人依法设立遗嘱信托的基本动因。

其次，通过遗嘱信托还可以对未来可能出生的后代的利益实现充分保护。遗赠虽属单方法律行为，但如果不存在现实的受遗赠人，遗嘱人就不可能进行直接的遗赠。尽管《民法典》第16条赋予了胎儿民事权利能力，胎儿可以作为法定继承人，同时也可以实现对胎儿实施遗赠，但是仍然无法遗赠于已经存在的胎儿以外的未来可能出生的后代。通过遗嘱信托，则可以将在设立信托之时并不存在，但未来可能会出生的孙辈作为受益人，即使在信托设定之时受益人连胎儿都不是，也不影响信托的成立。当然，采用附期限、附条件或者附义务的遗赠，或许也可以实现与遗嘱信托类似的目的，但也无法进行如遗嘱信托那样复杂的安排。

最后，采用遗嘱信托也便于依遗嘱人的意思实现多个受益人连续受益的目的。对于在遗嘱继承和遗赠中可否在遗嘱中指定多个受益人连续受益的问题，如某甲可否在遗嘱中指定其遗产房屋一套先由其长子乙继承，其长子死后由甲之幼子丙继承，丙死后再由其长子乙的儿子丁继承？我国研究继承法的文献对于能否通过设立此类遗嘱将遗产在代际间传承，鲜有讨论。而且，国内学者的论文大多是讨论引入“后位继承”或者补充继承的价值，强调该制度弘扬立遗嘱人意思自由的侧面。[①]通过遗嘱信托，不仅可以达到类似的目的，而且可以保证遗嘱人的意愿在很久以后得到贯彻。例如，若遗嘱人有意指定最初的遗产受益人是妻子，妻子死后由孩子作为遗产受益人。在这种情

① 较早关于这一问题的主要研究成果有：杨震、孙毅：《论后位继承制度的立法选择和法的构成》，载《求是学刊》2002年第5期；王歌雅：《论继承法的修正》，载《中国法学》2013年第6期；等等。目前虽然有不少以“遗嘱信托”为题的学位论文，但对连续受益人遗嘱信托的探讨大多有欠深入。

况下，即便允许通过遗嘱继承和遗赠实现代际间传承，如果采用遗嘱继承和遗赠，若妻子移情别恋，则也有可能无法实现遗嘱人立遗嘱的意图。如果采用遗嘱信托，就可以有效地实现遗嘱人的意思。

此外，采用遗嘱信托还可以实现遗产受益权的多层化安排。如果遗嘱人有意立遗嘱把某不动产长期租赁的收益归甲，而不动产所有权归乙，尽管附义务的遗嘱继承或者遗赠也可能实现其中的部分功能，但因其中涉及对两个受益人的时间不同、效力不同的权利安排，就可能创设违背物权法定原则的权利，进而滋生有关该权利如何定性，是否具有对抗第三人的效力，如何保障交易安全等问题。这也体现出通过遗嘱继承和遗赠进行遗产安排的局限。然而，通过遗嘱信托，遗嘱人可以授予受益人内容相同的权利，也可以授予受益人内容不同的权利，将身后的遗产自由地规划出同时或者异时的、分层的受益权，并且能够得到财产管理专家的帮助，这也是确立遗嘱信托制度的最基本的缘由。

当然，遗嘱信托有合理避税的功能，但我国目前还没有征收继承税以及与此联动的遗赠税，信托制度的功能还无法充分发挥。

（三）遗嘱信托的设立

遗嘱信托在立遗嘱人死亡时生效。依本条规定，自然人可以依法设立遗嘱信托，但本条没有具体规定遗嘱信托如何设立。毋庸置疑，遗嘱人设立遗嘱信托的，应当符合我国《信托法》的有关规定，但我国《信托法》也没有规定如何具体设立遗嘱信托。结合相关立法例和我国遗嘱信托实践，需要注意下列两个方面的问题：

1.关于遗嘱信托的遗嘱的内容。法无禁止即允许，结合《信托法》的基本规定，故遗嘱人可以在遗嘱中明确记载信托的宗旨、目的、信托财产、受托人和受益人、信托成立的时间、信托的存续期限等。对于信托财产的归属，被继承人有指定时，按照遗嘱确定；没有指定时，信托财产的所有权应当归属于继承人。

2.遗嘱信托具有要式性。英美法上对设立信托的形式并无统一的要式要求，其更关注的是委托人是否有确定的设立信托的意图或者意思。在英美法上，采用遗嘱信托的主要目的是规避关于遗嘱的法定形式的要求。我国虽不存在如英美法上那样繁复的形式要求和遗嘱检认（probate）制度，[①]但依我国《信托法》第8条的规定，所有信托类型均采要式主义，信托不能通过口头设立，也不能通过默示行为设立。由此，遗嘱信托所采取的形式要求比《民法典》继承编规定的遗嘱形式要严格，这极大地限制了遗嘱自由。

在我国信托实践主要是营业信托的背景下，为了保护受益人（委托人）的利益，强调要式性具有一定的合理性，但这在客观上增加了设立民事信托的难度。为了促进民事信托特别是遗嘱信托的适用，在坚持《信托法》严格要式主义的基础上，在解释遗嘱信托是否成立的问题上，应注意两个问题：其一，只要采取了符合要求的书面遗嘱形式，即使在该书面遗嘱中没有出现“信托”等字眼，只要当事人的意愿符合设立信托的条件，亦应解释为遗嘱信托成立。甚至委托人缺乏对信托术语的了解也不影响信托的成立。例如，甲将100万元转让给乙，在一份书面文件里要求乙为其外甥丙投资这笔钱，每年在丙生日时将投资的收益交给丙，到丙30岁时，再将本金100万元全部给丙。此时，即便甲都不知何为信托的概念，对受托人的概念也一无所知，也应对甲的意思作宽泛解释：只要甲有设立信托的意图，即使书面的遗嘱文件中没有标明“信托”，亦应认定信托关系成立。[②]其二，可以结合信托法理和法律行为的规则，根据各方的事实上的权利义务关系，对遗嘱信托进行解读。虽然遗嘱信托不同于合同，但遗嘱信托通过遗嘱这种法律行为设立，其核心要素也是意思表示，故可以参照《民法典》对于法律行为的相关规定和意思表示的解释法理对遗嘱信托进行解释，只要能够证明委托人有设立信托的意图，且该意图具有明确的内容，即便合意不是以书面形式达成的，也不宜径行认

---

① 遗嘱检认是验证遗嘱效力的司法程序，其内容包括收集遗产、清偿债务、缴纳税款、向继承人分配遗产等。这些工作通常在有检验法院或者其他有关权限的法院的监督下，由遗嘱执行人或者遗产管理人进行。薛波主编：《元照英美法词典》，法律出版社2003年版，第1098页。

② 我国司法实践中有案例把借贷纠纷按照信托关系处理。例如，在“杨某某与马某某委托合同纠纷”一案中，一审法院以原告的弟弟和被告是同事，存在信任关系，就认定原告、被告间为信托关系［参见河南省封丘县人民法院（2013）封民初字第0006号民事判决书］。二审法院则以当事人之间不具备书面信托合同、信托财产不具备独立性、受托人不是以自己的名义对外交易等理由认定信托关系不成立，并把一审法院恢复原状的救济方式改判为被告依过错程度赔偿损失［参见河南省新乡市中级人民法院（2013）新中民二终字第410号民事判决书］。

定无效。

（四）遗嘱信托的受托人与受益人

1.受托人资格及受托人的确定。依我国《信托法》第2条的规定，信托是指委托人基于对受托人的信任，将其财产权委托给受托人，由受托人依委托人的意愿以自己的名义，为受益人的利益或者特定目的，进行管理或者处分的行为。对于受托人的资格，《信托法》第24条规定受托人应当是具有完全民事行为能力的自然人、法人，除此，没有对信托受托人的资格作限制。

需要注意的是，我国《信托法》第13条第2款把选任新受托人的职责授予了受益人。立法允许受益人指定受托人主要是因为遗嘱人（委托人）已死亡而受托人拒绝行动，已没有其他的人可以行使指定权。但需要注意的是，在实践中，如果允许受益人选任新受托人，受益人可能会指定和自己有密切关系的人，这样会导致受托人和受益人之间的制衡关系失效。[①]在普通法上，信托受益人永远也没有指定受托人的权力；在信托文件没有规定或者没有在任或离任的受托人愿意指定新受托人的时候，法院有权指定。[②]由于我国《信托法》中没有类似条款，委托人为确保信托成立，得在信托文件（遗嘱）中明确规定如何选任受托人，或者指定多个受托人。在立法例上，一般会对相关程序进行规定。[③]

2.遗嘱信托受托人与遗嘱执行人。在遗嘱人通过遗嘱设立信托后，如果遗嘱人死亡，遗产即成为信托财产，应当由遗嘱执行人按照遗嘱人的意愿执行，将遗产转移给遗嘱信托的受托人。

遗嘱执行人的职责类似于遗嘱信托中的受托人，遗嘱人设定遗嘱信托时也可以指定受托人作为遗嘱执行人，但二者并不必然为同一人。在英美法的

---

① Lusina Ho, Trust Law in China, Sweet & Maxwell Asia, 2003, p.81.

② Trustee Act, 1925 (England and Wales), s.41; Restatement (Second) of Trusts, §108.

③ 例如，《日本信托法》第5条第1项就规定利害关系人（受益人、继承人等）可以“在规定的期限内就是否承诺信托，对被指定为受托人者进行催告并要求给以确切的答复（原则上需要对委托人的继承人答复）”，之后，接受的人承担受托人之义务。此外，《日本信托法》第6条第1项还规定在受托人不接受委托时，“法院可以根据利害关系人的申请选任受托人”，这样规定显然更周全，也更符合促进遗嘱信托生效的原则，凸显尊重意思自治原则的私法精神。

理论上，遗嘱信托的受托人和遗嘱执行人均属于受信人（fiduciary），有时甚至不予区分。需要注意的是，虽然可以通过理论解释把实际控制遗产的继承人等视为遗嘱执行人或者受托人，承担受托人的职责；也可以按照所有法定继承人为共同共有人的逻辑，使他们相互之间承担信义义务（fiduciary duties），[①]但这并不能有效地解决责任的承担问题，更无法解决法院在适用法律上的不确定性。区分遗嘱执行人与遗嘱信托中的受托人，实际上可以便于当事人作更灵活高效的制度选择。

3.遗嘱信托的受益人。遗嘱信托的受益人可以是法定继承人的一人或者数人，被继承人也可以立遗嘱将遗产受益人指定为法定继承人以外的人。遗嘱信托在被继承人订立遗嘱后成立，并应于遗嘱人（被继承人）去世后生效。

（五）遗嘱信托生效的时间

依我国《信托法》第8条的规定，采取信托合同以外的其他书面形式设立信托的，“受托人承诺信托时，信托成立”，由此似乎可以认为，在以遗嘱这种“信托合同以外的其他书面形式”设立信托时，若未得到受托人的承诺则信托不能成立。但是，这样的解释不仅混淆了双方行为和单方行为，也和英美信托法上的“衡平法不允许信托因缺乏受托人而无效”的原则不符。[②]

首先，在以合同方式设立信托的时候，受托人之所以负有受托义务，是因为委托人和受托人之间存在合意。通过遗嘱的方式设立信托，并不一定存在这样的合意。从法律性质上看，遗嘱是单方死因行为，《民法典》继承编虽然未规定遗嘱生效的时间，但一般认为遗嘱在立遗嘱人死亡时生效，即遗嘱

---

① 《葡萄牙民法典》第4编“遗嘱继承编”规定有“信托替换”制度，该制度适用于遗嘱继承或者遗赠。根据该法典第2286条、第2288条、第2296条的规定，允许通过遗嘱对遗产予以多层安排，明确遗嘱中可以规定某些继承人有义务保存遗产，该继承人死亡之后把遗产转归另一人所有。其中负有保存遗产义务的继承人为受托人，在该信托替换中取得利益的人为信托受益人，这里的信托受托人同时有遗嘱执行人（受托人）和受益人（类似终生受益人）的双重身份。同时，为避免创设出过分复杂的分层安排，法典也规定“超过一次的信托替换无效”。参见《葡萄牙民法典》，唐晓晴等译，北京大学出版社2009年版。

② 如依美国法的规定，只要存在有效的财产转移，即使受托人对此并不知情，信托亦成立。也即通知受托人或者接受信托的承诺对于信托的成立均非必要。该规则同样适用于非遗嘱信托。

的生效并不取决于相对人的承诺。相应地，遗嘱信托的成立也不应取决于受托人是否承诺，遗嘱信托成立的时间应当是立遗嘱人死亡的时间。委托人可以指定受托人遵照一定的目的从事财产的管理、处分以及其他为了实现这一目的的适当行为。多数情况下，委托人在立遗嘱前请求对方成为自己的受托人，若对方承诺则成为受托人。不过，有时也会有人在不知情的情况下被指定为受托人，而委托人所选定的人并没有承诺的义务。由此可知，我国《信托法》第8条对于信托生效时间的规定不应适用于对遗嘱信托生效的解释。

其次，依《信托法》第13条第2款的规定，遗嘱指定的人拒绝或者无能力担任受托人的，根据遗嘱的规定或者由受益人等另行选任受托人；受益人为无民事行为能力人或者限制民事行为能力人的，依法由其监护人代行选任。这恰恰证明遗嘱信托不会因为受托人的拒绝、不能胜任等事由而无效。从这个意义上说，该条规定在一定程度上起到缓和《信托法》第8条的作用。这实际上是在遗嘱指定的受托人拒绝或者不能胜任受托人时，又提供了选任新的受托人的程序，而非直接认定遗嘱信托无效。而且，在立法例上，多规定遗嘱信托在遗嘱发生效力时生效。例如，依《日本信托法》第4条第2项的规定，即使被指定的人没有表示接受的意思，或者拒绝接受，或者遗嘱中根本没有指定受托人，此时受托人虽然没有确定，但遗嘱信托业已成立；如果受托人接受信托的，应溯及被继承人死亡时，也即遗嘱生效时生效，[①]否则原本用作设立信托的财产会根据一般的继承规则归属于继承人。

最后，解释为遗嘱信托在委托人（遗嘱人）死亡时生效，此时遗产转化为信托财产、受信托关系的约束，从而避免按照法定继承的规则处理，如此也体现了对委托人意愿的最大尊重。

（六）遗嘱代用生前信托

遗嘱信托是死因行为，在立遗嘱人死后发生法律效力，信托财产要在委托人死亡后转移给受托人，关于遗嘱的执行可能会在利害关系人之间产生纠纷。如果通过合同签订生前信托（合同信托），该信托一旦设定，委托人原则

---

① Edward C.Halbach, Jr, Trusts, Gilbert Law Summaries, Thomas/West, 2008. p.82.

上不能撤销，这样就不能应对设立信托后可能发生的变化。为此，可撤销的生前信托越来越多地被采用。[①]例如，2006年的《日本信托法》就承认了遗嘱代用信托。[②]这种信托是委托人在生前以合同的形式设立信托，转移财产给受托人，在自己存活期间自己为受益人；在自己死亡后以死亡为始期，以其配偶、子女等作为受益人（死亡后受益人），以信托的方式进行死后的财产分配，这能产生和死因赠与类似的功能。[③]

依我国《信托法》第51条的规定，信托设定后委托人原则上不能变更受益人，但由于遗嘱代用信托的目的是解决委托人死后的财产继承问题，委托人享有和遗嘱以及生前赠与同样的权利，因此立法例上往往规定为特例，如《日本信托法》第90条就规定了“受益人变更权的特则”，允许即使在信托行为中委托人没有保留变更受益人权利的场合，委托人亦能在其存活期间变更受益人。

总之，遗嘱代用信托采取的是和遗嘱信托不同的合同信托行为，是一项极具灵活性的制度。和遗嘱信托相比，遗嘱代用信托在设定形式上的要求没有遗嘱信托那么严格；又同样能产生死后财产处分的效果，在这一点上和遗赠、死因赠与的功能基本相当。[④]

---

① 高凌云：《被误读的信托——信托法原论》，复旦大学出版社2010年版，第161页以下。

② 《日本信托法》第90条第1项规定：（1）信托中规定委托人死亡时被指定为受益人的人取得受益权的；（2）信托中规定在委托人死亡后，受益人接受信托财产之给付的，委托人拥有变更受益人的权利，但信托行为另有规定的，从其规定；该条第2项还规定，前项第（2）号之受益人，在同号之委托人死亡前，不享有受益人的权利（此时该人虽然取得了受益人的资格，但是在委托人想要终止或者变更信托的场合，如果需要得到这些受益人的同意，这违背利用遗嘱代用信托制度的委托人的意思），但信托行为另有规定的，从其规定。

③ ［日］新井诚：《信托法》（第3版），有斐阁2008年版，第169页。

④ 死因赠与的场合，和一般赠与合同的撤销不同，有必要更尊重赠与人意思，应准用遗嘱撤回的规定。死因赠与的赠与人在任何时候都可以撤回赠与。而在遗嘱代用生前信托的场合，和死因赠与同样，其目的是死后的财产承继，亦应尊重委托人的意思。但是，由于这种信托契约在委托人生前就产生法律效力，这和因死亡而发生效力的遗嘱和死因赠与等会产生不同的法律效力，因此，不能类推适用撤回遗嘱的规定。参见《合同法》第186条。《日本民法典》第550条亦有类似规定：非依书面的赠与，各当事人可以撤回。但已履行完毕的部分，不在此限。《日本民法典》第1022条规定：遗嘱人可以随时按遗嘱的方式将遗嘱全部或者部分撤回。《日本民法典》第554条规定：以赠与人死亡发生效力的赠与，准用关于遗赠的规定。

由于我国《信托法》没有遗嘱代用信托的规定，当事人如果做出这样的安排，在司法实践中往往无法根据《信托法》和《民法典》继承编判断这种安排到底是生前信托（合同信托）还是死后信托（遗嘱信托）。[①]对此，不妨参考相关立法例，从给当事人更丰富灵活的选择的角度出发对相关规定进行解读。

三 其他问题

一、关于遗嘱继承在继承编的位置

法定继承与遗嘱继承就表达被继承人的意思而言是一般与个别的关系，法定继承是站在一般人的立场上，对被继承人意志的法律推定，而遗嘱继承则是个别被继承人对自己意志的特殊表达。

对于将法定继承放在遗嘱继承之前规定的做法是否适当的问题，民法典编纂过程中有不同观点。有学者考察《俄罗斯联邦民法典》继承权编的变化时指出，遗嘱继承提到法定继承之前，不仅是私法随着社会发展而发展的必然结果，而且从逻辑体系上也更合理，因为法定继承不能改变遗嘱继承，只有在无遗嘱的情况下，才适用法定继承。[②]

毋庸置疑，市场经济以个人自由为基础。自由是政治、经济、社会和法律制度的基本价值。继承法中虽然存在大量技术性和强制性的规定，但作为司法同样以自由为基本价值。被继承人对遗产的安排具有优越地位就体现了

---

① Lusina Ho, Trust Law in China, Sweet & Maxwell Asia, 2003, p.76.

② 例如，现行《俄罗斯联邦民法典》继承权编部分条文为76条，比1964年《苏俄民法典》继承权编的条文增加了一倍多，并就全部条文依内容具体分为“继承的一般规定”“遗嘱继承”“法定继承”“遗产的取得”“个别类型财产的继承”五章。从这五章的排列顺序看，在结构体系上最大的变化就是将遗嘱继承的规定提到了法定继承之前。这种结构体系的变动，被理解为是民法总则中民事法律关系参加人意思自治的原则在继承法规范中的体现。遗嘱继承地位的提高，强调了当事人意思表示在继承法上的主导性意义。这种变动的主要原因在于俄罗斯个人可支配的财产范围的变化和遗嘱继承人范围的扩大，为个人在生前能够首先根据自己的意愿用遗嘱处分自己个人所有的财产提供了广泛的可能性。可参阅鄢一美：《俄罗斯民法典中继承法律规范的新变化》，载《比较法研究》2004年第2期。

这一价值：遗嘱继承优先于法定继承，遗赠扶养协议优先于遗嘱继承。

二、需要重视继承法和信托法的衔接问题

遗嘱属于《民法典》的继承编规制的对象，信托属于《信托法》规制的对象。本条规定允许“自然人可以依法设立遗嘱信托”，但对于如何设立遗嘱信托以及遗嘱信托法律关系的具体权利义务内容未作规定。《信托法》对于遗嘱信托也没有特别规定。这就必须关注一个问题：本条中“依法”的“法”是什么法？范围如何？各个所依之法的关系如何？对于《民法典》中继承编的相关法律规则和《信托法》如何衔接的理论和实践问题，我国目前在理论上和实务上均未予足够重视。

依我国《信托法》第13条第1款的规定，设立遗嘱信托，应当遵守《继承法》关于遗嘱的规定。在我国《民法典》编纂过程中，对于民法和商法的关系，采民商合一的立法模式，在《民法典》施行后，商事单行法作为民法的特别法出现，即《信托法》会被认为是《民法典》的特别法。从这个意义上看，对于遗嘱信托，《信托法》中没有规定的，可以适用《民法典》的规定。比如，信托一般所采取的合同、遗嘱和宣言三种意思表示形式，均可以被称为信托行为，而信托行为属于法律行为的下位概念，故在《信托法》对信托行为未予规定的情形下，理论上看应可以适用《民法典》中关于法律行为的一般规定。

然而，在继承法和信托法的适用关系方面，存有不少依上述分析无法解决的问题。例如，在多个受益人的遗嘱信托中，如果部分受益人死亡，没有留下遗嘱，该受益人又没有法定的继承人，那么如何确定其受益权的归属？是应当适用《民法典》第1160条“无人继承又无人受遗赠的遗产，归国家所有，用于公益事业；死者生前是集体所有制组织成员的，归所在集体所有制组织所有”的规定来确定归属，还是适用《信托法》第46条“受益人可以放弃信托受益权。全体受益人放弃信托受益权的，信托终止。部分受益人放弃信托受益权的，被放弃的信托受益权按下列顺序确定归属：（一）信托文件规定的人；（二）其他受益人；（三）委托人或者其继承人”的规定来确定归属？解决这一问题的前提是需要厘清这一问题中受益权的性质。如果把这一问题中的受益权视为和受益人个人的债权类似的财产的话，似乎适用《民法典》

第1160条的规定处理是正确选择，但基于《信托法》尊重信托目的和委托人意愿的精神，以及继承法保护私人财产权的宗旨，把受益人死亡的情形视为受益人放弃受益权，进而准用《信托法》第46条的规定似乎更为合理。在目前本条未作明确规定的情况下，司法中难免会有不同理解，从而可能出现同案或者类案异判的情形。

再如，在遗嘱信托的设立方面，本条没有具体规定遗嘱信托如何设立。毋庸置疑，遗嘱人设立遗嘱信托的，应当符合我国《信托法》的有关规定，但我国《信托法》也没有规定具体如何设立遗嘱信托。依我国《信托法》第8条的规定，所有信托类型均采要式主义，信托不能通过口头设立，也不能通过默示行为设立，这一形式要求显然比《民法典》继承编规定的遗嘱形式要严格得多，此时该如何选择适用法律？

此外，在对于遗嘱信托的受托人、受益人、遗嘱执行人的确定以及彼此间的关系问题，信托遗嘱的生效时间，以及是否为遗嘱代用生前信托留出解读空间等问题上如何厘清衔接思路，也有待理论和实践予以澄清。

综上，本条关于遗嘱信托的规定已经为继承法与信托法的衔接留出了空间。在本条允许自然人设立遗嘱信托的背景下，在理论和实践中均有必要进一步研究继承法和信托法如何在这些问题上进行衔接。

第一千一百三十四条【自书遗嘱】

自书遗嘱由遗嘱人亲笔书写，签名，注明年、月、日。

历史由来

本条只是将《继承法》第17条第2款抽离出来独立规定为一个条文，文字未作任何改动。从《民法典继承编（草案）》（征求意见稿）第16条、《民法典继承编（草案）》（一审稿）第913条、《民法典继承编（草案）》（二审稿）第913条、《民法典（草案）》第1134条，直至最终表决通过的《民法典》，条文内容没有发生过任何变化。由此可以看出，对于自书遗嘱，在我国继承立法史上未存争议。

规范目的或功能

自书遗嘱是指立遗嘱人亲笔书写的遗嘱。在遗嘱继承的诸种遗嘱类型中，由于自书遗嘱是遗嘱人亲笔所写，将自己处分遗产的意思用文字书写出来，直接表达自己处分遗产的真实意思，不仅简便易行、节省费用，而且还能够保证内容真实，便于保密，因而在实践中使用极其广泛，是最重要的法定遗嘱类型。

虽然自书遗嘱是现实生活中老百姓使用最广泛的遗嘱形式，但在实践中围绕自书遗嘱的效力认定也出现不少难题。因为自书遗嘱是无相对人的单方、死因法律行为，在自书遗嘱生效后，既无法通过被继承人来确定该自书遗嘱是否体现被继承人的真实意思表示，也无法通过如同代书遗嘱、音像遗嘱等法定的要求通过见证人见证来证明被继承人的真实意思表示，故为确保被继承人的真实意思能够得到实现，更需要对自书遗嘱的形式要件进行严格考量。本条即是对自书遗嘱须符合的形式要件的规定，但本条规定不属于完全法条。要判断自书遗嘱的效力，需根据本条规定并结合法律对于遗嘱实质要件的要求规则综合认定。

规范内容

一、自书遗嘱的意义

自书遗嘱也称作亲笔遗嘱，是指由遗嘱人亲笔书写，不需要见证人在场见证，只要符合法律要求的形式要件，且其内容不违反法律的强制性规定即发生法律效力的遗嘱形式。

二、自书遗嘱的形式要件

为了保证自书遗嘱表达遗嘱人处分遗产意思的真实性，法律一般会对其规定严格的形式要件。自书遗嘱是要式法律行为，如果遗嘱人在立遗嘱时不按照法律规定的形式，不符合法律要求的形式要件，则自书遗嘱无效。依本条规定，我国自书遗嘱的法定形式要件应当同时符合以下三项具体要求。

（一）由遗嘱人亲自书写遗嘱内容

自书遗嘱必须由遗嘱人亲笔书写遗嘱的内容，这是自书遗嘱最主要的形式要件要求，有学者将其称作自书遗嘱的本体要素。[①]亲笔书写，顾名思义，即遗嘱人亲自用笔书写，当然，这里对“笔”并没有限制，可以是钢笔、油笔等类似工具。[②]由遗嘱人亲笔书写的遗嘱，既可以真实表达遗嘱人的意愿，又可防止他人伪造、篡改、添加遗嘱内容。因此，只要能够确认遗嘱不是遗嘱人亲笔书写，就可以确定该遗嘱不属于自书遗嘱，不适用自书遗嘱的法律规则，不发生自书遗嘱的效力。

在《民法典》通过前，对于经由电脑书写打印出来的遗嘱，究竟属于自书遗嘱还是其他遗嘱的问题，理论上有不同观点。有认为如果遗嘱人在自己打印好的遗嘱上签名，也应当可以视为自书遗嘱；也有认为打印遗嘱既不符合“亲笔书写”的自书遗嘱要求，也不符合代书遗嘱的要求，应作无效认定；[③]还有认为打印遗嘱与自书遗嘱的最大区别是打印遗嘱的主文内容由机器打印而成，难以直接判断遗嘱为被继承人亲自书写还是他人代书，因而不能笼统地认定为自书遗嘱或代书遗嘱，应当结合被继承人是否具有计算机操作能力、遗嘱形成过程等方面的证据来综合予以认定。[④]自书遗嘱最大的优势就在于遗嘱人亲笔书写的遗嘱可以在最大程度上保证遗嘱内容真实地出自遗嘱人的意愿。如果遗嘱的内容由打印机打印而成，由于打印机打印出来的文字具有统一性、一致性，所有打印文书的字体可以保持一致，且遗嘱是在遗嘱人死亡后才发生效力的法律文件，这样既无法向遗嘱人证实打印的内容是否为遗嘱人真实的意思表示，也无法通过字迹辨认打印遗嘱的内容是否为遗嘱

---

① 孙毅：《论遗嘱类型的缓和主义进路》，载杨立新等主编：《继承法的现代化》，人民法院出版社2013年版，第234页。

② 司法实践中也有法院将书写工具作为考量因素的，认为“该自书遗嘱是用铅笔书写……不符合自书遗嘱的形式要件”。参见大连市中级人民法院（2014）大审民终再字第61号民事判决书。

③ 参见薛宁兰、金玉珍：《亲属与继承法》，社会科学文献出版社2009年版，第330页。

④ 参阅张萱、陶海荣：《打印遗嘱的法律性质与效力》，载《法学》2007年第9期。

人真实的意思表示，即无法从外在形式上区分遗嘱内容由谁所写。即便有遗嘱人的亲笔签名，最多也就是三到四个字，被人模仿的可能性很大，故单凭打印遗嘱上遗嘱人的亲笔签名不足以判定遗嘱的整体内容是否出自遗嘱人真实意思表示，取得一个人的亲笔签名也十分容易，且继承法中并没有对遗嘱的载体及规格作硬性规定，取得他人签名的人完全可以在事后用打印机在取得签名的载体上打印任何他想要的"遗嘱人"的"真实意思表示"。也正是基于这样的原因，为了保证自书遗嘱的真实性，继承法上一般特别强调自书遗嘱的内容需要"亲笔书写"，这样才能在遗嘱生效时，通过遗嘱人的笔迹来确定此份自书遗嘱的合法效力。

立法例上，无论是大陆法系还是英美法系国家和地区，除英国①外，大多对自书遗嘱有很严格的规定，普遍在定义中明确提出"自书遗嘱"需要遗嘱人亲笔书写遗嘱内容，否则不能发生自书遗嘱的效力。例如，《匈牙利民法典》第628条规定，用打字机打成的文书，即使出自遗嘱人本人之手，也不得认定其为亲笔遗嘱。②我国台湾地区规定，自书遗嘱者，应自书遗嘱全文，记明年、月、日，并亲自签名；如有增减、涂改，应注明增减、涂改之处所及字数，另行签名。依此规定，遗嘱人必须自己直接书写遗嘱全文，不得由第三人代笔，也不能使用打字机打字等方式，否则即无从依笔迹鉴定是否为本人自书。甚至在法国最高法院民事庭的解释中，明确规定了"自书遗嘱不得用打字机打印"，彻底否定了遗嘱内容由打印而成的打印遗嘱作为"自书遗嘱"的可能性，即"亲笔遗嘱无其他任何方式"。③

对于亲笔书写全部内容要件的具体要求，理论上有绝对主义和相对主义之别。绝对主义认为，自书遗嘱的全部内容必须由遗嘱人亲自书写，只要有部分内容不是亲自书写，就不构成自书遗嘱。相对主义认为，不论自书遗嘱的内容是否为遗嘱人亲笔书写，只要能够确认遗嘱内容是遗嘱人的真实意思

---

① 英国《遗嘱法》第9条规定，打字机打印、铅印或交付印刷的遗嘱，严格遵循签名规定的，承认有效。参见梁芬、刘文革：《打印遗嘱效力探究》，载《人民司法·应用》2010年第11期。

② 梁芬、刘文革：《打印遗嘱效力探究》，载《人民司法·应用》2010年第11期。

③ 《法国民法典》，李浩培、吴传颐、孙鸣岗译，法律出版社2005年版。

表示，且亲笔签名，注明年、月、日的，就应当认可其效力。[①]本条规定究竟应当解释为采取绝对主义还是相对主义，可能会引起司法适用中的歧义，值得斟酌解释。鉴于目前《民法典》已经将打印遗嘱、录像遗嘱等确认为我国法上独立的法定遗嘱形式，且打印遗嘱、录像遗嘱等均有见证人见证的形式要件要求，故解释为已经采取绝对主义立场为宜，即只承认全部内容为遗嘱人亲笔书写的遗嘱为自书遗嘱。如果遗嘱人没有亲笔书写遗嘱全部内容，不成立自书遗嘱。

（二）遗嘱人在自己书写的遗嘱上写明书写遗嘱的时间

订立遗嘱的时间对遗嘱的效力有一定的影响。遗嘱人在自书遗嘱上亲笔注明立遗嘱的年、月、日，这是自书遗嘱的必备形式要件。这样规定既有助于判断遗嘱人立遗嘱时是否具有遗嘱能力，也在有多份遗嘱存在且内容相互抵触的情形下，便于确认哪份遗嘱为遗嘱人最后所立的遗嘱。此外，司法中有时也可以通过订立遗嘱的时间来判断遗嘱内容的真伪。

本条之所以规定"注明年、月、日"而不是"注明日期"，旨在确定立遗嘱的确切时间，以避免出现时间不准确而发生内容抵触的数份遗嘱的时间顺序不清，无法确定最后所立的遗嘱。[②]因此，有年有月无日者、[③]有月有日无年者以及有年有日无月者[④]，均不符合这一形式要件的要求。需要注意的是，遗嘱记载的年、月、日应为遗嘱全部制作完毕，遗嘱人签名之日。如果没有注明年、月、日，即使内容没有歧义，亦为无效。对于注明年、月、日的方式，本条未予限定。一般而言，注明的年、月、日可以是公历，也可以是农历，

---

① 杨立新：《自书遗嘱的形式要件与法律效力——对一起违反形式要件要求错误认定自书遗嘱效力的典型案件的分析》，载《法治研究》2014年第4期。

② 在实践中，即便是根据法律的要求记载为"年、月、日"的形式，也未必能够真正确定数份遗嘱在形成时间上的先后顺序，这主要是针对"同一日"形成了数份遗嘱的情形。鉴此，在实践中，遗嘱人最好是将立遗嘱的时间以"年、月、日、时"的方式进行完整记载，以防日后发生争议。

③ 如在"李某诉黄某遗嘱继承纠纷案"中，涉案遗嘱便没有"日"，被认定为属于形式上有欠缺的遗嘱。见抚州市临川区人民法院（2015）临民初字第972号民事判决书。

④ 如在"刘某遗嘱继承纠纷案"中，涉案遗嘱仅注明了年，并未注明月、日，属于形式上有欠缺的遗嘱。参见天津市第一中级人民法院（2015）一中民四终字第1354号民事判决书。

但没有特别注明是农历的，应当推定为公历。此外，通过其他方式能够推断出确定的年、月、日的，也应当认定为有效，如记载“2020年国庆节”“本人60岁生日之际”等。

对于遗嘱人书写遗嘱全部内容并注明年、月、日，其年、月、日与遗嘱作成的年、月、日不符，或者记载错误的，遗嘱是否有效的问题，有不同观点。从继承纠纷处理实践来看，应当区别故意、过失或错误导致记载日期不一致的情形。因故意记载不一致的，遗嘱无效，因为这足以推定遗嘱不是遗嘱人真实的意思表示；因过失或错误记载不一致的，如果依照遗嘱内容的其他各种情形可以推断遗嘱人有记载真实日期的意思时，则遗嘱有效。例如，注明的年、月、日出现错误，将4月、6月、9月、11月记载成31日，将非闰年的2月记载为29日，如果能够确定遗嘱人为故意写错，应当认定为无效；如果是过失导致日期记载错误，则可以推断该月的最后一日为真实的遗嘱日期。[①]

（三）遗嘱人亲笔签名

自书遗嘱必须由遗嘱人亲笔签名。遗嘱人亲笔签名，具有表明遗嘱人具有认可遗嘱内容是其真实意思表示、愿意使遗嘱发生效力的作用。

遗嘱人在自书遗嘱上签名包括两种情形：一是在遗嘱落款处的签名，是遗嘱全部内容书写完成后，遗嘱人亲笔签名，相当于郑重承认遗嘱为本人所写。二是在涂改、增删处签名，确认涂改或者增删的内容为遗嘱人本人所为，是对遗嘱内容的修正。自书遗嘱中如需涂改、增删，应当在涂改、增删内容的旁边注明涂改、增删的字数，且应在涂改、增删处另行签名。[②]

对于遗嘱人在遗嘱上的签名是否包括盖章、捺指印等形式，理论和实务均有不同观点。有观点认为，遗嘱人签名须由遗嘱人亲笔书写其姓名，而不能以盖章或按指印等方式代替；[③]也有观点认为遗嘱人的盖章、按指印等方式

---

① 杨立新：《自书遗嘱的形式要件与法律效力——对一起违反形式要件要求错误认定自书遗嘱效力的典型案件的分析》，载《法治研究》2014年第4期。

② 严格来讲，在涂改、增删处还应当以“年、月、日”的形式签署日期。如果涂改处签署的日期后于自书遗嘱落款处所签署的日期的，应视为对原遗嘱的内容变更。

③ 郭明瑞、房绍坤、关涛：《继承法研究》，中国人民大学出版社2003年版，第116页。

亦无不可。[①]在我国合同法等领域，认可签字或者盖章甚至按指印具有同等效力，但继承法之所以规定须亲自签名，旨在可以借此知悉遗嘱人为何人，且足以借此知悉笔致特征，以防止遗嘱的伪造或变造，因此本条中的签名应解释为亲笔签名为宜。当然，如果在自书遗嘱中已经留有遗嘱人亲笔书写的姓名，例如开头写明“立遗嘱人某某”为遗嘱人亲自书写，而在最后落款处没有签名，但有印章或者按有指印的，可以认为已经符合签名的要求。

此外，对于自书遗嘱的签名是否需要在遗嘱的每一页都亲笔书写的问题，学界也有不同看法。有学者认为有必要，[②]但也有学者认为，在自书遗嘱的每一页都签名固然可以更精准地判断遗嘱每一部分的真伪，但从实际来看并非以在每一页签名为必要。如果在遗嘱的落款处已经由遗嘱人亲笔签名，遗嘱的每一页都可以确认为遗嘱人的亲笔书写的，也应当认可该自书遗嘱的效力。[③]

三、关于自书遗嘱的涂改、增删

本条没有关于遗嘱涂改、增删如何处理、判断的规定。自书遗嘱的涂改、增删，既包括对遗嘱内容的涂改、增删，也包括对签名和年、月、日的涂改、增删，对自书遗嘱的效力判断特别重要。

自书遗嘱要求遗嘱人必须亲笔签名，旨在直接体现遗嘱人的真实意愿，如果遗嘱人对自书遗嘱的内容进行增删、涂改，实质上是改变了原来遗嘱的内容，为保障遗嘱人的真实意愿得以落实，对待自书遗嘱的涂改、增删，须特别注意两个问题：其一，自书遗嘱的涂改、增删须是遗嘱人亲自所为。如果涂改、增删非为遗嘱人所为，即视为对遗嘱的篡改，如果符合《民法典》第1143条的规定，则导致篡改的内容无效。其二，对自书遗嘱进行涂改、增删，须由遗嘱人亲自签名，证明涂改、增删也是遗嘱人的真实意思表示。至于涂改、增删是因为修改书写笔误，还是遗嘱做成后要变更遗嘱内容，一概不论。

---

① 胡长清：《中国民法继承论》，商务印书馆1936年版，第190页。

② 陈苇主编：《中国继承法修改热点难点问题研究》，群众出版社2013年版，第557页。

③ 杨立新：《自书遗嘱的形式要件与法律效力——对一起违反形式要件要求错误认定自书遗嘱效力的典型案件的分析》，载《法治研究》2014年第4期。

举证责任

主张依自书遗嘱取得遗产的当事人，只需要就该自书遗嘱的存在提供证据予以证明。主张该自书遗嘱无效或者部分无效的当事人，需要提供遗嘱人设立遗嘱时无遗嘱能力、遗嘱系伪造、遗嘱被篡改、遗嘱为遗嘱人受胁迫或欺诈设立，或者相关签名等形式要件存在瑕疵等证据证明。此外，依《继承法意见》第40条的规定，自然人在遗书中涉及死后个人财产处分的内容，确为死者真实意思的表示，有本人签名并注明了年、月、日，又无相反证据的，可按自书遗嘱对待。

需要注意的是，在自书遗嘱继承纠纷案件中，认为自书遗嘱无效的当事人经常会对遗嘱人在自书遗嘱中的签名笔迹存疑，并以此证明该自书遗嘱不是遗嘱人的真实意思表示，法院在认定该类案件时也仅仅只能通过笔迹鉴定来判断该签名是否为遗嘱人本人亲自签署。

第一千一百三十五条【代书遗嘱】

代书遗嘱应当有两个以上见证人在场见证，由其中一人代书，并由遗嘱人、代书人和其他见证人签名，注明年、月、日。

历史由来

本条是在《继承法》第17条第3款的基础上稍加修正而成。与《继承法》第17条第3款相较，其修正主要有下列三个方面：

1.条文由《继承法》一个条文中的一款，修改为一个独立的条文。这样修改，一则符合本编对于遗嘱形式规定的整体编排，即每一种遗嘱形式都独立为一个条文；二则也便于《民法典》通过后的司法解释与适用。

2.将原置于签名人范围前的“注明年、月、日”调整至签名人范围之后。这样修改更符合语言文法要求中先签名后签署日期的习惯。

3.签名人的范围中，将原置于最后的“遗嘱人”调整至最前面，即将原来的“并由代书人、其他见证人和遗嘱人签名”修改为“并由遗嘱人、代书人和其他见证人签名”。即便是代书遗嘱，也是遗嘱人对自己财产进行身后处分的意思表达，在代书人书写完毕后，当然应由遗嘱人先阅读，阅读表示无误后签名，这也符合一般人的行为习惯，故而将原置于最后的“遗嘱人”调整至最前面不仅更符合日常行为习惯，也更能体现遗嘱是遗嘱人处分身后财产的意思表达。

《民法典继承编（草案）》（征求意见稿）第17条将《继承法》第17条第3款作了语序调整，表述为“代书遗嘱应当有两个以上见证人在场见证，由其中一人代书，并由遗嘱人、代书人和其他见证人签名，注明年、月、日”。此后，《民法典继承编（草案）》（一审稿）第914条、《民法典继承编（草案）》（二审稿）第914条、《民法典（草案）》第1135条，直至最终表决通过的《民法典》，条文内容均与“征求意见稿”第17条的规定完全一样。由此可以看出，对于代书遗嘱的立法表现，在我国民法典编纂过程中未存争议。

规范目的或功能

为了保证代书遗嘱表达遗嘱人处分遗产意思的真实性，法律一般会对其规定严格的形式要件。本条规定了代书遗嘱须符合形式要件的要求，但本条不属于完全法条，要判断代书遗嘱的效力，需根据本条规定并结合法律对于遗嘱实质要件的要求规则综合认定。

规范内容

代书，顾名思义是指非由本人书写。代书遗嘱，是指因遗嘱人不能书写而委托他人代为书写的遗嘱形式。代书遗嘱作为法定遗嘱方式，当然应符合一个有效遗嘱所要求的实质要件，如遗嘱人在设立遗嘱时必须具有完全民事行为能力；遗嘱必须是遗嘱人的真实意思表示；遗嘱只能处分被继承人个人的财产；遗嘱不得取消缺乏劳动能力又没有生活来源的继承人的继承权，必须为其保留必要的份额等。在此基础上，一个有效的代书遗嘱还需要具备本条规定的特别要件，即应当有两个以上见证人在场见证；由其中一人代书，并由遗嘱人、代书人和其他见证人签名，注明年、月、日。

一、有两个以上见证人在场见证

设立代书遗嘱，两个以上见证人应当见证立遗嘱人表述对财产处理的陈述并在遗嘱上签字的全过程。首先，见证人要符合《民法典》第1140条对于遗嘱见证人的限制性要求。[①]其次，必须有两个以上的见证人，见证人人数不足也不符合代书遗嘱的形式要件。

需要注意的是，被继承人订立遗嘱过程中，见证人必须自始至终在现场见证整个遗嘱订立的过程。如果见证人在遗嘱订立的中途加入见证，或者在订立过程中临时走开，并未见证整个过程，事后回到现场签字，又或者见证人自身并未见证，仅是事后听闻后在遗嘱上签字以凑齐法定人数等情形，都会导致见证人无法了解遗嘱内容是否是被继承人的真实意思，进而导致遗嘱无效。

二、由其中一个见证人代书

代书遗嘱要求立遗嘱人必须亲自口述遗嘱内容，然后由见证人中的一人代为书写。代写人必须是见证人中的一人。代书不是由代书人按照自己的意思设立遗嘱，也不是由代书人按照被继承人之外的其他人的口述设立遗嘱。代书人只能按照立遗嘱人的意思表示，忠实地记载遗嘱人口述的遗嘱内容，而不能对遗嘱的内容作出实质性的修正或更改。

对于代书遗嘱的代书方式是仅限于代书人亲笔书写，还是包括用电脑打印等方式书写，本条未予明确。遗嘱属于死因法律行为，在遗嘱人死后才发生法律效力，而代书遗嘱非由遗嘱人亲笔书写，因此代书人用什么书写方式来记录遗嘱人的意思表示并无区别，关键是要保证代书人所记录的内容完全符合遗嘱人的意思表示。鉴于目前电脑使用的普及等现实情况，应当确认代书人亲笔书写和用电脑打字记录的遗嘱均属于代书遗嘱范围。

三、由遗嘱人、代书人和其他见证人签名

由遗嘱人、代书人和其他见证人签名，旨在保证代书遗嘱的内容完全出

---

① 关于遗嘱见证人的要求，参阅本书对《民法典》第1140条的评注。

于遗嘱人的真实意思表示。

与自书遗嘱一样，对于遗嘱人、代书人和其他见证人在遗嘱上的签名是否包括盖章、按指印等形式，以及是否需要在遗嘱的每一页都签名的问题，也是司法实践中需要考虑的。在这两个问题上，代书遗嘱和自书遗嘱遵循的理念应该有所差别。

对于第一个问题，鉴于现实中许多代书遗嘱是由于遗嘱人不具有书写能力才采取代书遗嘱的方式，且代书遗嘱的设立宗旨是为弥补遗嘱人因疾病、文化程度等原因不能书写，[①]如果要求遗嘱人必须亲笔签名，难免过于严苛，尤其是遗嘱人没有书写能力的情况下，要求其亲笔签名才认可遗嘱的效力，反倒有违立法本意。由此，从方便遗嘱人的角度出发，对于遗嘱人，应该认可按指印与签字具有同等效力。[②]但是，对于代书人和见证人，还是应当要求亲笔签名。

对于第二个问题，鉴于对代书遗嘱中代书人以什么方式“代书”，是亲笔书写，还是电脑录入后打印，立法并未予以限制，故为慎重起见，还是在每一页都签名（遗嘱人可以按指印代替）为宜。

四、必须注明年、月、日

当被继承人立有数份内容相抵触的遗嘱，其中如有无效遗嘱，应先排除无效遗嘱，再以最后订立的遗嘱为准。因此，在存有多份遗嘱的情况下，遗嘱的日期往往是确定哪份遗嘱才是有效遗嘱的依据。因此，代书遗嘱时需要注明代书遗嘱的年、月、日。

需要注意的是，本条规定的是“注明年、月、日”，而不是“注明日期”，旨在确定设立代书遗嘱的确切时间，以避免出现时间不准确而发生内容抵触

---

① 当然，遗嘱人不能亲笔书写并非订立代书遗嘱的前提条件，即便遗嘱人能够亲笔书写而仍选择订立代书遗嘱的，也应当认可代书遗嘱的效力。

② 在立法例上，也有这样的做法。如《奥地利民法典》就规定：“代书遗嘱应由遗嘱人签名……遗嘱人不能书写的，可以用按指印替代签名。”我国台湾地区也规定，代笔遗嘱，由遗嘱人指定三人以上之见证人，由遗嘱人口述遗嘱意旨，使见证人中之一人笔记、宣读、讲解，经遗嘱人认可后，记明年、月、日及代笔人之姓名，由见证人全体及遗嘱人同行签名，遗嘱人不能签名者，应按指印代之。

的数份遗嘱的时间顺序不清，无法确定最后所立的遗嘱。因此，有年有月无日者、有月有日无年者以及有年有日无月者，均不符合这一形式要件的要求。需要注意的是，遗嘱记载的年、月、日应为遗嘱全部制作完毕，遗嘱人、代书人和其他见证人签名之日。对于注明年、月、日的方式，本条未予限定。一般而言，注明的年、月、日可以是公历，也可以是农历，但没有特别注明是农历的，应当推定为公历。此外，通过其他方式能够推断出确定的年、月、日的，也应当认定为有效，如记载“2020年端午节”等。

举证责任

主张依代书遗嘱取得遗产的当事人，只需要就该代书遗嘱的存在以及有两个以上见证人在场见证提供证据予以证明。主张代书遗嘱无效的当事人，需要提供证据证明见证人不适格、遗嘱系伪造、遗嘱人受胁迫或欺诈，或者相关签名等形式要件存在瑕疵。

第一千一百三十六条【打印遗嘱】

打印遗嘱应当有两个以上见证人在场见证。遗嘱人和见证人应当在遗嘱每一页签名，注明年、月、日。

历史由来

本条为新增规定。

《民法典继承编（草案）》（征求意见稿）第18条、《民法典继承编（草案）》（一审稿）第915条、《民法典继承编（草案）》（二审稿）第915条以及《民法典（草案）》第1136条，直至最终审议通过的《民法典》，对于打印遗嘱的规定完全一致：“打印遗嘱应当有两个以上见证人在场见证。遗嘱人和见证人应当在遗嘱每一页签名，注明年、月、日。”

由此可见，本条规定的形成在立法过程中是没有变化的。在民法典编纂过程中，尽管是否应当认可打印遗嘱的效力在理论和实务中曾经存在争议，但对在认可打印遗嘱效力的前提下，对于打印遗嘱的形式要件表达已经达成共识，在立法过程中不存在争议。

三 规范目的或功能

不同的法律源于不同的时代，有着不同的社会背景。正如埃利希指出的："法的发展的重心既不在于立法，也不在于法学或司法判决，而在于社会本身。"[①]法律是为社会生活服务的，当社会发展需要法律自身作出改变时，不管是理论、立法还是司法都要与之相适应。遗嘱的形式是一种法律现象，是否承认生活实践中某种遗嘱形式的效力，也代表着立法对于某种现实经济活动是否许可和保护。立法是否许可和保护某种经济活动，也会影响甚至反作用于现实经济活动。[②]因为虽然经济活动往往反映当事人的意志，但这种意志的实现却决定于法官所依据的实证法律制度。换言之，不能进入实证法框架成为被允许的行为，当事人的经济意图就会被遏制。

被继承人通过遗嘱处分财产，由于遗嘱可能涉及配偶、父母、子女甚至朋友等多方当事人的利益，被继承人无疑希望能够自由安排遗产，最大限度地利用财产以满足各方需求。随着计算机行业的快速发展，人们表达自己意愿的形式越来越多样，设立遗嘱不再仅仅局限于手写，打印遗嘱作为实践中适用日益广泛的财产权利人设立遗嘱处分财产的重要方式，如果立法对其效力不予认可，当事人的这种意志就会受到遏制。对于打印遗嘱的效力，在《民法典》通过前，理论上观点不一，实务上态度也不尽一致。从这个意义上看，本条规定对于打印遗嘱形式的肯认无疑会对当事人自由意志的保护产生积极意义。

打印遗嘱是用电脑打印的方式将遗嘱人如何处分自己财产的意思表示表现出来，这就导致在司法实务中难以判断遗嘱人意思表示的真伪，且打印遗嘱又存在容易被伪造、篡改的可能，这就需要在认定打印遗嘱的效力时要着重审查打印遗嘱的来源、遗嘱人意思表示的真伪方面。

---

① ［奥］埃利希：《法社会学原理》，舒国滢译，大百科全书出版社2009年版，作者序。

② 正如萨维尼所言，具体的法判决受到法律规则的支配，而法律规则的基础则是实证法律制度。参见［德］萨维尼：《当代罗马法体系》（第一卷），朱虎译，中国法制出版社2010年版，第12—13页。

本条对打印遗嘱的形式要件做了规定，但本条不属于完全法条。要判断打印遗嘱的效力，需根据本条规定并结合法律对于遗嘱实质要件的要求规则综合认定。此外，在适用本条规定的过程中，还需要把握打印遗嘱与自书遗嘱、代书遗嘱、录音录像遗嘱、口头遗嘱、公证遗嘱等其他遗嘱设立过程中，为固定遗嘱内容而进行打印的打印件之间的关系。

规范内容

一、打印遗嘱的意义

打印遗嘱，是指遗嘱的内容由打印机打印而成的遗嘱。一般情况下打印遗嘱表现为主要内容由打印机打印而成，签名的部分则为遗嘱人的亲笔签名。

在生活实践中，遗嘱可以出现打印件表现的情形比较复杂。比如，可能是基于遗嘱人本人懂得如何操作电脑等电子设备，亲自录入遗嘱内容然后将其打印为书面文件，最后在遗嘱上签名同时注明年、月、日；也可能是遗嘱人不会使用电脑等电子设备，先将遗嘱内容亲笔书写完成，再由他人将遗嘱人亲笔书写的遗嘱内容录入电脑并打印，最终由遗嘱人与代为录入遗嘱内容的人在遗嘱上签名并注明年、月、日；还可能是由遗嘱人将遗嘱内容进行口述，并由他人将遗嘱内容录进电脑再打印，最后由遗嘱人与代为制作打印遗嘱之人在遗嘱上签名并注明年、月、日。而自书遗嘱、代书遗嘱、音像遗嘱、口头遗嘱以及公证遗嘱等均可能因采用打印的方式将遗嘱内容固定而出现打印件。如司法部发布的《遗嘱公证细则》第18条就规定，公证遗嘱采用打印形式。这些情形就可能导致在认定遗嘱的属性并进而确定适用的规则方面产生认识上的分歧。

鉴于目前我国《民法典》将这些遗嘱形式并列作为法定遗嘱形式，在司法实践中，进行遗嘱属性的界定应该首先把握各遗嘱形式的本质要素。比如，依《民法典》第1134条的规定，自书遗嘱是指由遗嘱人亲笔书写的遗嘱。所以，如果有遗嘱人亲笔书写的遗嘱的同时，也有打印件出现，此时应该依自书遗嘱对待；至于代书遗嘱、音像遗嘱、口头遗嘱以及公证遗嘱，即便出现打印件，打印件也只是这些遗嘱形式的再现或者固定载体，非这些遗嘱形式的本质要素，故而不能定性为打印遗嘱。

二、打印遗嘱的形式要件

打印遗嘱作为法定遗嘱方式，当然应符合一个有效遗嘱所要求的实质要件，如遗嘱人在设立遗嘱时必须具有完全民事行为能力；遗嘱必须是遗嘱人的真实意思表示；遗嘱只能处分被继承人个人的财产；遗嘱不得取消缺乏劳动能力又没有生活来源的继承人的继承权，必须为其保留必要的份额等。

在此基础上，根据本条规定，一个有效的打印遗嘱还需要具备本条规定的特别要件，即应当有两个以上见证人在场见证；①遗嘱人和见证人应当在遗嘱每一页上签名，注明年、月、日。遗嘱人本人亲自用笔书写遗嘱，因受到每个遗嘱人执笔方式、手腕力度大小等因素的影响，就可以保证遗嘱人的字迹不会轻易被伪造。而打印遗嘱中遗嘱人唯一亲笔书写的只有其签名，反映遗嘱人处分自己财产意思的文字易被伪造，因而司法实务中很难从打印遗嘱的字迹判定其是否真实。为此，本条规定打印遗嘱需要两个以上见证人在场见证，且遗嘱人和见证人应当在遗嘱每一页上签名，注明年、月、日。关于这些形式要件，与代书遗嘱的相关要件应该秉持同样的理念。②

三、打印遗嘱的设立程序及效力

对于打印遗嘱的效力，在《民法典》通过前，理论上观点不一，实务上态度也不尽一致。

在理论上，因为《继承法》没有将打印遗嘱作为法定遗嘱形式，对于打印遗嘱应当归属到哪种法律允许的遗嘱类型，有自书遗嘱说、代书遗嘱说、折中说、遗书说、新型遗嘱说和无效遗嘱说。自书遗嘱说认为，书写工具的不同并不影响遗嘱的成立，遗嘱人亲自操作电脑录入自己处分财产的意思表示并通过打印机打印出来的遗嘱，如果遗嘱人在遗嘱上亲自签名的，那么就可以将此份遗嘱作为自书遗嘱。③代书遗嘱说认为，虽然电子科技产品已经走

---

① 关于遗嘱见证人的要求，参阅本书对《民法典》第1140条的评注。

② 参阅本书对《民法典》第1135条评注的相关部分。

③ 郭明瑞：《论遗嘱形式瑕疵对遗嘱效力的影响》，载杨立新等主编：《继承法的现代化》，人民法院出版社2013年版，第199页。

进寻常百姓生活当中，但我们仍不能忽视还有一部分人不识字，更对电脑知之甚少，根本不会操作这些高科技产品。此种情况下，遗嘱人委托他人代为输入自己处分财产的意思表示，这跟代书遗嘱中遗嘱人委托他人代书没有区别，那这样的打印遗嘱就应纳入代书遗嘱的范围。[①]折中说认为，认定打印遗嘱类型归属时，应该区别不同的情况进行认定。一种情况下，遗嘱人不懂电脑又不识字，而委托他人代为打印，如果打印遗嘱的内容符合遗嘱人内心关于处分自己财产的真意，同时遗嘱人、受委托人和见证人共同签名的，那就符合代书遗嘱的要求，应将这种情况下的打印遗嘱纳入代书遗嘱的范围。另一种情况下，遗嘱人亲自在电脑上写好遗嘱内容并打印出来的，此时该遗嘱应属于自书遗嘱。或者遗嘱人本人将自己处分财产的内心真意写在书本上，出于美观好看或者为了利于保存而委托他人按照自己之前已经写好的遗嘱打印出来，同时遗嘱人自己在打印遗嘱上签名并注明时间的，这样的打印遗嘱应视为自书遗嘱。遗书说认为，打印遗嘱既不是自书遗嘱，也不是代书遗嘱，但可以按照“遗书”处理。[②]新型遗嘱说认为，打印遗嘱虽然并不属于《继承法》明确规定的五种遗嘱形式，但是打印遗嘱也应该受到法律的保护，并作为一种新型的遗嘱形式。将打印遗嘱认定为一种新型遗嘱形式，符合时代和老百姓的现实需要，且打印遗嘱本身有着与自书遗嘱和代书遗嘱所不同的特征。[③]无效遗嘱说认为，打印遗嘱既不是自书遗嘱，也不是代书遗嘱，应作无效认定。[④]

在司法实践中，有的法院放宽打印遗嘱的形式要求，重点判断遗嘱是否为遗嘱人的内心真意。例如，在“王某某等诉黄某某、傅某某无日期记载遗嘱纠纷案”中，一波三折，对于打印遗嘱的效力，法院三次审理的侧重点均在论证涉案的打印遗嘱是否为自书遗嘱：初审法院在判断涉案遗嘱是否为自书遗嘱时，只关注了涉案遗嘱未注明遗嘱形成的具体时间，至于是否亲笔书

---

① 陈凯、李春：《新型遗嘱与〈继承法〉的完善》，载北京市律师协会编：《婚姻家庭法律疑难问题——典型案例》，北京大学出版社2012年版，第52页。

② 梁芬、刘文革：《打印遗嘱效力探究》，载《人民司法·应用》2010年第11期。

③ 孙毅：《论遗嘱形式的缓和主义进路——以〈继承法〉修改的相关理念变革为中心》，载《求是学刊》2012年第4期。

④ 吴庆宝：《民事裁判标准规范》，人民法院出版社2008年版，第222页。

写在所不问；二审法院更是明确提出不能要求作为普通公民的黄某某所留遗嘱完完全全符合法律规定的实质要件和形式要件，以此肯定了打印遗嘱的效力；再审法院驳回再审申请，但裁判也未考量自书遗嘱要求的“亲笔书写”。[①]有的法院则严格遵从遗嘱的形式要求，因法律并没有规定打印遗嘱从而否定其效力。如在“王某某与孙某甲、孙某乙、孙某丙继承纠纷案”中，一审法院认为，“孙某丁邀请两个无利害关系的见证人在医院病房将打印好的遗嘱交给两个见证人，由两个见证人在打印遗嘱上签名；虽然遗嘱由谁打印不得而知，但两个见证人确认当时孙某丁神志清醒；因此该打印遗嘱内容系被继承人孙某丁的真实意思表示；而王某某无证据证明该打印遗嘱属于《中华人民共和国继承法》第22条规定的遗嘱无效情形；故孙某丁于2011年1月4日所立打印遗嘱有效……对王某某主张上述打印遗嘱既不符合自书遗嘱的形式又不符合代书遗嘱的形式，系无效遗嘱的观点，不予采纳”[②]。同样是该案，二审法院却认为，“自书遗嘱必须由遗嘱人亲笔书写，代书遗嘱应当由一名见证人代书。孙某丁签名、日期为2011年1月4日的打印遗嘱，明显不是公证遗嘱、录音遗嘱或口头遗嘱；因不是孙某丁亲笔书写的，故不是自书遗嘱；因不是见证人代书的，故也不符合代书遗嘱的法定形式，故该份遗嘱不符合法定的遗嘱形式，应当认定为无效遗嘱”[③]。还是该案，再审法院则认为，虽然《继承法》第17条规定的自书遗嘱必须由遗嘱人亲笔书写，但该部法律的颁行是在20世纪80年代中期。当时电脑等信息技术并未普及，亲笔书写主要表现为笔墨手书，而科技发展到21世纪的今天，电脑打印已逐渐成

---

① 浙江省高级人民法院（2008）浙民申字第104号民事裁定书。

② 湖北省武汉市武昌区人民法院作出的（2012）鄂武昌民初字第00095号民事判决书。再如，在“江某与麻某某的继承纠纷案”中，法院认为，关于本案被继承人江某某所留打印遗嘱效力问题，从该份遗嘱形成过程看，该份遗嘱系江某某口述，吴某某起草，经过被继承人江某某修改后，由吴某某拿到沈阳市大东区某数码美术社打印，且在第一份打印遗嘱上亲自进行修改，可见该份遗嘱系被继承人江某某经过深思熟虑而出具的，在两位无任何利害关系的见证人见证下签字按手印，且见证人房某逐字逐句与被继承人江某某核实该份遗嘱，足证该份遗嘱系被继承人江某某真实意思表示，虽然该份遗嘱形式上存在瑕疵，但不能否定被继承人江某某的真实意思，故应认定该份遗嘱有效。沈阳市中级人民法院（2015）沈中民一终字第00284号民事判决书。

③ 湖北省武汉市中级人民法院（2012）鄂武汉中民终字第00723号民事判决书。

为人们生活中的主要书写方式。书写方式的变化也影响着人们生活方式的改变，人们在生活中用电脑打印的方式立下遗嘱的情形普遍存在。无论是用电脑打印立下遗嘱，还是用笔墨手书立下遗嘱，只要是当事人的真实意思表示，且未违反法律、法规的强制性规定，都应当与时俱进地予以确认，不能因为书写方式的不同而轻易地否定打印遗嘱的有效性，况且《继承法》也未明确禁止采取打印的方式立遗嘱，而对普通公民而言法无禁止即允许。因此，不能简单地认为打印遗嘱不属于《继承法》规定的自书遗嘱书写形式就认定打印遗嘱为无效遗嘱，应当结合遗嘱人的民事法律行为是否有效予以综合评定。本案中……孙某丁生前所立的第二份打印遗嘱是其真实意思表示，未违反法律、法规的强制性规定，合法有效。原终审判决孙某丁的第二份遗嘱不符合《继承法》所列举的几种遗嘱的形式要件，认定打印遗嘱无效属适用法律错误……[1]由这些判决可以很明显地看到，在《民法典》通过之前，司法实践中不同法院对打印遗嘱的性质和效力在认定上存在不同标准。

《民法典》本条规定将打印遗嘱确认为我国的法定遗嘱形式，这是对社会大众需求的立法回应。这一立法回应一则旨在保证被继承人如此处分财产的自由意愿，二则意在解决长期以来因对其效力未置可否而引发的司法中对相关纠纷的同案不同判问题。

举证责任

打印遗嘱的特征决定了其内容无法通过鉴别的方式判断是否由遗嘱人亲自打印，遗嘱人对遗嘱的内容是否赞成。主张依打印遗嘱取得遗产的当事人，只需要就该打印遗嘱的存在以及有两个以上见证人在场见证提供证据予以证明。主张打印遗嘱无效的当事人，需要提供证据证明见证人不适格、打印遗嘱系伪造、遗嘱人受胁迫或欺诈，或者相关签名等形式要件存在瑕疵。

---

① 湖北省高级人民法院（2014）鄂监二抗再终字第00022号民事判决书。

第一千一百三十七条【录音录像遗嘱】

以录音录像形式立的遗嘱，应当有两个以上见证人在场见证。遗嘱人和见证人应当在录音录像中记录其姓名或者肖像，以及年、月、日。

历史由来

本条是在《继承法》第17条第4款的基础上修正而成。与《继承法》第17条第4款相较，其修正主要有下列三个方面：

1.条文由原来的一个条文中的其中一款，修改为一个独立的条文，一则符合本编对于遗嘱形式规定的整体编排，即每一种遗嘱形式都独立为一个条文；二则也便于《民法典》通过后的司法解释与适用。

2.遗嘱形式表达上的修改，将原来的“录音形式”修改为“录音录像形式”。这实质上是增加了一种新的遗嘱形式：录像遗嘱。立法将录像遗嘱确定为我国遗嘱法定形式之一，是对现代社会影像技术普及和方便自然人制作遗嘱的要求的回应。

3.增加了对于录音录像形式遗嘱的形式要求：“遗嘱人和见证人应当在录音录像中记录其姓名或者肖像，以及年、月、日。”

《民法典继承编（草案）》（征求意见稿）第19条将《继承法》第17条第4款作了修正，具体规定为：“以录音录像形式立的遗嘱，应当有两个以上见证人在场见证。遗嘱人和见证人应当在录音录像中记录其姓名或者肖像，以及年、月、日。”此后，《民法典继承编（草案）》（一审稿）第916条、《民法典继承编（草案）》（二审稿）第916条、《民法典（草案）》第1137条，直至最终表决通过的《民法典》，均未对“征求意见稿”第19条的规定作出修改。由此可以看出，对于录音录像遗嘱的立法表现，在我国民法典编纂过程中未存争议。

规范目的或功能

随着社会经济的快速发展，各类录音录像设备的广泛运用，人们表达自己意愿的形式越来越多样，不再仅仅局限于手写，于是“录音录像遗嘱”形式应运而生。

本条是在《继承法》录音遗嘱的基础上扩展而来，肯定了录音遗嘱和录像遗嘱为我国的法定遗嘱形式，并对录音、录像遗嘱形式的要件作了规定。录音、录像遗嘱在客观上存在容易被伪造、音像效果难以保证等缺陷，故有必要对录音录像遗嘱的制作和使用加以严格限制，明确操作规范和程序。但是，本条对于录音、录像遗嘱的设立程序，如录音、录像遗嘱的见证人如何进行见证以及见证的内容等具体问题未作规定，可能会导致实践中标准及认定的不统一，这均有赖于司法实践中进一步解释。

规范内容

一、录音、录像遗嘱的意义

录音、录像遗嘱，是指遗嘱人用录音录像的方式录下的自己的口述遗嘱。随着科技的不断发展，不仅声音可以固定在特定的载体上，图像同样可以固定在特定的载体上，本条明确认可录音、录像遗嘱为我国的法定遗嘱形式，允许遗嘱人用录音、录像方式表达自己处分身后财产的意愿。

需要注意的是，依《遗嘱公证细则》第16条的规定，公证人员与年老体弱、患有危重病或间歇性精神病、患弱智或聋、哑、盲的遗嘱人谈话时应当录音录像。在实践中，遗嘱人在选择公证遗嘱方式设立遗嘱时，公证机构可能会将录音、录像作为公证核实并取得民事证据的重要手段。但是，必须明确的是，公证遗嘱的设立中进行的录音、录像，无论在程序、形式要件以及法律效力上均不同于录音、录像遗嘱。

二、录音、录像遗嘱的形式要件

本条对录音、录像遗嘱的形式条件作了规定。我国《继承法》只规定了录音遗嘱，没有规定录像遗嘱。但在司法实践中，早就认可录像遗嘱的法律效力。如在“黄某诉黄某玲等继承纠纷案”中，法院就明确认可录像遗嘱的效力：“原告认为该遗嘱不符合法律规定条件，没有见证人在场，因此属无效遗嘱。目前继承法未规定录像遗嘱这种遗嘱形式，但是录像遗嘱相比录音遗嘱，不仅有遗嘱人的声音，还有遗嘱人的形象，能够还原立遗嘱时的场景，更能真实反映遗嘱人的真实意愿，而录音遗嘱要求见证人在场也是为了保证录制的遗嘱确为遗嘱人的真实意愿……"[①]在"戚某2、戚某1法定继承纠纷案"中，尽管法院最终否定了案涉录像遗嘱的效力，但不是因为录像遗嘱非《继承法》规定的法定遗嘱形式，而是因为当事人提供的证据未能证明录像遗嘱的真实性。法院认为："申请人提交的两份录像中，一份录像遗嘱录制时没有见证人在场，不符合《中华人民共和国继承法》规定的遗嘱形式要件；另一份录像遗嘱虽然有两名见证人在场，但被申请人认为该份录像遗嘱是经过剪辑的，对其真实性不予认可，申请人也未能提供该份录像遗嘱的原始载体……"由此可见，我国《民法典》将录像遗嘱纳入法定的遗嘱形式，是符合我国实践和社会认知的。[②]

录音、录像遗嘱作为法定遗嘱方式，应当符合一个有效遗嘱所要求的实质要件和形式要件，如遗嘱人在设立遗嘱时必须具有完全民事行为能力；遗嘱必须是遗嘱人的真实意思表示；遗嘱只能处分被继承人个人的财产；遗嘱不得取消缺乏劳动能力又没有生活来源的继承人的继承权，必须为其保留必要的份额等。在此基础上，一个有效的录音、录像遗嘱还需要具备本条规定的特别要件，即应当有两个以上见证人在场见证；[③]遗嘱人和见证人应当在录音录像中记录其姓名或者肖像，以及年、月、日。

三、录音、录像遗嘱的设立程序及效力

依本条的规定，以录音录像形式立的遗嘱，应当有两个以上见证人在场见证；遗嘱人和见证人应当在录音录像中记录其姓名或者肖像，以及年、月、日。但是，本条并未规定在场见证人如何见证，遗嘱人和见证人如何在录音录像中记录其姓名或者肖像，以及年、月、日。是直接以录音、录像形式体现在录音录像制品中，还是在遗嘱人陈述结束后，另外附件说明，抑或是其他方法？在被继承人死亡后，录音、录像遗嘱在什么场合下可以启封？上述

---

① 广西壮族自治区柳州市柳北区人民法院（2015）北民一初字第1992号民事判决书。

② 河北省高级人民法院（2019）冀民申5899号民事裁定书。

③ 关于遗嘱见证人的要求，参阅本书对《民法典》第1140条的评注。

问题均需要予以明确，而这些就涉及见证的具体内容、程序及效力。

录音、录像的出现方便了人们利用这些工具开展活动，从事民事法律行为。然而，人的声音和肖像经录音录像后，本就可能会产生一定的音变，或者图像失真。更何况录音录像和放音设备，以及磁带质量的好坏，也会在不同程度上影响到录音的声音或者摄制的录像。在录音、录像时，因身体不佳等因素而造成发音含糊，以致在发生纠纷时无法听清录音内容，最终裁判者无法判断遗嘱人的真实意思，当然也无法根据录音、录像遗嘱来处分财产。与此同时，随着科学技术的发展，人们也越来越容易实现对录音、录像进行剪辑翻录，从而破坏影像资料的真实性。倘若有人用剪辑翻录的方法伪造篡改了原遗嘱，在发生纠纷后，要准确判断遗嘱人的真实意愿，仰仗见证人的陈述予以判断是必不可少的。而且，从一个人立遗嘱到其死亡的时间里，通常有比较长的时间，年代久远的话就给见证人的见证增加了难度。从这个意义上说，一个严谨的见证程序是发挥见证作用和保障录音、录像遗嘱真实性的重要路径，必须充分发挥遗嘱见证人的见证作用。

有学者建议，在设立录音、录像遗嘱时，应当先由遗嘱人亲自叙述遗嘱的全部内容，并由两个以上的见证人在场见证。见证人应将记载遗嘱的音像制品封存，遗嘱人、见证人在封存好的录音、录像遗嘱的封口上签名并注明年、月、日。同时，见证人应将自己的姓名、性别、年龄、工作单位、家庭住址等事项进行现场录制，并对录制情况作出说明，表明制作录音、录像遗嘱的时间。整个叙述和见证过程应全程同步进行摄像、录音，必要时也可采用先书写、后叙述并同步摄像、录音的办法。之后见证人须保管好录音、录像遗嘱。无疑，这样的程序可以使录音、录像遗嘱的真实性和证据效力大大提高。被继承人死亡后，录音、录像遗嘱应当在见证人、继承人、受遗赠人以及其他利害关系人都到场的情况下当众启封，由遗嘱执行人当众播放。

在《民法典》通过前，司法实践中一般会将录像遗嘱比照录音遗嘱认定遗嘱的效力。例如，在“刘某某与张某遗赠纠纷再审案”中，法院指出：“我国法律未规定录像遗嘱的形式，因此对刘某某的《视频遗嘱》应比照录音遗嘱处理……”[①]

---

① 黑龙江省高级人民法院（2019）黑民申649号民事裁定书。

举证责任

由于录音、录像遗嘱在客观上存在容易被伪造、音像效果不易保证等缺陷，以致其在法律上的证据效力相对较弱。从某种意义上看，“录音、录像遗嘱”证据可以同诉讼法中的“视听资料”证据形式相对应。

主张依录音、录像遗嘱取得遗产的当事人，只需要就该录音、录像遗嘱的存在以及有两个以上见证人在场见证提供证据予以证明。主张录音、录像遗嘱无效的当事人，则需要提供证据证明见证人不适格、录音录像系伪造、遗嘱人受胁迫或欺诈录音录像，或者相关签名等形式要件存在瑕疵。

第一千一百三十八条【口头遗嘱】

遗嘱人在危急情况下，可以立口头遗嘱。口头遗嘱应当有两个以上见证人在场见证。危急情况消除后，遗嘱人能够以书面或者录音录像形式立遗嘱的，所立的口头遗嘱无效。

历史由来

本条是在《继承法》第17条第5款的基础上修正而成。与《继承法》第17条第5款相较，其修正主要有三个方面：

1.条文由原来的一个条文中的其中一款，直接抽离出来修改作为一个独立条文。这样的修改一则符合本编对于遗嘱形式规定的整体编排，即每一种遗嘱形式都独立为一个条文；二则也便于《民法典》通过后的司法解释与适用。

2.遗嘱形式表达上作了修改，将原来的“录音形式”修改为“录音录像形式”。这是因应《民法典》增加了录像遗嘱形式所作的修改。

3.语词方面的修改：将“危急情况解除后”修改为“危急情况消除后”；将“遗嘱人能够用书面或者……”修改为“遗嘱人能够以书面或者……”。

《民法典继承编（草案）》（征求意见稿）第20条把《继承法》第17条第5款修改为：“遗嘱人在危急情况下，可以立口头遗嘱。口头遗嘱应当有两个以上见证人在场见证。危急情况解除后，遗嘱人能够用书面或者录音录像形式立遗嘱的，所立的口头遗嘱经过三个月无效。"《民法典继承编（草案）》（一审稿）第917条维持了"征求意见稿"第20条的规定。此后的《民法典继承编（草案）》（二审稿）第917条删除了"经过三个月"的规定，并将"所立的口头遗嘱经过三个月无效"修改为"所立的口头遗嘱无效"，即在危急情况消除后的口头遗嘱无效。修改理由主要为：司法实践难以把握"三个月期限"的起算点，这容易导致实务判断的混乱。而且，口头遗嘱仅在危急情况下才适用，危急情况消除后，遗嘱人已经能够用其他形式立遗嘱，所立口头遗嘱即应无效，也不必规定三个月的期限。《民法典（草案）》第1137条，直至最终表决通过的《民法典》，均维持了"所立的口头遗嘱无效"的规定。

规范目的或功能

本条承继《继承法》的规定将口头遗嘱确认为我国的遗嘱形式之一。

当发生某种危急情况，遗嘱人来不及或无法采用其他方式设立遗嘱时，作为能够满足遗嘱人立遗嘱愿望的可行形式，口头遗嘱具有简单便捷、适用广泛的特点。包括德国、法国、日本、瑞士和我国台湾地区在内的大多数国家和地区都肯认口头遗嘱的法律效力，而口头遗嘱也是目前我国大部分民众首选的遗嘱形式。[①]但由于口头遗嘱没有文字记载，特别容易被篡改或者伪造，遗嘱人死后无法查证，甚至由于见证人的记忆、表述等原因就可能失真。鉴于口头遗嘱可靠程度低，容易产生纠纷，且发生纠纷后法院还往往很难判断其真伪，故各国和地区立法例上会对口头遗嘱作严格的限制。如何完善口头遗嘱的形式要件，使其真正反映遗嘱人的真实意愿，是理论、立法和司法实践中一直关注的问题。

本条对口头遗嘱的设立前提、有效要件、效力作了规定，但规定较为原则，且对口头遗嘱的设立程序、效力认定程序、有效期间等未予规定，在《民法典》实施过程中，需要通过司法解释或者指导性案例明确其中的具体内容。

---

① 陈苇：《当代中国民众继承习惯调查实证研究》，群众出版社2008年版，第58—59页。

规范内容

一、口头遗嘱的意义

口头遗嘱，亦称口授遗嘱，是指遗嘱人在生命垂危等危急情况下向他人口授的遗嘱。

二、口头遗嘱的形式要件

本条对口头遗嘱有效的前提和条件作了规定。口头遗嘱作为一种遗嘱方式，当然要符合一个有效遗嘱所要求的实质要件和形式要件。例如，遗嘱人在设立遗嘱时必须具有完全民事行为能力；遗嘱必须是遗嘱人的真实意思表示；遗嘱只能处分被继承人个人的财产；遗嘱不得取消缺乏劳动能力又没有生活来源的继承人的继承权，必须为其保留必要的份额等。在此基础上，一个有效的口头遗嘱还需要具备本条规定的特别要件，主要体现在以下两个方面：

（一）前提：危急情况下

根据本条规定，遗嘱人只有在危急情况下才可以立口头遗嘱。在非危急情况下，遗嘱人应当以自书遗嘱、代书遗嘱、录音录像遗嘱、打印遗嘱或者公证遗嘱等形式设立遗嘱。对于何为“危急情况”，立法规定不明确。一般认为，危急情况是指遗嘱人处在生命垂危或其他紧急情况下，已无法采用其他形式设立遗嘱。显然，我国法对口头遗嘱的设立规定了较为严格的前提。当然，在司法实践中适用该条，其中如何判断是否属于本条规定的“危急情况”是个难点。如果立法上对“危急情况”不作明确统一的界定和解释，容易导致认识上的分歧和执行上的各行其是。根据我国实际情况，在实践中，可以认定为“危急情况”的包括但不限于下列情形：①

1. 因疾病或受伤等其他原因导致生命垂危的；

2. 因传染病等非常情况被隔离治疗的；

---

① 吴国平：《论我国遗嘱继承制度的不足与完善》，载夏吟兰、龙翼飞、马忆南：《家事法研究》（2011年卷），社会科学文献出版社2011年版，第205页。

3. 因交通障碍、执行特殊任务或战争等军事行动而处于紧急状态的；

4. 因船舶遇难、飞机失事、机动车碰撞等意外事件原因濒临死亡或与外界联络隔绝的；

5. 因遇到台风、地震、洪水泛滥等自然灾害原因不能采用其他普通形式立遗嘱的；

6. 因其他原因导致不能采用普通方式立遗嘱的情形。

（二）条件：两个以上见证人在场见证

我国法不仅对口头遗嘱的设立规定了严格的前提，而且还规定了严格的有效要件，即口头遗嘱应当有两个以上见证人在场见证，方可能有效。[①]因此，根据本条规定，有一人在场见证或者没有见证人在场见证的口头遗嘱无效。

这里的见证人资格，必须符合《民法典》第1140条的规定，下列人员不能作为遗嘱见证人：无民事行为能力人、限制民事行为能力人以及其他不具有见证能力的人；继承人、受遗赠人；与继承人、受遗赠人有利害关系的人。[②]

三、口头遗嘱的效力

口头遗嘱无书面、录音录像等载体固定，容易被篡改或者伪造，或者由于见证人的理解产生歧义，或者因人、事变化而无从查证，故“危急情况”消除后，遗嘱人还是应当采用别的遗嘱方式设立遗嘱，以保护自己或继承人的合法权益。

根据本条规定，危急情况消除后，遗嘱人能够以书面或者录音录像形式立遗嘱的，所立的口头遗嘱无效。这意味着遗嘱人在危急情况消除后应当另立遗嘱，但这里并未明确遗嘱人应当在多长时间内另立其他形式的遗嘱，即没有明确口头遗嘱的有效期限，而这是实践中必须考虑的问题。其中，这也

---

① 对此，有学者还提出，我国目前对口头遗嘱的见证人的要求以及效力的认定过于简单，即两名见证人的数量要求太低，不足以避免遗嘱欺诈情况发生，且在实践中也难以把握和认定。可参阅吴国平：《我国口头遗嘱要件规则重构探析》，载《福建江夏学院学报》2012年第2卷第2期。在立法例上，为防止遗嘱欺诈，有规定口头遗嘱均须做成书面形式且不少于两名包括证人或替代公证人位置的人在场的。

② 参阅本书对于《民法典》第1140条的评注。

涉及如何解释本条中的“能够”。

对于口头遗嘱的有效期限，立法例上多有规定。[①]在我国《民法典》编纂过程中，对于是否应当规定口头遗嘱有效期以及如何规定的问题，学界有不同观点。[②]最终，《民法典》没有规定危急情况消除后另立其他形式遗嘱的合理期间。

举证责任

《民事诉讼法解释》第109条规定：“当事人对欺诈、胁迫、恶意串通事实的证明，以及对口头遗嘱或者赠与事实的证明，人民法院确信该待证事实存在的可能性能够排除合理怀疑的，应当认定该事实存在。”故主张依口头遗嘱取得遗产的当事人，只需要就该口头遗嘱是遗嘱人在危急情况下所立，且有两个以上见证人在场见证提供证据予以证明。主张口头遗嘱无效的当事人，需要提供证据证明遗嘱人死亡前，危急情况已经消除，且遗嘱人已经能够以书面或者录音录像形式另立遗嘱，以证明口头遗嘱无效。当然，主张依口头遗嘱取得遗产的当事人，也可以提供证据证明危急情况消除后，遗嘱人不能以书面或者录音录像形式另立遗嘱，或者提供证据证明危急情况在遗嘱人死亡前一直未消除。

其他问题

一、口头遗嘱是否应制作笔录

从立法例上看，不少国家和地区的立法规定设立口头遗嘱应当制作笔录。对于口头遗嘱应否由见证人制作笔录，我国现行法未予具体规定。口头遗嘱

---

① 例如，法国、日本规定为6个月，德国规定为3个月，瑞士规定为14天。可参阅《法国民法典》第984条、第987条、第994条，《日本民法典》第983条，《德国民法典》第2252条，《瑞士民法典》第508条等。我国台湾地区规定为自遗嘱人能依其他方式为遗嘱之时起3个月。

② 有学者建议我国可以规定，在口头遗嘱作出，危急情况解除后，应规定遗嘱人能够用其他形式立遗嘱的，所立口头遗嘱自危急情况解除之日起两周后失效；也有建议我国在立法上应当增设口头遗嘱的有效期限制度，明确危急情况解除后另立其他形式遗嘱的合理期间，如规定自危急情况消除之日起15日内，遗嘱人能够采用其他方式立遗嘱的，其所立之口头遗嘱归于无效。

是遗嘱人在危急情况下设立的，在这些危急情况下，遗嘱人并不都会立即死亡，危急情况也并非立即消除，常会有一段时间间隔，再加上从遗嘱人死亡到继承人因遗产继承发生纠纷，又有一段时间间隔。从实践来看，有些口头遗嘱纠纷没有制作笔录，继承开始后，几个见证人或因时间久远无法完整回忆，或因故意作伪证，对于遗嘱的内容复述存在矛盾，不仅易引起继承纠纷，而且也导致纠纷发生后难以认定口头遗嘱的效力，甚至有时连口头遗嘱的真假都难辨。因此，有学者建议，除非在某些特殊情况下，[①]否则设立口头遗嘱应制作笔录，以尽可能确保遗嘱人的真实意愿得以实现。

二、关于口头遗嘱的制作程序和标准

继承开始后，口头遗嘱是自动（立即）生效，还是需经一定的程序认定才能生效？我国现行法对此未予规定，导致实践中有时比较难以把握与认定。在《民法典》编纂过程中，对于相关问题的争议主要在下列两个方面：

（一）是否要求见证人在规定期间内将口头遗嘱的内容转化为书面遗嘱

尽管各国和地区立法对口头遗嘱的态度不尽一致，如法国就不承认口头遗嘱，但在肯认口头遗嘱的国家和地区，如德国、瑞士、日本以及我国台湾地区，都强调口头遗嘱应采取书面形式，且有不少于两名的其他人（包括证人或替代公证人位置的人）在场见证。[②]

在我国《民法典》编纂过程中，有学者提出，我国应规定在口头遗嘱作出后，在一定期间内（如7日内）见证人应当将口头遗嘱的内容转化为书面遗嘱，并在封缝处签名，注明年、月、日。或者，可以规定遗嘱见证人在规定的期限内须到遗嘱登记机关（即公证机构）对遗嘱人所立口头遗嘱进行证明，使其书面化、固定化。[③]

---

① 这些特殊情况比如：在场的见证人均不识字或不会记录，又来不及找其他见证人；或者现场没有书写工具，无法制作笔录或者制作笔录已来不及。

② 例如，我国台湾地区规定，口头遗嘱只有在危急情况下才能设立，而且要求将遗嘱内容作成记录，还要有证人在记录上签名。

③ 吴国平：《我国口头遗嘱要件规则重构探析》，载《福建江夏学院学报》2012年第2期。

（二）是否确立口头遗嘱检验制度

鉴于口头遗嘱自身存在的缺陷，且在实践中口头遗嘱有可能是遗嘱人所立的最后一份遗嘱，为尽可能确保口头遗嘱真实有效，也有学者建议确立口头遗嘱的检验制度，制定遗嘱检验规则和程序。[①]比如，可以规定当继承人持有被继承人的口头遗嘱申办遗产继承时，根据是否存在争议，可以由不同的遗嘱检验机构处理。具体来说，可以由人民法院负责处理有争议的遗嘱检验事宜，公证机构负责办理非诉讼的遗嘱检验。

毋庸置疑，上述要求有助于强化遗嘱见证人的责任，避免因时间拖得太长或其他因素而导致见证人遗忘或者遗漏遗嘱内容而导致遗嘱内容失实、不完整等问题发生，同时也可以起到防止遗嘱见证人或者继承人等伪造、篡改或者恶意串通，从而降低遗嘱欺诈的风险。遗嘱的严格要式性是必须恪守的原则，因为只有如此，才能尽可能地“确保遗嘱人的意愿表示可证明是他自己的，这些意愿是他作为临终遗愿认真准备好的，这些意愿是保持完整的”[②]。

第一千一百三十九条【公证遗嘱】

公证遗嘱由遗嘱人经公证机构办理。

历史由来

本条是在《继承法》第17条第1款的基础上略加修正而成。与《继承法》第17条第1款相较，其修正主要体现在两个方面：一是将原来作为一个条文的其中一款，直接抽离出来作为一个独立条文。二是将原来的“公证机关”修改为“公证机构”。之所以把条文由原来的一个条文中的一款，修改为独立的一条规定，是出于这样的考虑：一是符合本编对于遗嘱形式规定的整体编排，即每一种遗嘱形式都独立为一个条文；二是便于《民法典》通过后的司

① 我国台湾地区规定，在遗嘱人死亡3个月内，口头遗嘱须经亲属会议认定其真伪；如对亲属会议的认定有异议者，可申请法院进行判定。

② ［英］巴里·尼古拉斯：《罗马法概论》，黄风译，法律出版社2010年版，第270页。

法解释与适用。

由民法典编纂过程看，《民法典继承编（草案）》（征求意见稿）第21条规定：“公证遗嘱由遗嘱人经公证机构办理。公证机构办理遗嘱公证，应当由两个以上公证员共同办理。特殊情况下只能由一个公证员办理的，应当有一个以上见证人在场。”《民法典继承编（草案）》（一审稿）第918条接受了“征求意见稿”第21条的规定。然而，《民法典继承编（草案）》（二审稿）第918条则把公证遗嘱简洁地规定为：“公证遗嘱由遗嘱人经公证机构办理。”之后的《民法典（草案）》第1139条，直至最终表决通过的《民法典》，均未再作出修改。

规范目的或功能

本条明确遗嘱公证是一种独立的公证形式，但并未具体规定遗嘱公证的程序、效力等问题。

公证制度的主要意义在于经过公证证明的事实具有推定效力，没有相反证据证明时，就推定事实真实存在。由此，在没有相反证明时，可以推定经公证的遗嘱是真实存在的。由于公证机构有相当严格的档案管理制度，遗嘱公证档案作为秘密档案保管，这不仅可以充分保护当事人的隐私，而且与其他遗嘱形式相比，由于公证遗嘱的方式更严格，其内容更不易被篡改和伪造，故其证据力一般也更强。在司法实践中，本条需要结合《公证法》等相关规定进行体系化的适用。

规范内容

一、公证遗嘱的意义

公证遗嘱，是指经过公证机构公证的遗嘱。根据我国《公证法》第2条规定，公证是公证机构根据自然人、法人或者其他组织的申请，依照法定程序对民事法律行为、有法律意义的事实和文书的真实性、合法性予以证明的活动。采用公证遗嘱的方式设立遗嘱，有利于保证遗嘱意愿的实现，保护遗嘱人和遗嘱受益人的合法权益，预防因遗嘱引起的继承纠纷的发生。

二、公证遗嘱的基本设立程序

本条对公证遗嘱的设立程序未予规定，适用该条时需要依据我国《公证法》《公证程序规则》《遗嘱公证细则》规定的公证程序进行。根据相关规定，公证遗嘱应当按照下列程序设立：

1.申请。遗嘱人申办遗嘱公证应当亲自到户籍所在地的公证机关提出申请，不能委托他人办理。如果遗嘱人亲自到公证处有困难的，可以书面或者口头形式请求有管辖权的公证处指派公证人员到其住所或者临时处所办理。遗嘱公证由遗嘱人住所地或者遗嘱行为发生地公证处管辖。根据《遗嘱公证细则》第7条的规定，申办遗嘱公证，遗嘱人应当填写公证申请表，并提交下列证件和材料：居民身份证或者其他身份证件；遗嘱涉及的不动产、交通工具或者其他有产权凭证的财产的产权证明；公证人员认为应当提交的其他材料。遗嘱人填写申请表确有困难的，可由公证人员代为填写，遗嘱人应当在申请表上签名。

2.受理。对于属于受理申请的公证处管辖，并符合规定的申请，公证处应当受理。对于不符合规定的申请，公证处应当在3日内作出不予受理的决定，并通知申请人。

3.核实。公证人员应当向遗嘱人讲解我国有关遗嘱和财产处分权利的规定，以及公证遗嘱的意义和法律后果。公证员在办理遗嘱公证时，应当依法进行审查，并着重审查遗嘱人的身份、遗嘱能力，意思表示是否真实、有无受欺诈或者受胁迫，遗嘱形式是否合法，以及其他按照公证规则应当审查的事项。公证人员还应当依法制作谈话笔录。谈话笔录应当着重记录遗嘱人的身体状况、精神状况、家庭成员情况、所处分财产的情况、所提供的遗嘱或者遗嘱草稿的形成时间、地点和过程等情况。发现有下列情形之一的，公证人员在与遗嘱人谈话时应当录音或者录像：遗嘱人年老体弱；遗嘱人为危重伤病人；遗嘱人为聋、哑、盲人；遗嘱人为间歇性精神病患者、弱智者。

4.文书制作。公证遗嘱文书应当包括以下内容：遗嘱人的姓名、性别、出生日期、住址；遗嘱处分的财产状况（名称、数量、所在地点以及是否共有、抵押等）；对财产和其他事务的具体处理意见；有遗嘱执行人的，应当写明执行人姓名、性别、年龄、住址等；遗嘱制作的日期以及遗嘱人的签名。

遗嘱中一般不得包括与处分财产及处理死亡后事宜无关的其他内容。遗嘱人提供的遗嘱无修改、补充的，遗嘱人应当在公证人员面前确认遗嘱内容、签名及签署日期属实。遗嘱人提供的遗嘱或者遗嘱草稿，有修改、补充的，经整理、誊清后，应当交遗嘱人核对，并由其签名。遗嘱人未提供遗嘱或者遗嘱草稿的，公证人员可以根据遗嘱人的意思表示代为起草遗嘱。公证人员代拟的遗嘱，应当交遗嘱人核对，并由其签名。以上情况应当记入谈话笔录。

5.出具公证书。对于符合下列条件的，公证处应当出具公证书：遗嘱人身份属实，具有完全民事行为能力；遗嘱人意思表示真实；遗嘱人证明或者保证所处分的财产是其个人财产；遗嘱内容不违反法律规定、公序良俗、社会公共利益，内容完备、文字表述准确，签名、制作日期齐全；办证程序符合规定。对于不符合规定条件的公证申请，公证处应当拒绝公证。

6.遗嘱人在公证遗嘱上签名。公证遗嘱采用打印形式。遗嘱人根据遗嘱原稿核对后，应当在打印的公证遗嘱上签名。遗嘱人不会签名或者签名有困难的，可以以盖章方式代替在申请表、笔录和遗嘱上的签名；遗嘱人既不能签字又无印章的，应当以按手印方式代替签名或者盖章。有上述签名困难情形的，公证人员应当在笔录中注明。以按手印代替签名或者盖章的，公证人员应当提取遗嘱人全部的指纹存档。

需要注意的是，遗嘱公证应当由两名公证人员共同办理，由其中一名公证员在公证书上署名。因特殊情况由一名公证员办理时，应当有一名遗嘱见证人在场，遗嘱见证人应当在遗嘱和笔录上签名。

7.保存（保管）公证遗嘱并保密。依我国《公证法》第12条的规定，根据自然人、法人或者其他组织的申请，公证机构可以办理保管遗嘱、遗产或者其他与公证事项有关的财产、物品、文书；司法部《遗嘱公证细则》第20条也规定，公证处可根据法律规定“保管公证遗嘱或者自书遗嘱、代书遗嘱、录音遗嘱；也可根据国际惯例保管密封遗嘱”。

公证书由公证机关和遗嘱人分别保存，公证人员在遗嘱开启前，负有为遗嘱人保守秘密的义务。

三、公证遗嘱的效力

依《继承法》第20条的规定，公证遗嘱在我国具有最高的法律适用效力，自书、代书等其他形式遗嘱不得撤销、变更公证遗嘱，即使被继承人有反映本人最新的真实意思的其他形式的遗嘱，也不能依此否认以前所立的公证遗嘱。《继承法意见》第42条态度亦然。然而，有学者针对这一问题经调研发现，社会认识与法律规定有很大差异，多数被调查者赞成以遗嘱成立的先后顺序作为数份遗嘱效力的认定标准。[①]

《民法典》第1142条回应社会认识，不再坚持公证遗嘱效力优先原则，修改为最后所立遗嘱效力优先，这一修改是尊重遗嘱人的真实意思表示的体现。尊重遗嘱人的遗嘱自由，法律就不应该强行规定公证遗嘱的最高效力。也就是说，只要是遗嘱人的真实意思表示，以任何一种方式设立的遗嘱都可以依法变更原立遗嘱，以给予遗嘱人最大限度的订立遗嘱的自由。[②]

举证责任

《公证法》第36条规定，经公证的民事法律行为、有法律意义的事实和文书，应当作为认定事实的根据，但有相反证据足以推翻该项公证的除外。另外，《民事诉讼法》第69条、《最高人民法院关于适用〈中华人民共和国民事诉讼法〉若干问题的意见》第75条，以及《民事诉讼证据规定》第9条等，或者赋予人民法院可以将经过法定程序公证证明的法律事实和文书作为认定事实根据的权利（除非有相反证据足以推翻公证证明的除外）；或者明确将经过公证证明的事实列为无需举证的事项之一；或者将已为有效公证文书所证明的事实作为当事人无需举证的事实。基于上述规定，如果没有足够的证据推翻公证遗嘱，法院一般可直接采用公证遗嘱作为裁判的依据。因此，以公证遗嘱提出依遗嘱获得遗产的当事人自然以公证遗嘱作为证据提供即可。认为公证遗嘱无效或者效力顺位劣后的当事人，需要提供可以否定公证遗嘱效力方面的证据。

---

① 陈苇、白玉：《我国民众财产继承习惯实证调研及其对民法典编纂之立法完善建议》，载《学术探索》2019年第11期。

② 可参阅本书对第1142条评注的相关内容。

其他问题

一、公证机构是否应当对公证遗嘱的内容进行审查

对于公证机构在办理遗嘱公证时是否应当对公证遗嘱的内容进行审查的问题，在理论和实践中都存在不同认识。有观点认为，办理遗嘱公证与办理合同公证一样，公证机构不仅要证明实施法律行为的真实性、合法性，还应证明法律行为内容的真实性、合法性，否则容易引起纠纷，也会促使一些人利用遗嘱从事违法活动。但也有观点认为，办理公证遗嘱只是对遗嘱制作的真实性、合法性的确认和证明，审查遗嘱内容是不必要的、多余的，甚至是有害的。目前理论和实践中更倾向于后者。

首先，如果要求把遗嘱内容审查清楚再予办证，将会延误办理遗嘱公证的时间。倘若遇有办理遗嘱公证的申请人设立遗嘱时将不久于人世，想要在其生存的最后时间内把遗嘱内容全部查实有时是相当困难的。尤其是继承人所在地较分散，遗产分布在不同地方，短时间内想要查清更是难上加难，甚至遗嘱人已经死亡而遗嘱内容尚未查清，以致遗嘱难以得到法律上的确认，损害遗嘱人和遗嘱受益人的合法权益。

其次，审查遗嘱内容也不符合公证工作的保密原则。因为当事人保守公证事项的秘密是公证工作的一项重要准则。但是，如要审查遗嘱内容，相关调查工作难免惊动遗嘱人的亲朋好友甚至左邻右舍，难以保守遗嘱秘密，最终可能导致遗嘱人处分其死后财产的意愿难以实现。

最后，遗嘱是单方法律行为，也是遗嘱人死后生效的死因法律行为。从设立遗嘱到遗嘱生效，常常要面临客观情况的重大变化。这种变化可能会导致遗嘱内容在遗嘱设立时是合法的，到遗嘱生效时可能变为不合法；有的则相反，在遗嘱设立时是不合法的，到遗嘱生效时可能成为合法。例如，有的法定继承人在遗嘱人设立遗嘱时有劳动能力且生活富裕，此时遗嘱人就不需要为其保留必要的继承份额，结果到遗嘱生效时，该法定继承人成为无劳动能力又没有生活来源的人，此时则需要为其保留必继份额。由此可以看出，遗嘱内容是否有效，在遗嘱设立时无法确认，只有在遗嘱人死亡时才能认定，

因此要求公证机构在办理公证遗嘱时审查内容是否合法几乎没有意义，各国和地区立法例上对公证遗嘱也多要求不审查遗嘱内容。从我国遗嘱公证实务在办理遗嘱公证业务时的审查内容来看，主要是审查遗嘱人是否具有完全民事行为能力，遗嘱内容是否系遗嘱人的真实意思表示，以及遗嘱文字是否合法且表达是否容易有歧义，不要求审查遗嘱具体内容的合法性。

二、公证遗嘱与代书遗嘱的关系

公证遗嘱与代书遗嘱是两种不同的遗嘱形式。然而，当公证机构在办理公证遗嘱时，若遇当事人不会写字的情况，依《遗嘱公证细则》第14条第3款的规定，遗嘱人没有提供遗嘱或者遗嘱草稿的，公证人员可以根据遗嘱人的意思表示代为起草遗嘱。这种情况下，对于公证人员的代书是否应遵循关于代书遗嘱的法律规定，理论和实践均有争议。根据《民法典》第1135条的规定，代书遗嘱应当有两个以上见证人在场见证，由其中一人代书，并由遗嘱人、代书人和其他见证人签名。由此，这种情况下公证遗嘱是否需要适用代书遗嘱的规定，差别主要在于是否需要满足代书遗嘱所要求的两个遗嘱见证人。

在司法实践中，对此观点不尽一致。例如，在“冯某某诉四川省达州市司法局撤销公证书行政复议决定案”中，两审法院均认为，原告提出公证遗嘱中由公证员代书遗嘱不受继承法关于代书遗嘱规定的限制及公证书经审批人批准即具有法律效力，无需送达遗嘱人的理由不成立。[①]而在“马某甲诉马某乙继承纠纷案”中，法院则认为，张某某系在阿鲁科尔沁旗公证处办理的遗嘱公证，其在谈话笔录中表示因本人不会写字，由公证员李某某代为签字……被告辩称此遗嘱实为代书遗嘱……缺少见证人……对被告上述辩解本院不予支持。[②]

公证遗嘱的设立有着严谨的设立程序。在办理公证遗嘱时，当事人需要向公证机构提出申请、提交遗嘱处分的财产情况、提交遗嘱手稿等材料。根

---

① 四川省达州市中级人民法院（2001）达行初字第92号判决书；四川省高级人民法院（2002）川行终字第31号判决书。

② 内蒙古自治区阿鲁科尔沁旗人民法院（2014）阿鲁民初字第4307号民事判决书。

据《民法典》继承编、《公证法》、《公证程序规则》、《遗嘱公证细则》等相关法律、法规、规章的规定，公证遗嘱应当由公证机构委派两名公证人员共同办理。公证人员在审查完材料认为可以受理此项公证后，要对当事人提供的遗嘱手稿或者草稿进行打印，当事人对遗嘱内容进行确认后在打印遗嘱上签名，由其中一名公证员在公证书上署名；因特殊情况由一名公证员办理时，应当有一名见证人在场，见证人应当在遗嘱和笔录上签名。在遗嘱公证办理完毕后，公证机构出具给当事人的是打印遗嘱与公证证词粘贴在一起的公证书。由此可以看出，即便是公证人员代书了遗嘱的情形下，公证遗嘱仍然需要遵循严格的程序，完全可以保证遗嘱人自由意愿的实现，无须适用代书遗嘱的规则。相反，如果滑向适用代书遗嘱的规则，反而可能弱化公证遗嘱因其严谨的形式而带来的强证明力。

第一千一百四十条【遗嘱见证人的限制】

下列人员不能作为遗嘱见证人：

（一）无民事行为能力人、限制民事行为能力人以及其他不具有见证能力的人；

（二）继承人、受遗赠人；

（三）与继承人、受遗赠人有利害关系的人。

历史由来

本条继承了《继承法》第18条的规定，但略有修正。与《继承法》第18条相较，修正主要体现在两个方面：一是将“无行为能力人、限制行为能力人”修改为“无民事行为能力人、限制民事行为能力人”，用语更加精准；二是增加了不能作为遗嘱见证人的范围：在第1项中增加了“以及其他不具有见证能力的人”，提高了司法适用的灵活性。

由民法典编纂过程看，本条始自《民法典继承编（草案）》（征求意见稿）第22条对《继承法》第18条的修改，之后的《民法典继承编（草案）》（一审稿）第919条、《民法典继承编（草案）》（二审稿）第919条、《民法典（草案）》第1139条均未再作出任何修改。

规范目的或功能

在各国或者地区继承法中，为能够让遗产的安排符合遗嘱人的意愿或者防止有人不正当侵吞遗产，往往确立一些保障权利义务正确分配的程序性规范。这些程序性规范主要有两种：一种是遗嘱设立程序、遗产分配程序等继承法本身的程序；另一种是公证程序、诉讼程序等借用其他法律中的程序。正因如此，继承法也被称为技术性的法律。[①]而且，程序性规范在不少国家和地区的继承法中都占有相当大的比例。

遗嘱是遗嘱人单方处分其财产的法律行为，对于遗嘱见证，立法例上多有规定。设立遗嘱见证制度主要目的有二：一是直接目睹遗嘱订立的整个过程、遗嘱人订立遗嘱时的心智状态、遗嘱人作出的遗嘱有无欺诈、胁迫的情形；二是证明遗嘱人死后所出示的遗嘱是否与遗嘱人订立的遗嘱内容一致。由此可见，立法中的遗嘱见证人设置，属于为了保证遗嘱的真实性，避免在执行遗嘱时发生不必要的纠纷，由继承法本身规定的程序性规范。本条是以排除式规定明确不得担任遗嘱见证人的范围。

规范内容

一、遗嘱见证人的意义

遗嘱见证人，是指协助、证明遗嘱人设立遗嘱的人，也是证明遗嘱真实性的第三人。根据《民法典》的规定，除自书遗嘱外，代书遗嘱、打印遗嘱、录音遗嘱、录像遗嘱、口头遗嘱均必须有两个以上见证人在场见证，而公证遗嘱本身更是需要在公证员面前作出。

遗嘱见证的首要作用在于“证明”。遗嘱是遗嘱人在生前对其财产和其他事务所作出的个人处分，关系到利害关系人继承权的取得和消灭，常常会打

---

① ［德］罗伯特·霍恩、［德］海因·科茨、［德］汉斯·G.莱塞：《德国民商法导论》，楚建译，中国大百科全书出版社1996年版，第215页。

破法定继承人通过《继承法》获得遗产的期待。但是，遗嘱继承是被继承人死亡时才开始，被继承人死亡后已经不可能再证明遗嘱的内容真实性，更无法监督遗嘱内容的执行，这也是遗嘱见证人制度的重要价值。一旦遗嘱人死亡，发生遗产纠纷，遗嘱见证便是非常重要的证据。

二、遗嘱见证的基本要求

遗嘱见证的目的主要在于确认遗嘱是否符合遗嘱人的真实意愿。这种确认需要遗嘱见证人见证遗嘱订立的全过程并出具书面的见证书或者在遗嘱上以见证人的身份签字盖章。所以，对于遗嘱见证人的见证，最基本的要求是：目睹订立遗嘱的整个过程。只有目睹订立遗嘱的全过程，才能较好地了解到遗嘱人设立遗嘱时的心智状态，明了遗嘱人作出遗嘱的真实意愿。如果见证人未现场见证订立遗嘱，或者遗嘱人到达现场后又中途离开，未能见证设立遗嘱的整个过程，属于缺乏见证或者见证不连续，这均无法真实全面地反映遗嘱人作出遗嘱的真实性，可能会导致遗嘱无效。我国目前司法实践中也采这一立场。例如，在“朱某等诉孙甲遗嘱继承纠纷案”中，法院就认为，“代书遗嘱应当有两个以上见证人在场见证……本案中，遗嘱打印的时间与签名时间不一致，见证人未见证遗嘱制作的整个过程，并不符合时空一致性的要求……综上，该遗嘱不符合代书遗嘱的形式要求，应属无效”。[①]另外，在“李某甲、李某乙等与李某丙继承纠纷再审案”中，法院针对涉案遗嘱认定，此遗嘱由打印店打印员实施了制作该打印遗嘱的行为，打印人应为代书人，在场人员除了李某丙、李某丁外只有打印人夫妻俩，之后在该遗嘱上签字的两名律师并未见证该遗嘱的形成制作过程……缺乏代书遗嘱的法定必备要件，属无效遗嘱。[②]

三、遗嘱见证人的范围

遗嘱见证人是遗嘱见证的主体。综观各国和地区立法例，有的国家和地

---

① 罗莎莎：《家事纠纷渐趋多元道德失约法理定纷》，载《法制日报》2020年5月18日，第5版。

② 重庆市高级人民法院（2015）渝高法民抗字第00004号民事判决书。

区主要从积极方面明确哪些人能够作为遗嘱见证人，有的国家和地区是从消极方面限制哪些人不能担当遗嘱见证人，而有的国家是将二者相结合。[①]确定遗嘱见证人的范围需要结合以下因素综合考量：

（一）遗嘱见证的见证主体只能是符合条件的自然人

因为只有自然人才有思想意识，可以通过感官辨别遗嘱人订立遗嘱过程中的精神状态，判断遗嘱的内容是否是遗嘱人的真实意思表示，而组织体或者国家均不具有这种能力，所以遗嘱见证的见证主体只能是自然人，不能是单位、集体组织或者国家等。

（二）对于遗嘱见证人的资格限制

本条是关于遗嘱见证人资格限制的规定。根据遗嘱见证的特点、本条以及其他相关法律的规定，下列人员不可以作为遗嘱见证人：

1.无民事行为能力人、限制民事行为能力人以及其他不具有见证能力的人。遗嘱是一种民事法律行为，遗嘱人在遗嘱中安排其死后财产的处分也会涉及众多利害关系人的利益。因此，作为遗嘱见证人，无疑需要对遗嘱这一民事法律行为的性质及其法律后果具有完全的识别能力和判断能力。各国和地区多对遗嘱见证人的资格进行严格的限定，明确哪些人具有遗嘱的见证能力。本条之所以规定无民事行为能力人、限制民事行为能力人不能作为遗嘱见证人，主要的原因在于：这两种人不能或者不能完全理智地处理自己的事务，没有正常的、健全的认知能力和判断能力，在认知能力、感知能力上存在重大缺陷，无法正确表达自身的意识，也无从认识他人的行为，最终无法对遗嘱进行客观、公正的见证。

根据《民法典》第17条至第22条的规定，在我国，18周岁以上的自然人为成年人，原则上成年人为完全民事行为能力人，但不能辨认自己行为的成年人或者不能完全辨认自己行为的成年人，为无民事行为能力人或者限制民

---

① 例如，对于遗嘱见证人资格，我国台湾地区相关规定，未成年人、禁治产人、继承人及其配偶或其直系血亲、受遗赠人及其配偶或其直系血亲、为公证人或代行公证职务人之同居人、助理人或受雇人，不得为遗嘱见证人。这即是采用的排除式立法模式。

事行为能力人；16周岁以上的未成年人，以自己的劳动收入为主要生活来源的，视为完全民事行为能力人。在我国，只有完全民事行为能力人才有资格作为遗嘱见证人。需要注意的是，鉴于立法限制民事行为能力不完全者作为遗嘱见证人的目的，无论无民事行为能力人、限制民事行为能力人是否得到法定代理人的同意，都不得作为遗嘱见证人。

本条新增了“以及其他不具有见证能力的人”，此类人主要是指虽具有完全民事行为能力，但限于自身的生理功能局限、语言障碍、文字障碍等无法对遗嘱的设立过程进行有效见证的人。如具有盲、聋、哑生理缺陷的人，往往就不具有相应的见证能力。当然，在司法实践中，此类人是否具有见证能力，应进行个案认定，不宜一刀切。

2.继承人、受遗赠人。如果遗嘱见证人与遗产有直接的利害关系，可能会对公正的见证及确保遗嘱内容的真实性不利。继承人和受遗赠人都是继承法律关系的主体，由他们担当见证人，不仅可能给遗嘱人造成心理压力，导致其所作出的遗嘱不一定能反映其真实意愿，还可能引起继承人或受遗赠人在见证过程中知晓遗嘱内容后为了自己的利益隐匿、篡改或者销毁遗嘱的风险。鉴于继承人、受遗赠人与遗产有直接的利害关系，故本条规定这两种人不能作为遗嘱见证人。

3.与继承人、受遗赠人有利害关系的人。根据本项规定，与继承人、受遗赠人有利害关系的人，也不能作为遗嘱见证人。这是因为，如果遗嘱见证人与继承人、受遗赠人有利害关系，虽然他们可能不是某遗嘱继承法律关系或者遗赠法律关系中的直接受益人，但相应的遗嘱中涉及的有关遗嘱利益和遗产分配内容也可能与他们有间接的利益关系，从而有可能影响他们对遗嘱的真实性作出公正的证明。而且，如果允许他们作为遗嘱见证人，他们在见证过程中即可知晓被继承人的意愿，可能会人为制造出一些使遗嘱有效或者无效的因素，也可能在遗嘱设立时给遗嘱人施压或者诱导遗嘱人作出不符合自己真实意愿的遗嘱。综上，如果允许与继承人、受遗赠人有利害关系的人作为遗嘱见证人，可能会有很大的道德风险及法律风险，故立法应该予以限制。

对于与继承人、受遗赠人有利害关系的人的范围，本条未予明确规定。对此，《继承法意见》第36条曾经有过列举式的规定。该规定虽然只规定了与继承人、受遗赠人的债权人、债务人，共同经营的合伙人不能作为遗嘱见证人，但也不能因此认为与继承人、受遗赠人有利害关系的人的范围仅限于这三种人。结合该条规定和实践中的做法，与继承人、受遗赠人有利害关系的人，既可以包括被继承人的近亲属，如继承人、受遗赠人的配偶、父母、子女、兄弟姐妹、祖父母、外祖父母、孙子女、外孙子女等，也可以包括所有与继承人、受遗赠人有民事权利义务关系的其他人，如继承人、受遗赠人的债权人、债务人，共同经营的合伙人等，这些人因与继承人、受遗赠人有利害关系，故也不能作为遗嘱见证人。

此外，需要注意的是，基于某类遗嘱形式的本质特点或者特殊规定，在该类遗嘱形式中也可能需要对遗嘱见证人的资格予以限制。例如，在公证遗嘱中，法律明确规定公证人员及其配偶、直系血亲和直接下属不可以作为遗嘱见证人；盲人就不适合作为非盲文书写的代书遗嘱的见证人；聋哑人不适合作为录音录像遗嘱的见证人；不会使用中文的人不适合作为中文遗嘱的见证人；不懂少数民族语言的人不适合作为用少数民族语言作出的遗嘱的见证人；等等。因为上述这些人的相关特质通常会影响其识别遗嘱人的意思表示、精神状态、相关法律规定的能力。

举证责任

依遗嘱主张继承财产的当事人，只需要提供证据证明遗嘱为有效即可。主张遗嘱因遗嘱见证人不适格而无效的当事人，需要提供证据，或者证明遗嘱见证人为无民事行为能力人、限制民事行为能力人以及其他不具有见证能力的人；或者证明遗嘱见证人就是继承人或者受遗赠人本人；或者证明遗嘱见证人是与继承人、受遗赠人有利害关系的人。当然，依遗嘱主张继承财产的当事人也可以提供反证证明遗嘱见证人不存在上述不适格情形。

其他问题

一、遗嘱见证瑕疵的法律效力

对于遗嘱见证瑕疵的法律效力问题，我国现行法没有明确规定。在实践中，关于遗嘱见证瑕疵的法律效力判断，主要需要明确这样两个相互关联的问题：其一，遗嘱见证人参与遗嘱设立时不适格，是否影响遗嘱的效力？如继承人、受遗赠人及其配偶和直系血亲作为遗嘱见证人参加，是否影响遗嘱效力？其二，当遗嘱见证人中只有一人不符合法律规定时，该遗嘱是应当被认定全部无效，还是只要除不符合法律要件的遗嘱见证人之外仍有满足法律规定人数的适格见证人存在，该遗嘱就可以被认定有效？综合而言，问题的核心主要在于，在遗嘱见证只是在某一方面存在瑕疵的情形下，如果有其他证据证明遗嘱是遗嘱人的真实意思表示，是否可以认定遗嘱有效？是全部还是部分有效？

对于遗嘱见证人不适格对遗嘱效力的影响，立法例各异，学界历来争议也较大。目前司法实践中也有不同态度，多数案件会以不符合法律规定的要件为由而判决遗嘱无效，但也有认定遗嘱见证人不适格对遗嘱效力不影响者。[①]有学者提出，如果有证据表明，虽然不适格的遗嘱见证人参与了遗嘱见证，但这些人作为遗嘱见证人并未影响遗嘱为遗嘱人的真实意思表示，也没有必要一刀切地认定遗嘱无效。如果把遗嘱效力的决定权赋予相关利害关系人，如允许利害关系人主张撤销该遗嘱也未尝不可。[②]此观点值得商榷。的确，就遗嘱的效力判断而言，遗嘱作为一个民事法律行为，最核心的就是遗嘱人的意思表示，遗嘱见证人的设置也是为了证明遗嘱意思表示的真实性。但是，立法将遗嘱见证人设置为某类遗嘱设立的形式要件的目的就是保障遗嘱的真实性，且立法也并无特别规定将遗嘱见证人不合格作为撤销遗嘱的一个法定事由，所以，如果将遗嘱见证人不适格的遗嘱作为可撤销民事法律行为，就需要适用《民法典》总则编关于民事法律行为的规定，但目前《民法典》总

---

① 在“刘某等与翟某甲等遗嘱继承纠纷上诉案”中，法院就认为，尽管两遗嘱见证人与被上诉人有亲属关系，但同时也与上诉人刘某有亲属关系，按照常理，翟某丙与双方均关系密切，其在病危时就部分财产进行口头安排，当然需要自己信任、处事公道的见证人在场，很难说见证人与双方存在亲疏远近，上诉人以此推理，认为见证人不符合条件的理由，不能成立。见山东省聊城市中级人民法院（2015）聊民一终字第227号民事判决书。

② 王利明：《中国民法典学者建议稿及立法理由：人格权编·婚姻家庭编·继承编》，法律出版社2005年版，第562页；郭明瑞、房绍坤、关涛：《继承法研究》，中国人民大学出版社2003年版，第347页。

则编并无将此作为民事法律行为可撤销的事由。此外，继承立法之所以对于遗嘱形式采取严格的法定主义，对某些类型遗嘱要求遗嘱见证人的形式要件，就是因为这些类型的遗嘱中，遗嘱人表达个人意愿的自由度因各种原因而有所降低，如果不把符合形式要件作为必要条件，恐最终会使得遗嘱见证人制度形同虚设。

对于上述第二个问题，举例而言，如果有三个遗嘱见证人，其中某一个遗嘱见证人不符合法定条件，是否会因此导致遗嘱无效？法律规定遗嘱见证人的目的主要是确保遗嘱是遗嘱人的真实意思表示，故如果有证据证明遗嘱是遗嘱人的真实意思表示，且剩余的遗嘱见证人人数也符合法定形式条件，[①]就不应因此而影响对遗嘱效力的判断。

二、遗嘱见证人的权利义务

目前，对于遗嘱人与遗嘱见证人之间各自的权利义务，除了律师遗嘱见证外，遗嘱人与见证人之间很少订立书面协议确定彼此的权利义务。

从遗嘱人与见证人之间的法律关系看，其属性应该是委托关系。在这个委托关系中，在遗嘱人与见证人之间就彼此的权利义务没有约定的情况下，结合法律关于委托法律关系的规定，遗嘱见证人可能涉及下列权利义务有无之判断：

（一）约定报酬的请求权

遗嘱见证人除了负有见证遗嘱设立过程并签字确认的义务外，还有在遗嘱人死亡后继承人有争议时，作证、证明遗嘱内容的真实性等义务。法律并不禁止对遗嘱见证按照付出获得酬劳，故即使双方没有书面约定但确有委托之实的，只要双方能就报酬问题达成合意，不应禁止。比如，律师进行遗嘱见证，一般会通过协议确定报酬请求权。当然，如果双方未就报酬请求权问题达成一致意见或者根本未约定这一事项的，一般应以认定无偿为宜，但根据委托法律关系的原理，遗嘱见证人可以要求支付为遗嘱见证所支出的必要费用。

---

① 我国现行法对于遗嘱见证人均要求2人以上，包括2人，因此，在其中一个遗嘱见证人不符合条件的情形下，剩余的见证人人数也可能符合法定条件。

（二）进行遗嘱见证和作证

遗嘱见证人应当在遗嘱设立现场见证整个遗嘱设立过程，对遗嘱人的精神状态进行识别，对其真实意思表示进行确认，就有疑问之处予以明确，对遗嘱各事项没有异议后在遗嘱上签字或出具见证书。

遗嘱见证人亲历了遗嘱设立的全过程，了解遗嘱人设立遗嘱时的精神状态，了解遗嘱人的真实意图，故遗嘱见证人的证明可信度较高。遗嘱见证人的作证义务不仅体现在遗嘱设立过程中签字确认的遗嘱或者见证书，还包括在遗嘱人死亡后，利害关系人对遗嘱有争议时，遗嘱见证人应对遗嘱设立过程所见所闻及遗嘱内容的知晓及意思表示作出进一步说明。遗嘱见证人须就自己在遗嘱见证过程中的所见所闻如实陈述和作证。如果遗嘱见证人无正当理由拒绝作证或者作假证，均应对因此造成的损失承担赔偿责任。

（三）保管遗嘱并对遗嘱内容保密

日常生活中，遗嘱人订立遗嘱后大多都是处于保密状态，一般在遗嘱人死后才公布遗嘱。这样既能保护遗嘱人的利益，也有利于遗嘱人家庭关系的和谐。遗嘱见证人在遗嘱见证过程中必然要知晓遗嘱内容，因此，如果遗嘱人要求遗嘱见证人对保管遗嘱并对遗嘱内容保密，则遗嘱见证人应当遵守。如果因可归责于遗嘱见证人的原因导致遗嘱内容泄露或者遗嘱毁损灭失而造成损失的，则遗嘱见证人应当进行赔偿。

第一千一百四十一条【必继份】

遗嘱应当为缺乏劳动能力又没有生活来源的继承人保留必要的遗产份额。

历史由来

本条承袭了《继承法》第19条的规定，文字略有改动，即把“应当对”修改为“应当为”，修改后语言更加规范。这一修改是在《民法典继承编（草案）》（二审稿）第920条中完成的。

三 规范目的或功能

本条系对遗产必继份的规定。一份有效的遗嘱必须符合法律规定的形式要件和实质条件，本条规定即为遗嘱有效的实质要件之一。

马克思在描述法律的普遍性和确定性特质时指出："法律是肯定的、明确的、普遍的规范，在这些规范中自由的存在具有普遍的、不取决于个别人的任性的性质，法典就是人们自由的圣经。"[①]普遍性是法律规范对一般人的行为或一般情境下发生的事件具有普遍适用的属性，如此不仅可以防止立法者或司法者偏惠特权阶层的个别利益，而且有助于实现人们在规范内的自由和平等。然而，如果法律只关注普遍性，而忽视个别人在特殊情境下的特殊需要，将可能"在获得一般正义的同时，丧失了个别正义"。[②]为了在不损害法律的一般正义的情况下，又兼顾个别正义，实现个别人不损害他人利益为前提的特殊利益，作特别规定便成为法律规范的一种特有的表达方式。遗嘱自由是继承法律制度的核心价值，也是具有普适性的价值，遵循这一价值的规范体现法律的普遍性。与此同时，对尚无劳动能力的未成年人和因年迈、疾病、伤残等而丧失劳动能力的其他法定继承人，在其缺乏劳动能力又无生活来源的情况下，为保护他们的基本生存权益，立法有必要作出特别规定，以实现现代民法"对弱者加以保护的时代"[③]的保护弱者利益原则的要求。本条规定"遗嘱应当为缺乏劳动能力又没有生活来源的继承人保留必要的遗产份额"就是旨在对这一特殊群体给予特别保护。其中，"必要的遗产份额"，即为"必继份"。

必继份的规则既可以适用于遗嘱继承，也可以适用于法定继承。在司法实践中，本条可以与《民法典》第16条、第1155条和《继承法意见》第37条、第45条、第61条的规定予以结合适用，旨在促进遗嘱自由实现的基础上，防

① 中共中央马克思、恩格斯、列宁、斯大林著作编译局编译：《马克思恩格斯全集》（第1卷），人民出版社1964年版，第71页。

② 参见徐国栋：《民法基本原则解释——诚信原则的历史、实务、法理研究》，北京大学出版社2013年版，第262页。

③ 参见［日］星野英一：《私法中的人》，王闯译，中国法制出版社2004年版，第73页。

止遗嘱人滥用遗嘱自由损害法定继承人的权益，是为保护缺乏劳动能力又没有生活来源的继承人的基本生存权而设置。

规范内容

一、必继份的含义

必继份，是法律规定遗嘱人不得通过遗嘱处分的，为缺乏劳动能力又没有生活来源的继承人保留的，排除遗嘱继承与法定继承适用的必要遗产份额。必继份本质上是遗嘱人遗产中的法定部分，是遗嘱人不能基于遗嘱自由而处分的法定遗产份额。追本溯源，罗马法上就有不得剥夺子女和孙子女获得“法定份额”的规定，教会法也曾赋予寡妇和孩子获得被继承人遗产中固定份额的权利。[①]

需要明确的是，必继份仅指遗产中的一定份额，并非指被继承人的某项具体的或者特定的遗产，对必继份以外的其他财产，被继承人仍有遗嘱处分的自由。同时，必继份也不同于应继份。必继份可能大于应继份，也可能小于应继份。

二、有权享有必继份的主体

（一）必须是法定继承人范围内取得继承权的人

《民法典》延续了《继承法》由身份决定必继份权利人的做法。不过，对于有权享有必继份的主体范围，本条只用了“继承人”的表达，理论上应当包括遗嘱人的配偶、子女、父母，兄弟姐妹、祖父母、外祖父母等。对于依靠被继承人扶养或资助的法定继承人范围以外的亲属和其他关系密切的人，是否可能成为享有必继份的权利人这一问题，一般认为不可。

---

① ［英］S.F.C. 密尔松：《普通法的历史基础》，李显冬等译，中国大百科全书出版社1999年版，第87页；［美］伯尔曼：《法律与革命——西方法律传统的形成》，贺卫方译，中国大百科全书出版社1993年版，第288页。

（二）必须是缺乏劳动能力又没有生活来源的人

根据本条规定，只有既“缺乏劳动能力”又“没有生活来源”的人，才属于可能享有必继份权利的人。所谓“缺乏劳动能力”，是指高于或者低于法定劳动年龄，或者因残、因病或者因其他原因丧失部分或者全部劳动能力。所谓“没有生活来源”，是指法定继承人本身不具备独立维持个人最低物质生活水平的经济条件，而是在被继承人生前即依靠被继承人的抚养或者扶养生活。对此，需要注意的有：

1.如果继承人有劳动能力但失业或无业而没有收入，或者虽然无劳动能力，但还有其他人或社区提供的一些其他的收入来源，是否可以认定属于有权取得必继份权利的主体？对此，司法实践中有不同态度。有认为这种情形不属于必继份权利主体，如在“甲与乙等遗嘱继承纠纷上诉案”中，当事人的遗产处置约定中没有考虑老年人D。法院认为，五个子女对D都有赡养的义务，故D不属于生活上有特殊困难人员，故认定该遗产处置约定并未违反我国继承法的有关规定。[①]也有法院认定这种情形下的继承人也属于必继份权利主体，但在必继份额上会予以参酌考虑。例如，在“林某1诉张某等法定继承纠纷案”中，法院认为：“目前原告虽系年老体弱多病没有劳动能力的人，但林某某去世后，原告还有四个子女，四个子女均系完全民事行为能力人，有能力赡养原告，照顾原告的生活，况且原告每月还有国家发放的低保生活费和一老一小医疗保险及近7万元存款，故为原告保留的遗产份额，法院将根据原告的身体状况和经济状况及其子女的负担能力等因素综合考虑予以酌定。”[②]目前，多数判决采文义解释，认定这种情形下的继承人不属于必继份主体。

2.判断是否为“缺乏劳动能力”又“没有生活来源”的时点，我国理论和实务中多数观点认为应是在遗嘱人死亡时。[③]依此观点，在遗嘱人立遗嘱

---

① 见上海市第一中级人民法院（2014）沪一中民一（民）终字第105号民事判决书。

② 见北京市东城区人民法院（2013）东民初字第09100号民事判决书。

③ 可参阅北京市石景山区人民法院（2015）石民初字第4984号民事判决书；卞翔平、吴谋：《论我国继承法中的特留份制度》，载《法学评论》1987年第6期。

时“缺乏劳动能力又没有生活来源”的人，在遗嘱人死亡时已具有劳动能力或者有生活来源，也不属于有权取得必继份权利的主体；在遗嘱人立遗嘱时具有劳动能力或者有生活来源，但在遗嘱人死亡时丧失劳动能力且失去生活来源，仍然属于有权取得必继份权利的主体。可见，这类法定继承人在继承开始前并无特定的必继份权利，其能否成为必继份权利人并不确定，只有在遗嘱生效、继承开始时，符合“缺乏劳动能力又没有生活来源”这一条件的法定继承人才可以成为必继份权利人。当然，对此也有理论和判决持不同立场，有判决将必继份资格的认定时间提前至遗嘱订立时，另有判决则推迟至遗产分割时。[①]从必继份制度初衷出发考察，以明确为遗嘱人死亡时较为合理。

在《民法典》编纂过程中，有学者认为目前“缺乏劳动能力”以及“没有生活来源”的限制条件太过严格。因为必继份规定的“缺乏劳动能力”以及“没有生活来源”的继承人只是遗嘱人极少数关系密切的亲属，而在被继承人死亡后，其子女多已成年，有劳动能力，所以事实上这两个条件能同时满足的继承人非常少。尤其是目前我国已逐渐建立起较为完善的社会保障制度的背景下，城镇的非就业人员和缺乏劳动能力的人可以享受最低生活保障，农村地区也逐步建立了相应的社会保障制度体系，以至能够同时满足两个条件的继承人就更少。故有学者建议扩大有权享有必继份权利人的范围，以避免导致遗嘱人享有的遗嘱自由过大，可能损害到配偶及其子女或近亲属的合法权益。比如，将适用对象扩大到胎儿、未成年子女、70周岁以上的父母，以及欠缺行为能力的成年子女、父母和配偶。[②]该建议未被《民法典》采纳。

三、必继份额的确定

对于必继份额的确定，立法例上大致有三种做法：第一种与特留份制度

---

① 可参阅河南省鲁山县人民法院（2015）鲁民初字第1113号民事判决书；广东省广州市中级人民法院（2015）穗中法民一终字第6718号民事判决书。

② 李贝：《民法典继承编引入“特留份”制度的合理性追问——兼论现有“必留份”制度之完善》，载《法学家》2019年第3期。

类似，以应继份额的一定比例作为必留份计算的标准，《越南民法典》即采这一做法；第二种同样以法定应继份的一定比例作为参照，以其作为必继份的最低数额，从而给法官留下了一定范围内的自由裁量权，如《俄罗斯联邦民法典》《蒙古民法典》均采用这一做法；第三种对于数额不作任何限定，而仅仅是列出法官应加以权衡的一系列考量因素，如英国1995年修订的《家庭供养条例》就采用这一做法。

依《继承法意见》第61条的规定，继承人是否缺乏劳动能力又没有生活来源，应按遗嘱生效时该继承人的具体情况确定，遗嘱人未保留缺乏劳动能力又没有生活来源的继承人的遗产份额，遗产处理时，应当为该继承人留下必要的遗产。由此可见，为该继承人留下必要的遗产是强制性的、优先性的。此外，《继承法意见》第61条也规定，继承人中有缺乏劳动能力又没有生活来源的人，即使遗产不足以清偿债务，也应为其保留适当遗产。所剩余的部分，才可参照遗嘱确定的分配原则和债务清偿规则处理。该司法解释规定已经为《民法典》所吸收，《民法典》第1159条规定："分割遗产，应当清偿被继承人依法应当缴纳的税款和债务；但是，应当为缺乏劳动能力又没有生活来源的继承人保留必要的遗产。"

需要注意的是，本条规定"保留必要的遗产份额"，但对于何为"必要"，达到什么标准才符合"必要"的要求，本条未予明确。同时，本条中虽然用"应当"二字表明了强制性，但是把"必要的遗产份额"的判断完全依赖于法官行使自由裁量权，这难免会出现同案异判的现象。在立法例上，必继份制度是为特定的人预留了法定的比例，法院很少有裁量的余地。[①]鉴于这种标准的不确定，同时也导致了必要遗产份额的多少也具有不确定性。总体而言，不确定固定标准虽然有助于司法者在个案中根据法定继承人的实际需要来确定必要的遗产份额，但这将使遗嘱人在设立遗嘱时难以确定留出多少份额才算是符合法律规定的"必要的"要求。在司法实践中，对于必继份额的基本

---

① 例如，《法国民法典》第913条就明确规定："不问生前赠与或遗赠，如处分人死亡时仅有一个子女时，其赠与或遗赠不得超过其所有财产的半数；如遗有两个子女时，其赠与或遗赠不得超过其所有财产的三分之一；如遗有子女三人以上时，其赠与或遗赠不得超过其所有财产的四分之一。"

判断标准，一方面需要考虑缺乏劳动能力又没有生活来源的法定继承人维持其生活条件的需要，以能够满足继承人所在地最低生活标准所需要的财产为最低目标；另一方面需要结合被继承人所遗留的财产的数额、其他继承人的情况等综合考虑。一般而言，给必继份权利人保留的部分一般也不低于他们依法定继承可以继承的份额。

四、违反必继份规定的法律后果

我国继承法对违反必继份规定的法律后果规定得较为原则，适用时需要对相关条文进行目的解释。一般认为，违反必继份规定的法律后果主要体现在：遗嘱人设立遗嘱时，必须为必继份继承人预留法律规定的份额，并不得为必继份设定负担；如果遗嘱人违反法律规定未为法定必继份权利人保留必继份的，遗嘱对法定必继份所作的处分无效，必继份权利人可以以自己的名义向法院起诉要求补足必继份。必继份部分的部分无效不影响遗嘱其他部分的效力，其余内容仍可有效。此外，在被继承人死亡前，必继份继承人放弃必继份的声明无效。

举证责任

依遗嘱主张继承财产的当事人，只需要提供证据证明遗嘱为有效即可。主张遗嘱因未为缺乏劳动能力又没有生活来源的继承人保留必要的遗产份额而相应部分无效的当事人，需要提供证据证明有需要被继承人抚养的享有继承权的继承人缺乏劳动能力又没有生活来源。

其他问题

一、必继份与特留份的制度选择问题

对于必继份和特留份，有的国家只规定必继份，如我国和俄罗斯；有的国家只规定特留份，如德国、日本等大陆法系国家和地区；有的国家将必继份和特留份两个制度并行；也有的国家两个制度均不规定，如英国和埃塞俄

比亚。[①]但综合而言，多数国家和地区继承法都选择规定特留份制度。虽然各国和地区立法对于特留份制度适用的主体范围、适用条件、应继份额的规定不尽相同，但相关规则均以彰显防止遗嘱人恣意而为，兼顾个人利益与社会利益的平衡理念。

所谓特留份，是指法律规定的遗嘱人不得以遗嘱取消的由特定法定继承人继承的遗产份额。特留份制度的实质是通过对特定的法定继承人规定一定的应继份额来限制遗嘱人的遗嘱自由。需要注意的是，各国和地区在特留份的性质上采不同的学说，主要有继承权说（也称遗产说）、债权说以及折中说，[②]但多采特留份继承权说，即将特留份作为继承人享有的法定继承的遗产份额，特留份权利是法定的继承权，对于特留份这部分遗产，被继承人不得以遗嘱予以处分。[③]

我国《继承法》仅规定遗嘱应当对缺乏劳动能力又没有生活来源的继承人保留必要的遗产份额，学界称为“必继份”。必继份的主体仅限于“缺乏劳动能力”又“没有生活来源”的“双无”人员，立法的目的旨在解决这部分人的生活问题，也即对于有生活来源或者有劳动能力者，立法者认为这部分人应当能够自食其力，不需要依靠遗产来维持生活。有学者提出，虽然从实际效果看，我国的“必继份”制度在设立初始具有合理性，但随着私有财产的增多，如果仅规定必继份而不规定特留份，虽可以更充分地体现遗嘱自由，但有违基本伦理，不合常情，实际上不利于家庭关系的安定，不能适应现阶段家庭职能的要求。[④]

《俄罗斯联邦民法典》中规定的“应继份”制度与我国的必继份规定类似，是法律以规定遗产“必继份”或者“应继份”的方式限制遗嘱自由，从而保障被继承人的未成年子女或者无劳动能力子女，或者被继承人的无劳动能力的配偶和父母以及依靠被继承人扶养的无劳动能力人的利益，让这些人有权在继承开始时不论遗嘱的内容而从遗产中获得应继承的份额。需要注意

① 王歌雅：《论继承法的修正》，载《中国法学》2013年第6期。

② 参见史尚宽：《继承法论》，荣泰印书馆1970年版，第557—558页。

③ 如法国、日本以及我国台湾地区均采这种观点。

④ 郭明瑞：《完善法定继承制度三题》，载《法学家》2013年第4期；郭明瑞、房绍坤、关涛：《继承法研究》，中国人民大学出版社2003年版，第148页。

的是,《俄罗斯联邦民法典》与1964年的《苏俄民法典》规定相较,降低了应继份的数额。1964年的《苏俄民法典》第535条规定:"被继承人的未成年子女或无劳动能力的子女(包括养子女),以及无劳动能力的配偶、父母(养父母)和依靠死者生活的人,不论遗嘱内容如何,都继承不少于依法继承时他们每人应得份额(应继份额)的三分之二";而《俄罗斯联邦民法典》第1149条第1款则规定,上述继承人,"不管遗嘱的内容如何,都继承不少于依法定继承时他们每人应得份额(应继份额)的二分之一"。对此,有学者解释为:与过去的立法规定相比,新的民法典以应继份限制遗嘱人的遗嘱自由已降到了最低限度。[①]

在我国《民法典》编纂过程中,学界多主张确立我国的特留份制度,[②]只有个别草案对我国现有的必继份制度的完善提出了建议,而不建议采纳特留份制度。[③]也有学者提出我国的必继份制度内容过于原则且缺乏可操作性,无法反映继承法所应蕴含的伦理价值,故应当废除必继份规定,确立特留份制度,[④]并有不少学者还对特留份制度进行了详细的设计。[⑤]我国《民法典》本条规定继续保留了《继承法》规定的必继份,而没有确立特留份

---

① 鄢一美:《俄罗斯民法典中继承法律规范的新变化》,载《比较法研究》2004年第2期。

② 如王利明主编的《中国民法典学者建议稿及立法理由:人格权编·婚姻家庭编·继承编》(法律出版社2005年版)第585条—第593条;梁慧星主编的《中国民法典草案建议稿附理由:继承编》(法律出版社2013年版)第1961条—第1964条;杨立新、杨震等起草的《中华人民共和国继承法修正草案建议稿》(载《河南财经政法大学学报》2012年第5期)第49条—第52条等。

③ 张玉敏:《中国继承法立法建议稿及立法理由》,人民出版社2006年版。有学者也提出,我国必继份制度由于主体限定过于严苛,其对遗嘱自由的限制存在缺陷,但这些缺陷可以通过对既有制度的完善得到弥补。李贝:《民法典继承编引入"特留份"制度的合理性追问——兼论现有"必留份"制度之完善》,载《法学家》2019年第3期。

④ 夏吟兰:《特留份制度之伦理价值分析》,载《现代法学》2012年第5期。

⑤ 学者们提出的建议性规定主要有:(1)遗嘱人设立遗嘱时必须为特留份继承人预留出法律规定的份额,并不得为特留份设定负担;(2)遗嘱违反法律规定对特留份所作的遗嘱处分无效;(3)继承人按照法律规定丧失继承权的,其享有的特留份权利同时消灭;(4)特留份的继承顺序可以准用法定继承人的继承顺序,可以规定第一顺序法定继承人的特留份份额为其应继份的二分之一;第二顺序法定继承人的特留份额为其应继份的三分之一;(5)继承人可以抛弃特留份权,但继承人不得抛弃继承权而仅保留特留份权。参见郭明瑞、房绍坤、关涛:《继承法研究》,中国人民大学出版社2003年版,第152页。

制度。

毋庸置疑，一个国家或者地区规定怎样的继承制度，不仅与其政治、经济、历史、文化等有密切的联系，也与其婚姻家庭制度密切相关。[①]一方面，在我国《继承法》颁行时，私有财产的范围有限，法律提供的财产安排手段也有限。随着财产的量的增加和质的改变，势必需要设计按照自己的意愿安排遗产的法律结构。四川泸州发生的“二奶遗赠继承案”[②]充分说明了进行复杂制度设计的必要性。另一方面，好的继承制度不仅应体现私法自治原则，还应有利于维护家庭、家族和社会的和谐。家庭之所以被认为是“一切社会之中最古老且唯一的自然社会”，[③]主要是源于家庭成员之间基于爱与亲情的没有对价关系的相互扶养与继承。有学者就明确指出特留份制度存在的理由有三：一是基于道义人情之要求；二是基于近亲扶养之要求乃至社会利益之保护；三是基于家制维持之要求。[④]正如有学者指出的，如果我们承认家庭的价值，承认家庭是社区、社会和国家赖以建立的基础，是一个安全、公正和有凝聚力的社会的核心，国家和政府出台的所有法律和公共政策，就应当尊重婚姻家庭的伦理价值，赋予亲属身份以特殊的意义，给予特殊的保护，从而维护家庭的价值，鼓励家庭成员和谐相处，珍重家庭共同生活，以实现家庭的和谐、社会的稳定。这样的理念不仅对于我们选择确立特留份抑或是必继份制度有帮助，而且对我们正确适用《民法典》中的必继份制度也有裨益。

二、必继份的优先性问题

结合《民法典》第1141条、第1161—1162条，以及《继承法意见》第61条的规定，对于债务清偿，须遵循以下规则：其一，除非继承人自愿，否则

---

① 正如罗马法早期也无特留份制度，其之所以承认遗嘱自由，并不是基于私法自治的思想，而是为了防止家产之分散以维持其家而允许家长得自由以遗嘱指定继承人。史尚宽：《继承法论》，中国政法大学出版社2000年版，第554页。

② 四川省泸州市纳溪区人民法院（2002）纳溪民初字第594号民事判决书；四川省泸州市中级人民法院（2002）泸民终字第461号民事判决书。

③ 卢梭：《社会契约论》，何兆武译，商务印书馆1996年版，第9页。

④ 陈棋炎、黄宗乐、郭振恭：《民法继承新论》，台北三民书局2001年版，第457—458页。

继承人只在遗产实际价值范围内清偿被继承人依法应当缴纳的税款和债务。继承人放弃继承的，对被继承人依法应当缴纳的税款和债务可以不负清偿责任。其二，清偿税款和债务的顺序优先于遗嘱继承和遗赠。其三，“缺乏劳动能力又没有生活来源的继承人”的保留必要遗产的权利优先于税款等其他遗产债务受偿。由此可以逻辑地得出，必继份应当先于税款和债务的顺序清偿，而税款和债务又优先于遗嘱继承和遗赠。如果被继承人通过遗嘱处分了继承人的必继份，遗嘱的相应部分应认定无效。

第一千一百四十二条【遗嘱的撤回和变更】

遗嘱人可以撤回、变更自己所立的遗嘱。

立遗嘱后，遗嘱人实施与遗嘱内容相反的民事法律行为的，视为对遗嘱相关内容的撤回。

立有数份遗嘱，内容相抵触的，以最后的遗嘱为准。

历史由来

本条是对《继承法》第20条及《继承法意见》第39条、第42条整合与修改而成。与《继承法》第20条第1款相较，其修正主要体现在：

其一，术语的变化。如将原来第20条第1款中的“撤销”修改为“撤回”等。鉴于撤销的对象应该是已经生效的法律行为，而遗嘱是被继承人死亡时才生效的死因法律行为，一旦生效就没有撤销的可能，故用“撤回”表达更严谨。

其二，《民法典继承编（草案）》（征求意见稿）第24条即对《继承法》第20条作了修正，其表述为：“遗嘱人可以撤回、变更自己所立的遗嘱。立遗嘱后，遗嘱人实施与遗嘱内容相反行为的，视为对遗嘱相关内容的撤回。立有数份遗嘱，内容相抵触的，以最后的遗嘱为准。”此后，《民法典继承编（草案）》（一审稿）第921条维持了这一表达。但在《民法典继承编（草案）》（二审稿）第921条中，在上述修改的基础上，将“遗嘱人实施与遗嘱内容相反行为的”，修改为“遗嘱人实施与遗嘱内容相反的民事法律行为的”，这一修改用语更精准。之后的《民法典（草案）》第1142条，直至《民法典》通过，均保持着这一表述。由此可以看出，对于遗嘱的撤回和变更问题，在我国这一轮民法典编纂过程中较早时即已达成共识。

其三，删除《继承法》第20条第3款“自书、代书、录音、口头遗嘱，不得撤销、变更公证遗嘱”。对于数份遗嘱之间的效力问题，在《民事政策法律意见》第44条第2款就指出：“遗嘱人立有两个以上合法的遗嘱，而内容互相矛盾的，原则上应以后立的遗嘱为准……”该意见中就没有强调公证遗嘱的效力优先。但《继承法》和《继承法意见》第49条衡量遗嘱效力高低的基本原则有二：一是公证遗嘱优先于一般形式遗嘱，遗嘱人如欲撤销或变更公证遗嘱，必须采取公证遗嘱的形式方为有效，数份内容相抵触的遗嘱中有公证遗嘱的，以最后所立公证遗嘱为准；二是后立遗嘱优先于前立遗嘱，即在没有公证遗嘱时，以最后所立的遗嘱为准。同时《遗嘱公证细则》第22条也规定了“公证遗嘱生效前，非经遗嘱人申请并履行公证程序，不得撤销或者变更公证遗嘱。遗嘱人申请撤销或者变更公证遗嘱的程序适用本规定”。由《民法典》本条第3款的规定可知，《民法典》不再赋予公证遗嘱以优先效力。

规范目的或功能

本条旨在规制遗嘱的撤回与变更，以及明确不同形式遗嘱之间的效力问题。对大部分当事人而言，从第一次立下遗嘱到其真正死亡往往有很长的时间间隔，当事人的意愿可能会因为情势的变化而改变。社会客观现实和遗嘱人主观状况的变化都可能使遗嘱人有撤回或者变更遗嘱的意愿。遗嘱是民事主体自由处分个人财产的一种方式，遗嘱人可以通过设立遗嘱，自由处分其财产和安排身后事务，因此立遗嘱是遗嘱人自由意志的体现，与现代法律提倡尊重个人自由的价值取向相一致。如果法律仅赋予遗嘱人设立遗嘱的自由，却未赋予遗嘱人撤回或者变更遗嘱的自由，遗嘱人就无法实现其随情况变化而改变遗嘱的意愿，遗嘱人无法表达其真实的遗嘱意思，这也难谓真正实现遗嘱自由。因此，法律保障遗嘱人撤回或者变更遗嘱的自由与保障立遗嘱处分财产一样，均是遗嘱自由的必然要求。

本条无论是规定遗嘱人可以撤回、变更自己所立的遗嘱；还是规定立遗嘱后，遗嘱人实施与遗嘱内容相反的民事法律行为的，视为对遗嘱相关内容的撤回；抑或是规定立有数份遗嘱，内容相抵触的，以最后的遗嘱为准，均有助于保障充分实现遗嘱自由。

规范内容

一、遗嘱的撤回与变更的意义

遗嘱属于单方民事法律行为，但因其为死因行为，遗嘱人死亡时才发生效力，故遗嘱人只要出于其本意，且符合法律规定，就可以于遗嘱设立后的任何时间撤回或者变更所立的遗嘱，无需征得任何人的同意。

（一）遗嘱的撤回

立法例上多规定允许遗嘱人撤回遗嘱。[①]依《继承法意见》第39条的规定，遗嘱人生前的行为与遗嘱的意思表示相反，而使遗嘱处分的财产在继承开始前灭失、部分灭失或所有权转移、部分转移的，遗嘱视为被撤销或部分被撤销。《民法典》本条第2款对该司法解释的规定做了合理的吸收和修改，规定立遗嘱后，遗嘱人实施与遗嘱内容相反的民事法律行为的，视为对遗嘱相关内容的撤回。所谓遗嘱的撤回，是指遗嘱人在设立遗嘱后，又取消原立遗嘱的全部内容的民事法律行为。遗嘱人可以书面形式声明撤回原遗嘱，也可以用设立新遗嘱等方式撤回原立遗嘱。遗嘱一经撤回，即失去了发生效力的可能性。如果遗嘱人未立新的遗嘱，在遗嘱人死亡之后，遗产按法定继承的规定处理。

需要注意的是，撤销与撤回不同，两者的主要区别在于：撤回实质上是对一项尚未生效的意思表示的撤回，以阻止行为发生法律效力，遗嘱人撤回遗嘱的目的就是阻止遗嘱生效；撤销是对原先作出的已经生效的意思表示具有溯及力的消灭。遗嘱是死因法律行为，在遗嘱人死亡时生效，所以遗嘱人

---

① 如《日本民法典》在第1022条规定，遗嘱人可以依遗嘱的方式随时撤销遗嘱的全部或一部。本条规定中的“撤销”实为撤回。我国台湾地区也规定遗嘱人得随时依遗嘱之方式撤回遗嘱之全部或一部。

不可能在遗嘱生效后即其死后对遗嘱进行撤销，或者说对于遗嘱人而言根本不存在自己行使遗嘱撤销权的问题。撤回是对还未生效的法律行为予以撤回。由此也可以看出，《民法典》本条规定在法条表述上以遗嘱撤回代替原来的遗嘱撤销具有合理性。

（二）遗嘱的变更

遗嘱的变更，是指遗嘱人在遗嘱设立后，对原立遗嘱的部分内容进行改变的行为。遗嘱的变更包括内容的变更和形式的变更。

需要指出的是，无论是遗嘱人撤回还是变更遗嘱，都具有严格的人身专属性，只能由遗嘱人独立自主决定是否以及以何种方式撤回或者变更遗嘱，故必须由遗嘱人本人亲自作出，不得代理，且遗嘱人必须具有完全民事行为能力。如果代理撤回或者变更遗嘱，该撤回或者变更行为将归于无效，不产生撤回或者变更的法律效果。此外，如果遗嘱人在立遗嘱时有完全民事行为能力，但变更遗嘱时民事行为能力不完全，则变更无效，原立的遗嘱仍然有效。此外，撤回或者变更遗嘱必须出于遗嘱人的真实意愿，即没有受到他人的欺诈和胁迫，且遗嘱人撤回或者变更遗嘱内容时，同样不得剥夺缺乏劳动能力又没有生活来源的继承人的必要的遗产份额，否则将不发生撤回或者变更遗嘱的法律后果。

二、遗嘱撤回和变更的方式

遗嘱人只要出于其本意，且符合法律规定，可以于遗嘱设立后的任何时间撤回或者变更所立的遗嘱，无需征得任何人的同意。

一般认为，撤回或者变更遗嘱须以要式方式进行，具体可以分为明示和默示两种方式。

（一）明示方式

明示方式，是指遗嘱人依法律规定的设立遗嘱的方法，以明确的意思表示撤回、变更遗嘱。例如，遗嘱人以明确的方式单独声明或者在原遗嘱上声明撤回原立遗嘱或者对部分内容进行修改。

本条以及我国其他现行法并未规定遗嘱明示撤回时一定要以遗嘱形式撤回，即没有规定明示遗嘱撤回的具体形式要件。对此，学界观点存有争议。

总体来看，有学者建议严格遗嘱撤回的形式要件要求，明确应当以遗嘱的形式撤回遗嘱；[①]也有学者没有明确要求遗嘱必须以遗嘱的形式撤回。[②]

在立法例上，规定也不尽相同。例如，《德国民法典》第2254条规定遗嘱的撤回，以遗嘱为之。[③]《日本民法典》第1022条规定遗嘱人可以依遗嘱的方式随时撤销遗嘱的全部或一部。[④]《瑞士民法典》第509条规定，被继承人可采用法定的遗嘱形式撤回遗嘱。[⑤]《法国民法典》第1035条规定，遗嘱，仅得以日后重新订立的遗嘱，或者以在公证人前作成的载明改变意愿之申明的文书，全部或一部分取消之，并在司法判决中进行了补充。[⑥]在我国台湾地区则规定了遗嘱人可以遗嘱的方式部分或全部地撤回遗嘱。

法律规定遗嘱是要式行为，旨在保证实现遗嘱人的真实意思。遗嘱设立和遗嘱生效之间往往有一定的时间差，遗嘱在遗嘱人死亡后方可生效，而一旦遗嘱人死亡后，如果没有一定的遗嘱形式，只凭相关人的口述很难确定遗嘱的内容，所以须将遗嘱归为要式法律行为。设立遗嘱须为要式行为，而撤回、变更遗嘱和设立遗嘱均为遗嘱人对其财产的处分，因此遗嘱的撤回、变更应与设立遗嘱一样，须符合法律规定的形式要件，即以遗嘱形式撤回为宜。

（二）默示方式

默示方式也称法定撤回方式，是指遗嘱人虽然未以明确的意思表示撤回或者变更遗嘱，但法律根据遗嘱人的行为推定遗嘱人撤回或者变更了遗嘱。遗嘱撤回或者变更的效力在于使原来遗嘱的内容不发生效力，而以撤回或者变更后的遗嘱内容为遗嘱人的真实意思表示。目前，法律根据遗嘱人的行为推定遗嘱人撤回或者变更了遗嘱的情形主要有以下三种情况：

---

① 梁慧星主编：《中国民法典草案建议稿》（第二版），法律出版社2011年版。

② 王利明主编：《中国民法典学者建议稿及立法理由：人格权编·婚姻家庭编·继承编》，法律出版社2005年版；陈苇：《〈中华人民共和国继承法〉修正案建议稿》，载《私法》2012年第2期，华中科技大学出版社2012年版。

③ 参见《德国民法典》，陈卫佐译注，法律出版社2015年版。

④ 参见《最新日本民法》，梁涛编译，法律出版社2006年版。

⑤ 参见《瑞士民法典》，于海涌译，法律出版社2016年版。

⑥ 参见《法国民法典》，罗结珍译，北京大学出版社2010年版。

1.遗嘱人立有数份遗嘱，其内容相抵触的，推定其撤回或者变更原立遗嘱。根据本条第3款的规定，“立有数份遗嘱，内容相抵触的，以最后的遗嘱为准”，这意味着如果立有数份遗嘱，后立的遗嘱内容与先立的遗嘱内容完全抵触，这相当于遗嘱人撤回了原立遗嘱；如果后立的遗嘱内容与先立的遗嘱内容部分抵触，则相当于遗嘱人就抵触部分变更了原立遗嘱。当然，如果数份遗嘱内容并无抵触，应当认定数份遗嘱都有效。因为被继承人的财产在其死亡前一般处于变化的状态，遗嘱人在设立遗嘱时对其个人财产处分的考虑一次或许无法周全，出现不同遗嘱处分财产也属正常，如果前后数份遗嘱内容并无抵触，一定程度上或许还可以相互补充，立法自无禁止必要。

《继承法》赋予公证遗嘱比其他形式的遗嘱更高的法律效力，由此《继承法意见》第42条又作了进一步解释，规定在自书遗嘱、代书遗嘱、录音遗嘱、口头遗嘱四种遗嘱形式之间，可以相互变更先立的不同形式或者相同形式的遗嘱；但对于公证遗嘱，必须以公证遗嘱的方式变更，即自书、代书、录音、口头遗嘱方式均不能用作变更先立的公证遗嘱方式，而公证遗嘱方式则可以用作撤回或者变更先立的自书、代书、录音、口头遗嘱等遗嘱方式。现《民法典》在本条中已经废除公证遗嘱效力优先原则，改以最后所立遗嘱效力优先，因此，目前《民法典》规定的七种法定遗嘱方式，只要符合相关形式的有效要件要求，均可以作为撤回或者变更先立遗嘱的遗嘱方式。这一态度基本与多数立法例上的安排一致。例如，《德国民法典》第2258条第1款规定，在后遗嘱与前遗嘱相抵触限度内，原遗嘱因后遗嘱的作成而废止。[①]《法国民法典》第1036条也规定，日后重新订立的遗嘱如未明确取消以前所立的遗嘱，以前订立的遗嘱仅有与新遗嘱不相符合或抵触的条款无效。[②]

另外，需要注意的是，除公证、自书遗嘱外，撤回或者变更其他形式的遗嘱时，都必须有两个以上的见证人在场见证。

2.遗嘱人生前的行为与遗嘱的内容相抵触的，推定其撤回或者变更原立

---

① 参见《德国民法典》，陈卫佐译注，法律出版社2015年版。

② 参见《法国民法典》，罗结珍译，北京大学出版社2010年版。

遗嘱。根据本条第2款的规定，立遗嘱后，遗嘱人实施与遗嘱内容相反的民事法律行为的，视为对遗嘱相关内容的撤回。如果遗嘱人实施的民事法律行为与原立遗嘱内容完全相反的，就相当于撤回了原立遗嘱。《继承法意见》第39条也作了类似规定。例如，遗嘱人生前的民事法律行为使原立遗嘱处分的财产在继承开始前灭失，部分灭失或者所有权转移、部分所有权转移的，就视为原立遗嘱被撤回或者变更。须注意的是，本条第2款规定的是"遗嘱人实施与遗嘱内容相反的民事法律行为的"，这一规定排除了遗嘱人实施与遗嘱内容相反的"事实行为"的情形。但在解释适用上，还是以进行目的性扩张为宜，如遗嘱人将遗嘱处分的房屋实施了拆除行为而致房屋灭失的，也应当视为遗嘱人撤回了遗嘱。

3.遗嘱人故意销毁遗嘱。遗嘱人的这一行为也被称为物质撤回。遗嘱人故意销毁遗嘱的行为显然反映了遗嘱人已经不想使原立遗嘱发生法律效力。对此，立法例上也多予以规定。例如，我国台湾地区规定，遗嘱人故意破毁或涂销遗嘱，或在遗嘱上记明废弃之意思者，其遗嘱视为撤回。

需要指出的是，遗嘱人销毁遗嘱的程度不同，其法律后果也可能有所不同。销毁可以分为整体销毁和部分销毁：整体销毁如将遗嘱烧毁、撕碎，部分销毁如将遗嘱部分撕毁，前者会使遗嘱整体撤回，后者如果被撕毁的部分不影响遗嘱的整体效力，剩余部分应该仍然有效。在司法实践中，对于销毁遗嘱的是签名、时间、遗产整体分配比例等内容的，一般会认定为直接影响遗嘱的效力，可能导致遗嘱全部被撤回。

在司法实践中，还需要注意遗嘱人非故意销毁遗嘱的情形。例如，遗嘱人误将遗嘱当成其他文件而意外销毁，或者遗嘱人成为非完全民事行为能力人后销毁遗嘱。在这种情形下，遗嘱人虽有外在的销毁行为，却无撤回或者变更遗嘱的意思存在，撤回或者变更遗嘱的行为为法律行为，而法律行为的核心要素就是意思表示，故不应当认定产生撤回或者变更遗嘱的效力。

三、各种遗嘱形式之间的效力

根据本条第3款的规定，如果遗嘱人以相同或者不同形式立有数份遗嘱，并且这些遗嘱的内容相抵触的，以最后的遗嘱为准。这一点与《继承法》的规定不同。

依《继承法》及《继承法意见》第42条的规定，只要有公证遗嘱的，以最后所立的公证遗嘱为准；没有公证遗嘱的，以最后所立的遗嘱为准。也就是说，《继承法》赋予了公证遗嘱比其他形式遗嘱更高的法律效力。在这样的规定情形下，遗嘱人无论撤回还是变更遗嘱，都不能以其他形式的遗嘱撤回或者变更原立的公证遗嘱。学界普遍认为这样的规定不甚合理，甚至认为赋予公证遗嘱以优先效力实质上与公证制度的目的相违背。

因为在生活中，由于某种原因使得遗嘱人最初的意志发生变化而需要重新考虑并重新立遗嘱是很正常的，用新遗嘱否定旧遗嘱也是遗嘱人意思自治和遗嘱自由原则的体现。如果遗嘱人已设立了公证遗嘱后需要“废旧立新”，就因为没有或来不及再立新的公证遗嘱而导致后立的其他形式的遗嘱均归于无效，这实际上违反了遗嘱自由原则，限制了遗嘱撤回权的行使，可能导致遗嘱人的最终真实意志无法实现，不利于保护遗嘱人的权利和自由。而且，在社会实践中，公证遗嘱的办理流程及复杂的撤回程序一直被诟病，尤其是在遗嘱人发生紧急情况时，再经过复杂、费时的公证程序撤回或者变更公证遗嘱内容相当不现实。此时，如果严格按照公证遗嘱效力优先的法律规定，无法真正确保立遗嘱人的真实意愿得到尊重和执行。为此，《民法典》编纂中没有保留公证遗嘱的优先效力规则，本条第3款实质上是否定了公证遗嘱效力优先原则，确定遗嘱人所立数份遗嘱内容相冲突的，以最后所立遗嘱效力优先，这样规定可以避免出现遗嘱人在紧急情况下有修改公证遗嘱的意愿，但却因无法及时通过公证程序而不能表达自己真实意愿的问题，既考虑到了立遗嘱人的自身情况和需要，也有利于体现意思自治。

举证责任

如果有数份内容相抵触的遗嘱，能够提供自己据以主张获得遗产的遗嘱为最后所立的遗嘱的，除非争议的相对方提出该被继承人最后所立的遗嘱不符合遗嘱的形式要件，或者遗嘱的内容违反法律、行政法规的强制性规定，或者违背公序良俗，或者设立该遗嘱时被继承人已经成为非完全民事行为能力人等反证，否则，应依该最后所立的遗嘱分配遗产，剩余遗产依法定继承分配。

如果持有以自己为继承人或者受遗赠人的遗嘱者主张依遗嘱获得遗产，已经获得该遗产的物权的争议相对方，需要提供证据证明自己获得相应权利是遗嘱人实施与遗嘱内容相反的民事法律行为的结果，即证明原告所持有的遗嘱已经被撤回。

三 其他问题

对于出现遗嘱人立有数份内容互相矛盾的遗嘱，且遗嘱又没有注明设立的日期，当事人无法确定设立时间先后时的遗嘱效力问题，实务和理论观点各异。例如，在英国的判例中，订立新的遗嘱或者附录是否产生撤回遗嘱的效力，需要法官进行解释，其原则是尽可能使存在的不同遗嘱都能成立。但是，如果多份遗嘱的内容相互抵触且无法识别多份遗嘱订立的先后顺序时，大多裁判该多份遗嘱都不生效。在学界，有观点认为应当认定遗嘱都有效，应该执行其中的一份，对另外一方进行相关救济；有观点认为依照有效解释的原则，除非遗嘱内容不能同时执行外，应当解释为均有效；有观点认为应当认定为无效；还有观点认为，为了兼顾继承人、受遗赠人的利益和遗嘱人的遗嘱意思，在遗嘱内容相互抵触的情形下，由遗嘱的受益人共有受遗赠权。①

在我国司法实践中，一般认定数份遗嘱全部无效，遗产按法定继承方式来处理。例如，在“宋某1、宋某2等与刘某继承纠纷案”中，针对当事人提供的遗嘱，法院认为：“宋某所立遗嘱上仅有宋某的签名，无具体日期，不符合法律规定的自书遗嘱的形式要件，结合宋某生前立有数份遗嘱，无法确认该份遗嘱系宋某的最终意思表示，本院对该份遗嘱亦不予采信。宋某1等五人要求按照上述协议及遗嘱内容继承涉案房产，本院不予支持。在无有效遗嘱的情况下，根据法律规定应按照法定继承处理……”②

---

① 林秀雄：《民法继承篇第十一讲遗嘱之撤回》，载《月旦法学教研室》2010年第25期。

② 见江苏省徐州市中级人民法院（2019）苏03民终601号民事判决书。

第一千一百四十三条【遗嘱的无效】

无民事行为能力人或者限制民事行为能力人所立的遗嘱无效。

遗嘱必须表示遗嘱人的真实意思，受欺诈、胁迫所立的遗嘱无效。

伪造的遗嘱无效。

遗嘱被篡改的，篡改的内容无效。

历史由来

本条继承了《继承法》第22条的规定，作了两处修改：一是将“无行为能力人或者限制行为能力人”修正为“无民事行为能力人或者限制民事行为能力人”；二是将“受胁迫、欺骗所立的遗嘱无效”修改为“受欺诈、胁迫所立的遗嘱无效。”

由民法典编纂过程看，《民法典继承编（草案）》（征求意见稿）第25条与《民法典继承编（草案）》（一审稿）第922条均完全继承了《继承法》第22条的规定。《民法典继承编（草案）》（二审稿）第922条则作出以上两项修改。之后的《民法典（草案）》第1143条未再作任何修改。

规范目的或功能

法的价值目标一直是多元的，但在诸多价值目标中，总有一个核心价值。就遗嘱继承制度而言，自由价值自然是其核心价值。毋庸置疑，遗嘱继承制度的自由价值的实现需要以尊重被继承人自由意志为制度设计的准则与根据。但是，从平衡遗嘱人意愿与其近亲属利益、维护社会公序良俗，以及保护社会公平等方面考虑，需要立法对这样的个人自由意志确定一定的边界。为此，无论大陆法或英美法传统的国家和地区，普遍采取措施对遗嘱自由进行一定限制。本条对于遗嘱无效的法定情形规定就是这样一种安排。

被继承人可以通过遗嘱处置自己的财产并不意味着被继承人可以随心所欲地将其财产给任何人或不给任何人，也不意味着凡是遗嘱就一定要得到执行。遗嘱必须在遗嘱能力、内容和形式等方面符合法律规定的一定条件，才具有法律效力，无效的遗嘱不具有执行效力。本条是关于导致遗嘱无效情形的规定，实质上明确了两类遗嘱无效的实质要件：一是因无立遗嘱能力导致的无效；二是违反遗嘱人真实意思表示导致的无效。本条对于违反设立遗嘱的形式要件规定设立的遗嘱、违反法律和行政法规强制性规定设立的遗嘱、违背公序良俗设立的遗嘱、处分了遗嘱人无权处分的财产的遗嘱等的效力问题，未作特别规定，但这不影响结合相关立法对遗嘱的效力进行判断。

规范内容

一、遗嘱能力不足导致的无效

本条第1款明确了遗嘱人的立遗嘱能力不足会导致遗嘱无效。民事行为能力是民事主体自己实施民事法律行为的前提。遗嘱能力，是指遗嘱人设立遗嘱时的民事行为能力。立遗嘱人在立遗嘱时，应当能够表达自己的真实意思并能正确判断自己的行为所产生的法律后果，因而需要立遗嘱人具有完全民事行为能力。

（一）我国对于遗嘱人资格的限制

对于遗嘱人的资格，立法例上多有类似限制。①而且，对于立遗嘱人立遗嘱的民事行为能力，多数国家和地区规定成年人才有立遗嘱的能力，但也有国家和地区规定一定年龄的未成年人也有立遗嘱的能力。②根据本条规定，在我国，无民事行为能力人或者限制民事行为能力人所立的遗嘱无效，这意味着实施遗嘱行为要求立遗嘱人具有完全民事行为能力，无民事行为能力人和限制民事行为能力人不具有设立遗嘱的资格，不得以遗嘱处置属于他们个人的财产。在《民法典》编纂过程中，曾经有观点提出在法典中明确规定16周岁以上的自然人可以设立遗嘱，以与我国劳动能力的法律规定相一致，但最

---

① 例如，《法国民法典》就规定，未满16岁的未成年人原则上不得为任何财产的处分……满16周岁的未成年人可以遗嘱处分其财产，但其处分的限度仅为法律许可成年人处分限度的半数。

② 如德国规定16周岁以上的未成年人，日本规定15周岁以上的未成年人，奥地利规定14岁周岁以上的未成年人就有立遗嘱的能力。

终《民法典》没有采纳这一观点。[①]不过，在解释上，依《民法典》第18条第2款的规定，16周岁以上的未成年人，以自己的劳动收入为主要生活来源的，视为完全民事行为能力人，故应当认为这种人具备以遗嘱处置自己财产的资格。在司法实践中，认定遗嘱人是否具备设立遗嘱的资格，还应注意下列问题：

1.判断遗嘱人是否具有完全民事行为能力的时点是其立遗嘱时，即应当以实施该行为时其民事行为能力的状况为标准。依《继承法意见》第41条的规定，无民事行为能力人和限制民事行为能力人所立的遗嘱，即使其本人后来具有了完全民事行为能力，其之前所立的遗嘱仍属无效遗嘱。相反，如果遗嘱人立遗嘱时有完全民事行为能力，之后丧失或者部分丧失了民事行为能力，成为不完全民事行为能力人，也并不因此影响其之前所立遗嘱的效力。[②]

2.判断遗嘱人是否具有完全民事行为能力，设立遗嘱的资格仅与遗嘱人的年龄、智力和精神健康状况有关，除此以外的其他疾病或者残疾不影响自然人的民事行为能力。因此，盲、聋、哑等残疾人具有立遗嘱的资格，允许他们以遗嘱方式处分自己的财产。需要注意的是，鉴于患盲、聋、哑等生理疾病的人因其身体条件的特殊性，在司法实践中，应尽可能探求其设立遗嘱是否体现其内心真实意思。

3.成年人因不能或者不能完全辨认其行为而不具有完全民事行为能力，经法院依法宣告为无民事行为能力人或者限制民事行为能力人，自然不具有设立遗嘱的资格。但是，在司法实践中，对于被宣告为无民事行为能力人或者限制民事行为能力人的成年人，在其病愈后未经法院撤销该宣告而设立的遗嘱是否有效的问题，鉴于我国继承法上没有明文规定，学界对此有不同观

---

① 我国显然是采取遗嘱能力和民事行为能力完全一致的方式，规定限制民事行为能力人和无民事行为能力人所立遗嘱无效。但立法例上也有采取遗嘱能力和民事行为能力相区别的方式。例如，在韩国，认为遗嘱能力最主要的是判断能力或意思能力而不是民事行为能力，并规定17周岁（韩国的成年年龄是20周岁）的未成年人也有立遗嘱的资格，另外限定治产者和禁治产者（精神状态的薄弱与丧失）恢复意思能力时也有立遗嘱的资格。

② 也有学者提出，应当肯定限制民事行为能力人订立的与其“智力、精神健康状况相适应”的遗嘱的效力。参见李昊：《民法典继承编草案的反思与重构》，载《当代法学》2019年第4期。但遗嘱涉及身后财产的处分，意义重大，本条规定还是采取了谨慎的态度。

点：有观点认为只要未经宣告为有完全民事行为能力的，就不具有设立遗嘱的资格，其所设立的遗嘱应当被确认为无效；也有观点认为非完全民事行为能力的成年人在治愈后能够正确表达自己的意思时所立的遗嘱，经审查确实反映了本人的真实意思的，也应被认定为有效遗嘱。在这两种观点中，应当说后者的观点更符合遗嘱继承制度的确立宗旨。遗嘱人设立遗嘱的法律意义在于处分自己的财产，这是其作为民事主体享有财产所有权的一种现实体现和权利延伸。只要能够确认其在设立遗嘱时具有民事行为能力，就应认定其具有设立遗嘱的资格。在其具有设立遗嘱资格的情形下，如果该遗嘱体现了遗嘱人的真实意思，也不具有其他导致遗嘱无效的事由，就应当承认该遗嘱具有法律效力。①

（二）立遗嘱须由遗嘱人亲自进行

由于遗嘱是与立遗嘱人的人身关系有直接联系的法律行为，故立法例上一般要求立遗嘱须由遗嘱人亲自设立，而不能由代理人代为办理，第三人代理设立的遗嘱无效。不过，立法例上也有规定并不禁止由第三人代理设立遗嘱。②

二、关于违背遗嘱人真实意思表示的无效

本条第2款至第4款明确的是因遗嘱人的意思表示瑕疵而导致的遗嘱无效。因为遗嘱是自然人生前处分自己身后财产的单方法律行为，具有改变法定继

---

① 当然，对于被宣告为无民事行为能力人或者限制民事行为能力人的成年人，在其病愈后未经法定程序撤销该宣告而设立的遗嘱的法律效力发生争议时，应当由主张遗嘱有效的当事人出具医疗机构的权威性医疗结论作证据。对此，立法例上多有类似做法。例如，《日本民法典》第973条规定："（1）成年被监护人，在一时之间恢复了辨识事理的能力而要订立遗嘱时，须有二名以上医师列席。（2）订立遗嘱时列席的医师，须在遗嘱上附记，关于遗嘱人在订立遗嘱时并不因精神上的障碍而欠缺辨识事理能力的内容，并须对此签名、盖章。但以密封证书订立遗嘱时，须在其封面上记载该项内容，并签名、盖章。"参见梁涛编译：《最新日本民法》，法律出版社2006年版，第212页。

② 例如，《葡萄牙民法典》明确遗嘱继承与法定继承一样均可以通过代理行为完成，但有三种情况作为例外：（1）已经指定了对法定继承人和受遗赠人的代位人；（2）涉及信托代位；（3）有关用益权和其他享有债权的遗赠。

承关系的效力。遗嘱人立遗嘱旨在反映其处分自己身后财产的意思，故只有遗嘱人自愿作出并反映其真实意思的遗嘱才能发生法律效力。遗嘱人真实的意思表示需要在没有外在压力的情况下作出，因此，遗嘱人在受欺诈、胁迫的情况下所立的遗嘱，或者是他人伪造的遗嘱，以及被篡改的遗嘱，都是无法反映甚至是违背遗嘱人的真实意思的。

（一）受欺诈、胁迫所立的遗嘱无效

欺诈，是指当事人一方用歪曲或者捏造虚假事实的手段，使对方当事人陷入错误认识。受欺诈所立的遗嘱，是指被继承人因他人故意提供虚假事实而产生错误认识，在此基础上作出有利于制造虚假情况的人的遗嘱。

胁迫，是指当事人一方以不正当的手段预示要使对方在生命、财产、名誉等方面遭受损害，使对方当事人产生恐惧心理，从而作出违背自己真实意愿的意思表示。受胁迫所立的遗嘱，是指在直接受到威胁、强迫的情况下，被继承人产生恐惧心理，屈服于压力而违心地设立的遗嘱。

因受欺诈、胁迫设立的遗嘱都不是遗嘱人真实的意思表示，故遗嘱人受欺诈、胁迫情形下所立的遗嘱一律无效，不产生法律效力。

（二）伪造的遗嘱无效

伪造遗嘱，是指由他人假借遗嘱人的名义设立的遗嘱。伪造的遗嘱不是被继承人所订立的，并不反映被继承人的真实意思，属于侵害遗嘱人和继承人权益的行为，这样的遗嘱无效。

（三）遗嘱被篡改的，篡改的内容无效

篡改遗嘱，是指将遗嘱人所立的遗嘱在内容上作出改变。遗嘱被篡改的，所篡改的内容无效，但未被篡改的部分仍然反映遗嘱人的真实意愿，仍具有法律效力。

三、其他遗嘱无效的情形

根据有关法律的规定，还有其他可能导致遗嘱无效或者“视为无效”的情形。

（一）遗嘱的内容违反法律、行政法规的强制性规定，或者违背公序良俗

《民法典》第153条第1款明确规定违反法律、行政法规的强制性规定的民事法律行为原则上无效。遗嘱作为一种民事法律行为，在继承法无特别规定的情形下，应当适用该规定予以解释。此外，遗嘱的内容也不得违反法律、行政法规专门针对遗嘱所作的强制性规定。例如，为保护未成年人、无劳动能力人及胎儿等缺乏劳动能力又没有生活来源的继承人的合法利益。《民法典》第1141条也规定："遗嘱应当为缺乏劳动能力又没有生活来源的继承人保留必要的遗产份额。"这是对遗嘱继承的强制性规定，在遗产处理时，应当首先为该继承人留下必要的遗产，剩余的部分再参照遗嘱确定的分配原则处理。如果遗嘱没有保留该必要的份额，对应当保留的必要份额的处分当然无效。需要注意的是，无劳动能力的人是指被继承人死亡时没有劳动能力的人，而非立遗嘱时无劳动能力的人。如果遗嘱设立后至被继承人死亡时这一段时间里，无劳动能力的人已经转变为有劳动能力的人，则不影响遗嘱的效力。

依《民法典》第153条第2款的规定，违背公序良俗的民事法律行为无效。遗嘱作为一种民事法律行为，违背公序良俗设立的遗嘱自然也无效。但是，在司法实践中如何把握和认定遗嘱人设立遗嘱的行为是否违背公序良俗，是一个难题。"黄某诉蒋某某追索财物案"中，对案涉遗赠以违反社会公德为由认定无效的裁判曾经引起强烈的社会反响，褒贬不一。[①]有观点认为，该案涉遗嘱完全是立遗嘱人真实意志的体现，符合《继承法》的规定，应当是合法有效的，驳回原告的诉讼请求是对意志自由的严重侵犯；也有观点认为，该遗赠行为虽然符合《继承法》的规定，但它却违反了《民法通则》规定的"社会公德"这一基本原则，如允许遗赠人通过遗嘱将自己的财产遗赠给"第三者"，违背了社会的公序良俗，易滋长社会不良风气，因此，应当是无效的。[②]其中，对于案涉遗赠行为是否违背《民法通则》规定的"社会公德"原

---

① 四川省泸州市纳溪区人民法院（2002）纳溪民初字第594号民事判决书；四川省泸州市中级人民法院（2002）泸民终字第461号民事判决书。

② 沈幼伦、孙霞：《论遗嘱自由与尊重社会公德——兼谈某"第三者"遗嘱纠纷案》，载《法学论坛》2002年第3期。

则的认定，是案件的争议焦点。该案的判决不仅反映了当时我国司法实践对这一类案件的审判态度，同时也引领了之后直到现在的司法实践。对于这一判决，在《民法典》实施的背景下，更值得仔细研究，以便在司法实践中正确适用公序良俗原则。

在德国《联邦最高法院民事裁判集》中记载有一个与我国上述案件的案情几乎完全相同的案件，但其判决结果却与我国法院的判决完全相反。德国联邦最高法院就被继承人在剥夺其妻子继承权的情况下立他的情妇为单独继承人的遗嘱行为，没有因为一个人总体行为存在着可责难性而宣告其一切行为均具有可责难性，也没有因为一个人的总体行为是善良的而判定其一切行为均是值得肯定的，而是从具体探求当事人的动机角度出发，指出："在民法典第138条的框架下，关键的问题并不在于对某一个人的行为进行评判，并对某种不道德的行为进行制裁，而仅仅在于判断某项法律行为是否违反了善良风俗……如果被继承人立其情妇为继承人旨在酬谢其满足自己的性欲或者在决定或加强这种两性关系的继续，那么这种行为通常被认为是违反善良风俗的；相反，如果被继承人具有其他动机，即如旨在给其情妇提供生活保障，则这种行为通常就是有效的。"[①] 这种做法值得我们反思和参酌。

（二）形式要件欠缺

遗嘱形式是法律对遗嘱成立的外部方式所提出的要求。遗嘱形式对遗嘱是否成立和有效也相当重要。我国《民法典》规定了七种法定的遗嘱形式，对不同方式所立的遗嘱，有各不相同的形式要求。尤其是为了保证代书遗嘱、打印遗嘱、录音遗嘱、录像遗嘱和口头遗嘱的真实性，《民法典》第1135条至第1138条规定必须有两个以上的见证人在场见证，并且《民法典》第1140条还对遗嘱见证人的范围进行了限制性规定。此外，对于公证遗嘱，口头遗嘱立法上还作了更加严格的要求，如口头遗嘱必须是在危急情况下才可以订立，且危急情况消除后，遗嘱人能够以书面或者录音录像形式立遗嘱的，所立的

---

① ［德］迪特尔·梅迪库斯：《德国民法总论》，邵建东译，法律出版社2001年版，第514—516页。

口头遗嘱就无效。如果遗嘱欠缺法律规定的形式要件，会导致遗嘱无效，所涉遗产就应当按照法定继承办理。

（三）遗嘱继承人先于被继承人死亡的影响

《民法典》第1128条对代位继承作了规定。依该规定，被继承人的子女先于被继承人死亡的，由被继承人的子女的直系晚辈血亲代位继承；被继承人的兄弟姐妹先于被继承人死亡的，由被继承人的兄弟姐妹的子女代位继承；代位继承人一般只能继承被代位继承人有权继承的遗产份额。因为代位继承只适用于没有遗嘱继承和遗赠情况下的法定继承，故如果遗嘱继承人先于被继承人死亡，遗嘱此时并未生效，遗嘱指定的应继承份额应按照法定继承办理，并不能由该遗嘱继承人的晚辈直系血亲代位继承，这实质上相当于该遗嘱不具有法律效力（视为无效）。

（四）遗嘱处分了遗嘱人无权处分的财产

依《民法典》第1122条的规定，遗产是自然人死亡时遗留的个人合法财产，故自然人立遗嘱时只能对自己的合法财产享有处分权，不得以遗嘱处置公共财产、他人财产或共有财产中属于他人的份额。在司法实践中，因无权处分他人财产引发的遗嘱继承纠纷颇为常见，法官多以侵犯他人合法权益为由认定遗嘱无效。[①]常见的因遗嘱人无权处分引发的纠纷主要有处分共有财产、抚恤金、保险金等。例如，对于夫妻间的共有财产，首先应当将共同所有的财产的一半分出为配偶所有，其余的才能立遗嘱进行处分；抚恤金是对被继承人家属的精神关怀和物质帮助，不是被继承人生前的个人财产，故不能依遗嘱人的意思进行处分；对于保险金，如果投保人在人身保险合同中已指定了受益人，遗嘱人就不得以遗嘱的方式另行处分。

需要注意的是，对将自己无权处分的财产进行了处分的遗嘱，只导致该

---

① 例如，在“乔某甲诉乔某乙确认遗言无效纠纷案”中，法院认为，原告乔某甲虽系聋哑人，但其已成年，具有完全民事行为能力，被告乔某乙在无原告乔某甲授权的情况下无权处分原告乔某甲的个人财产，其所立遗言处分原告乔某甲的个人财产属无权处分行为，该处分行为无效。陕西省合阳县人民法院（2013）合民初字第00358号民事判决书。

无权处分部分遗嘱内容无效，并不因此影响遗嘱其他部分的效力。

（五）受效力更高的遗赠扶养协议的影响

当遗赠扶养协议和遗嘱并存时，遗赠扶养协议在遗赠人生前一经签订即发生法律效力，扶养人就须依协议履行扶养遗赠人的义务，双方不得随意变更或撤销；而遗嘱是于遗嘱人死亡时才发生法律效力的单方民事法律行为，在遗嘱发生效力以前遗嘱人可以随时单方面变更或撤销其所立的遗嘱。因此，《民法典》第1123条明确规定遗赠扶养协议的效力优于遗嘱，即继承开始后，按照法定继承办理；有遗嘱的，按照遗嘱继承或者遗赠办理；有遗赠扶养协议的，按照协议办理。由此可知，一个有效的遗赠扶养协议会导致遗嘱中对遗赠扶养协议中已处分财产的部分不发生效力（视为无效）。

（六）因多份遗嘱内容冲突而受影响

《民法典》第1134条至第1139条共规定了七种遗嘱的法定形式：自书遗嘱、代书遗嘱、打印遗嘱、录音遗嘱、录像遗嘱、口头遗嘱和公证遗嘱。《民法典》第1142条也对数份遗嘱情形下的遗嘱效力顺位作了规定，即立有数份遗嘱，内容相抵触的，以最后的遗嘱为准。

因遗嘱是于遗嘱人死亡时才开始发生法律效力的单方民事法律行为，在遗嘱发生效力前遗嘱人可以随时变更或撤销其所立的遗嘱，因此一个遗嘱人出现多份遗嘱的现象在实践中并不少见，如果多份遗嘱处分财产的内容并不冲突，就不存在无效的问题，反而可以互补；但如果多份遗嘱处分财产的内容存在冲突，就必然导致效力较低的遗嘱会因为与有更高效力的遗嘱内容有冲突而无效。

（七）遗嘱人生前对自己财产的处分导致的失效

遗嘱是于遗嘱人死亡时才开始发生法律效力的单方民事法律行为。依《民法典》第1142条的规定，遗嘱人可以撤回、变更自己所立的遗嘱；立遗嘱后，遗嘱人实施与遗嘱内容相反的民事法律行为的，视为对遗嘱相关内容的撤回。因此，如果遗嘱人生前对财产的处分行为致使遗嘱处分的财产在继承开始前灭失、部分灭失或所有权转移、部分转移的，遗嘱视为被撤回或部分撤回，不发生法律效力（视为无效）。

（八）受债务清偿的影响

《民法典》第1161条规定，继承人以所得遗产实际价值为限清偿被继承人依法应当缴纳的税款和债务。超过遗产实际价值部分，继承人自愿偿还的不在此限。由此，我国实行的是限定继承原则，即接受遗产的继承人对被继承人的债务并不是承担无限责任，而是仅以遗产的实际价值为限承担清偿责任，如果被继承人的财产不足清偿其所欠的债务，则首先为缺乏劳动能力又没有生活来源的继承人保留适当遗产份额，然后依《民法典》第1161条和民事诉讼法的规定清偿债务，在清偿债务后不再有剩余的情形下，遗嘱实质上已经失去效力（视为无效）。当然，如果清偿债务后尚有剩余，剩余部分仍然可以依照遗嘱确定的分配原则处理。

举证责任

一、关于遗嘱生效时间的认定

遗嘱人（被继承人）死亡时为遗嘱生效的时间，应特别注意遗嘱生效的时间不是立遗嘱的时间。在司法实践中，应特别注意审查是否存在遗嘱继承人先于遗嘱人（被继承人）死亡的情形，因为这涉及是否适用代位继承和转继承的问题。例如，假设某甲有乙、丙、丁三个儿子作为法定继承人，因为乙对其父甲所尽赡养义务最多，而丙和丁不孝顺，故甲立遗嘱明确其遗产由乙一人继承。但乙在一次交通意外中丧生，乙有一子。此后甲未重新订立遗嘱，不久后甲也去世。于此情形，根据遗嘱继承中不存在代位继承的规定，乙的儿子就不能请求代位继承甲的遗产，甲的遗产应由丙、丁二人按照法定继承进行继承。但如果甲先于乙死亡，则乙已按遗嘱取得甲的全部遗产，丙、丁就没有继承甲的遗产的权利。在乙死后，乙自甲处继承的财产由其第一顺序法定继承人继承，即这种情形下乙的儿子可以取得乙的遗产，此为转继承。由此，在审判实践中，遗嘱人和遗嘱继承人死亡时间的认定非常重要，提出主张者和进行抗辩者都需要提供相应的死亡时间证据，法官也必须正确把握死亡时间，才能进一步确定继承人的范围及相应继承份额的分配问题。

二、关于遗嘱真伪的判断

遗嘱真实性的判断是审理遗嘱继承纠纷案件的重心和焦点。遗嘱的真实性判断不仅影响到主要事实的直接证据认定，也影响到对特定遗嘱继承法律关系是否存在的认定，而这些都可能决定案件的实体结果。当遗嘱本身的真伪存在争议而需要提交司法判定时，其认定程序具有复杂性和多元性。目前，除了一般性地规定双方当事人就证据的真实性进行质证、审判人员也可以审核和认定具体证据的内容是否真实以及普遍强化了鉴定意见的庭审质证程序之外，我国现行规范并未就遗嘱真伪的认定程序作出特别规定。

首先，值得注意的是，我国现行规范赋予了公文文书以优先于普通证据的特殊证明力。例如，依《民事诉讼法解释》第93条第1款第5项至第7项规定，已为人民法院发生法律效力的裁判所确认的事实、已为仲裁机构生效裁决所确认的事实，以及已为有效公证文书所证明的事实，不必由当事人举证证明，而是由相对方提供推翻这些公文文书所确认的待证事实不存在的证据。必要时，人民法院可以要求制作文书的机关或者组织对文书的真实性予以说明。

其次，需要关注的是，遗嘱真伪之所以成为一些遗嘱继承纠纷中的争点，在多数情况下都是源于相对方基于种种理由提出质疑。因此，一般而言，遗嘱真伪判断应以遗嘱提出的相对方就遗嘱真伪明确表态为前提。相对方拒绝表态的，遗嘱可以直接被认定为真，也就不必考虑遗嘱真伪的客观证明责任。只有相对方表态了，法院在程序推进上才有判断是否委托鉴定的必要。对此，《民事诉讼证据规定》第4条也作了明确规定："一方当事人对于另一方当事人主张的于己不利的事实既不承认也不否认，经审判人员说明并询问后，其仍然不明确表示肯定或者否定的，视为对该事实的承认。"

在相对方否定了遗嘱的真实性后，承担客观证明责任的一方相应地也应当承担提出证据的主观证明责任。例如，如果原告提供了关于自己应继承财产的遗嘱，而被告质疑遗嘱的真实性，就完成了对遗嘱真伪的表态。如果此时当事人提供及法院依职权调取的鉴定资料均不满足鉴定条件，因而无法鉴定真伪，则应当由主张权利的原告承担证明责任，或者说由原告承担无法证明时的不利后果。对此，《民事诉讼证据规定》第31条第2款也作了明确规定："对需要鉴定的待证事实负有举证责任的当事人，在人民法院指定期间内无正当理由不提出鉴定申请或者不预交鉴定费用，或者拒不提供相关材料，致使待证事实无法查明的，应当承担举证不能的法律后果。”

最后，在具体证明技术上，由于遗嘱附有制作人的签名，此时原告既可以通过其他间接证据证明遗嘱的真实性，又可以在证明对象上将遗嘱的真实性问题转变为签名的真实性问题，还可以提请法院综合考量案件中的具体情况，比如代书人和见证人的证言内容、各方诉讼参与人的陈述有无矛盾之处、有无盖然性较高的日常生活经验法则，等等，认定原告是否已经满足了其应当承担的客观证明责任等。

其他问题

一、遗嘱无效的请求、确认程序及法律后果

本条只用列举的方式规定了遗嘱无效的法定情形，但对于主张遗嘱无效的请求权人范围、遗嘱无效的确认程序以及遗嘱无效的法律后果等均未明确。

（一）主张遗嘱无效的请求权人范围

一般而言继承开始后，下列人员可以提出确认遗嘱无效的请求：（1）法定继承人；（2）法定继承人以外的遗产取得人；（3）被继承人的债权人。

（二）遗嘱无效的确认程序

对于遗嘱无效的确认程序，我国立法目前没有规定。立法例上有明确规定者，例如，依《俄罗斯联邦民法典》第1131条的规定，无效遗嘱的认定按照被遗嘱侵犯的权利人和合法利益人的诉讼请求，由法院依据民法典关于无效法律行为和可撤销法律行为的规则认定遗嘱无效。但在继承开始之前，不得对遗嘱提出异议……如果法院确认，笔误和其他非重大的违反遗嘱的设立、签署或者证明的程序并不影响对遗嘱人意思的理解，则上述情况不能成为遗嘱无效的原因。①

---

① 鄢一美：《俄罗斯民法典中继承法律规范的新变化》，载《比较法研究》2004年第2期。

在我国司法实践中，因遗嘱是否有效发生纠纷诉讼到人民法院的，人民法院一般以判决形式确认遗嘱是否有效。

（三）遗嘱无效的法律后果

无效的遗嘱，自始没有法律效力。遗嘱被确认无效的，依该遗嘱取得遗产的人应当将所取得的遗产返还给遗产管理人或者法定继承人。

二、遗嘱的解释与遗嘱效力的认定

遗嘱继承纠纷的处理，以对遗嘱的解释为基础。在遗嘱继承案件中，面对一份有疑义的遗嘱，当事人、法官等多会依自己的理解对遗嘱进行解释，但最终具有决定性意义的是人民法院作为裁判机关依据其法定的裁判权对遗嘱内容的确切含义所作出的说明，实质上是人民法院对案件事实的一种认定，这种认定是处理遗嘱继承案件绝大多数重要问题的先决条件，如判断遗嘱是否有效、确定继承人和遗产份额等均有赖于此，所以这种认定也是实现遗嘱法律效果的基础，在遗嘱案件的审理中具有特别重要的地位。①

继承法作为处分、转移个人遗产的法律制度，是从对个人所有权尊重角度表达和实现对人的终极关怀的法律手段。对所有权的尊重如同对人的生命、身体的尊重一样都是对其人之为人的精神本质和人格尊严的尊重。因为所有权的意义不仅仅是人生存的物质保障，更是人的主体性认同以及个人人格评价的外在表现形式。不仅如此，所有权因与人的自由意志的紧密联系而堪称与自由具有密切关系的基本权利，它不仅是所有权人实现自由的方式和手段，还是表达自由意志的途径和工具。所有权是不可侵犯的，与其说是所有权标的物本身不可侵犯，不如说是所有权人对标的物支配的自由意志，以及借助所有权实现的个人自由的诉求。②

在私权发达的社会，个人对自己的财产拥有完全的自主权利，可以在不违反法律强制性规定的前提下自由处分。个人对私有财产的这种自由处分当

---

① ［德］卡尔·拉伦茨：《法学方法论》，陈爱娥译，商务印书馆2003年版，第85页。

② 郑倩：《自由价值在我国遗嘱继承制度中的定位与落实》，载《法商研究》2016年第2期。

然也包括对死后遗留财产的处分，遗嘱即是便于达至这一结果的有效工具。在当今各国和地区的继承立法中，虽然特留份、遗属供养（扶养）等制度给遗产设置了负担，使遗产承担着作为社会财产所必要的社会责任，[①]但对负担之余的遗产则首先交由遗嘱处分，只有在无遗嘱或者遗嘱未涉及的情形下才依法定继承制度来进行处理。从这个意义上看，法定继承制度实质上也是遗嘱自由的另样表现，或者说是为尊重被继承人的意思，在遗嘱继承制度没有涉足的领域，为补足遗嘱继承，而将推知的被继承人意思通过法定继承制度得以贯彻。也正因如此，尽管各国和地区的法定继承制度各具特色，但也鉴于在很多领域上人类意愿的趋同而呈现出很多共性。

从古至今，遗嘱继承制度虽历经变化，然而其主旨并没有发生变化，依旧保持着下列罗马时代就已确立的基本原则：一是遗嘱自由。具有单纯个人所有权的主体可完全按自己的意愿处分遗产，除去“特留份”之外，遗嘱人有权规定由法定继承人中的一人或数人继承其遗产，也可指定由法定继承人以外的任何个人和团体继承其遗产，并有权在指定的继承人之间将遗产做等额或不等额的分配。二是遗嘱继承不受法定继承的限制。遗嘱人有权撤销原先法定继承人的继承权利或变更可能继承自己遗产的人的先后顺序，完全按自己的意愿来排定继承顺序。三是遗嘱继承是一种指定继承，其效力高于法定继承。即财产所有人均有权用遗嘱处置部分或全部财产，无遗嘱或遗嘱无效时方可适用法定继承。

尤其需要注意的是，近现代继承法虽然保留了古代罗马法以来的遗嘱类型强制的传统，但其立法目的已经与古代法时期截然不同。确保遗嘱人真实意思表示是近现代遗嘱类型强制的首要价值目标。[②]遗嘱继承的法律效果主要在于它能使被继承人在法律允许的条件下，改变法定继承人的继承顺序和继承份额，甚至可以实质上取消法定继承人取得其遗产的资格。

---

① 大陆法系国家和地区的立法一般以特留份为主，而英美法系国家和地区则以为遗属供养或扶养为主。通常前者在其民法典规定，后者多由供养（或扶养）单行法予以专门规定。我国当前立法中没有完全意义上的特留份制度和遗属供养制度，旨在发挥类似作用的是限定条件非常严格的必继份制度。

② 孙毅：《论遗嘱类型的缓和主义进路——以〈继承法〉修改的相关理念变革为中心》，载《求是学刊》2012年第4期。

理论上关于继承发生根据的学说有多种，其中死后扶养说[①]和死者意愿说最具代表性。在我国《继承法》颁行时，受当时生产力水平的影响，社会供给难以满足社会需求。当时“社会主义财产继承的目的是为了适应家庭生产和养老育幼的家庭职能的需要，以保证社会劳动力的再生产和生产的延续”[②]，故“死后抚养说”成为继承法的核心价值观，以遗产继续履行被继承人生前的扶养、赡养义务成为当时继承法的本质属性，养老育幼、照顾病残、权利义务一致等价值观念成为这一时期继承法本质属性的真实表达。随着我国社会情况的变化，不仅个人所有的财产在数量和价值上有了极大增加，而且个人所有的财产已从单纯的生活资料演变和发展为既包含生活资料，又包含生产资料在内的混合性财产。商品经济和市场经济环境使得个人财产的范围、种类和债权债务关系日趋复杂化。在这种社会环境和条件之下，“死后扶养说”已经不具有合理性。目前“死者意愿说”已是共识，“死者意愿说”认为继承发生的根据是死者生前处分自己身后财产的愿望。[③]

所有权的权能中最核心的、最具有决定性意义的就是处分权能。遗嘱是遗嘱人事先对自己死亡后的财产行使处分权。因此，对遗嘱的维护和执行是保护遗嘱人私有财产所有权的重要方式。在我国司法实践中，当事人对遗嘱的解释有分歧的情形下，法官解释遗嘱多以死者生前处分自己身后财产的愿望作为出发点。例如，在简某甲与简某乙等遗嘱继承纠纷上诉案中，二审法院明确指出，一审法院仅根据遗言中有对继承人所有权附有限制条件而否认

---

① 死后扶养说又可称为家庭职能说。此说从家庭职能角度出发，认为死者生前对家庭成员负有扶养的义务，死后其财产仍应用来扶养家庭成员，以保障他们的生活需要。在我国的相关著述中，死后扶养说又被表述为养老育幼原则、权利义务相一致原则。参见刘春茂主编：《中国民法学·财产继承》，中国人民公安大学出版社1990年版，第30—31页；王利明、郭明瑞、方流芳：《民法新论》，中国政法大学出版社1988年版，第651—653页；佟柔主编：《继承法学》，法律出版社1986年版，第10—12页；金平主编：《民法通则教程》，重庆出版社1987年版，第344—345页；史尚宽：《继承法论》，台北1966年自版，第5页；张玉敏：《法定继承人范围和顺序的确定》，载《法学》2012年第8期。

② 刘春茂：《中国民法学·财产继承》，中国人民公安大学出版社1990年版，第41页。

③ 史尚宽：《继承法论》，台北1966年自版，第3页；罗鼎、重民：《民法继承论》，上海会文堂新记书局1946年印行，第18页；周强：《论我国继承法中的若干基本问题》，载《中国法学》1985年第2期。

被继承人罗某某通过遗嘱方式将涉案房屋的产权给予简某甲的意愿，从而否定遗言的效力，并据此对本案适用法定继承处理，显然与罗某某立遗嘱的内心真意不符……从遗言的文义来看，被继承人罗某某将涉案房屋产权遗留给简某甲的意思表示是清晰明确的……简某甲继承涉案房屋的所有权时，需尊重被继承人罗某某生前遗愿，履行遗言所确定的简某丙有居住权及未经简某乙等同意不得对涉案房屋出租或出售之义务……因为被继承人立遗嘱的本意是希望其所立的遗嘱能够生效，并能够按照遗嘱人的真意来处理遗产。遗嘱是典型的要式行为、死因行为、无相对人的单方法律行为，与合同等双方法律行为存在本质区别，故遗嘱解释不同于一般的合同解释，遗嘱的解释应当探寻被继承人的内心真意，力求符合遗嘱愿望，而非仅仅因遗嘱存在个别错误或部分歧义而轻易否定其效力。①

三、夫妻共同遗嘱的效力认定

夫妻共同遗嘱，是指夫妻共同订立，共同处分共同遗嘱人各自或共同财产的遗嘱，也称合立遗嘱。②夫妻共同遗嘱之制度意义在于限制夫妻双方遗嘱自由，形成遗产处分合意。各国和地区继承立法对夫妻共同遗嘱的态度不尽一致。立法例上有肯定者，③也有否定者。④

有学者对十省市进行实证调研显示，近七成半的多数被调查者赞同设立夫妻共同遗嘱；两成半以上的少数被调查者反对该制度。⑤目前学界对夫妻共

---

① 广东省广州市中级人民法院（2015）穗中法民一终字第2958号民事判决书。

② 杨立新：《对修正〈继承法〉十个问题的意见》，载《法律适用》2012年第8期。

③ 如德国、奥地利的民法典明文肯认夫妻共同遗嘱。英美法系国家和地区的法院判例也承认夫妻共同遗嘱的法律效力。《德国民法典》第2265—2272条，对夫妻共同遗嘱的成立、类型、效力和撤销等方面作了较为详细的规定。《德国民法典》，陈卫佐译注，法律出版社2015年版，第629—630页。

④ 如法国、瑞士、日本、匈牙利、捷克斯洛伐克等国的民法典明文禁止共同遗嘱。《法国民法典》第968条明确规定禁止当事人设立夫妻共同遗嘱，否则遗嘱无效。《法国民法典》，罗结珍译，北京大学出版社2010年版，第271—272页。

⑤ 陈苇、白玉：《我国民众财产继承习惯实证调研及其对民法典编纂之立法完善建议》，载《学术探索》2019年第11期。

同遗嘱的态度也不一致，有学者赞同设立夫妻共同遗嘱。[①]也有学者予以反对，认为应明确禁止设立此种遗嘱，其主要理由是：共同遗嘱违背遗嘱的一般原理，立遗嘱是遗嘱人单方的法律行为，遗嘱人单方的意思表示完全可以独立自主地决定遗嘱的成立、变更或撤回，而共同遗嘱则没有这种随意性，其设立、变更或撤回必然要受到另一遗嘱人的制约，这就违背了遗嘱自由原则。[②]依我国《遗嘱公证细则》第15条的规定，两个以上的遗嘱人申请办理共同遗嘱公证的，公证处应当引导他们分别设立遗嘱；遗嘱人坚持申请办理共同遗嘱公证的，共同遗嘱中应当明确遗嘱变更、撤销及生效的条件。由该规定可以看出，在《民法典》颁布前，我国立法并不倡导当事人订立夫妻共同遗嘱，但又没有坚决予以否认。对夫妻共同遗嘱的效力认定问题，我国《民法典》仍未置可否。我国之所以对夫妻共同遗嘱没有规定，主要是从“宜粗不宜细”的原则考虑的。在解释上，既然法律不禁止，从尊重遗嘱人自由处分自己遗产的角度来看，都不宜一概否定夫妻共同遗嘱的效力。

目前，在我国司法实践中，各地法院对夫妻共同遗嘱的效力认定不尽一致。对于在设立共同遗嘱的夫妻双方均去世，继承人间就共同遗嘱效力的认定产生分歧的情形，法院的态度较为统一。例如，在杨某某、赵某某所有权确认纠纷案中，审理法院认为，该遗嘱有两位无利害关系人见证，为共同遗嘱，故赵某甲生前与杨某某所立遗嘱系其夫妇的真实意思表示，合法有效。[③]无独有偶，在戴某甲与钱某1、钱某甲、钱某乙、戴某乙遗嘱继承纠纷案中，审理法院也有“戴某某、徐某某生前所订立的共同遗嘱是戴、徐二人的真实意思表示，且不违反法律、法规的禁止性规定，应认定有效”的表述。[④]由此可见，对于在设立共同遗嘱的夫妻双方均去世后继承人之间发生纠纷的情形，法院一般认为符合形式要件的共同遗嘱有效。对此，理论上也基本达成共识。同时，这种肯定也是符合我国实际情况的。尤其是在采夫妻共同财产制的夫妻关系中，一则由于夫妻共同财产只有在婚姻关系消灭（离婚或一方死亡）

① 李宇：《民法典分则草案修改建议》，载《法治研究》2009年第4期。

② 王利明主编：《中国民法典学者建议稿及立法理由：人格权编·婚姻家庭编·继承编》，法律出版社2005年版，第553—554页。

③ 参见贵州省高级人民法院（2017）黔民申2985号民事裁定书。

④ 参见江苏省南京市中级人民法院（2015）宁民再终字第38号民事判决书。

或双方有特别约定时才能确定份额，一方单独设立遗嘱时，很可能会处分属于配偶一方所有的财产，从而导致遗嘱无效或部分无效，而采用夫妻共同遗嘱的形式处分夫妻共同财产则可避免这一问题。二则夫妻共同遗嘱有利于维护配偶和年幼子女的继承权。夫妻双方通常是年龄相近、身体状况相仿，一般很难料定谁先死、谁后死。为了保障配偶的利益，不少夫妻共同遗嘱这样载明：夫妻一方死亡，共同财产属于他（她）的那一部分由对方继承，即夫妻双方相互指定对方为自己的继承人。这种共同遗嘱就使配偶的生活不致因一方死亡而受到冲击。也有一些夫妻为了保护年幼子女的利益，在遗嘱中规定夫妻任何一方去世，其财产归生存一方，当双方都去世后，财产转归未成年的子女继承，这与我国继承法中养老育幼的原则也是一致的。

但是，对于设立共同遗嘱的夫妻一方去世，另一方反悔或请求撤销遗嘱的情形，目前有的法院支持生存配偶一方享有单方撤销权，有的法院不予支持。例如，在马某甲与马某乙、马某丙等确认合同无效纠纷案中，审理法院认为，对于夫妻一方死亡的共同遗嘱，生存一方仅可以撤销或变更限于涉及自己个人财产部分的遗嘱。①而在严某1、严某2继承纠纷案中，审理法院却认为，如果在共同立遗嘱人一方死亡后，允许在世的一方任意撤销共同遗嘱中的意思表示，将侵犯已死亡的共同立遗嘱人的遗嘱自由，违背其遗嘱意思表示，且违背诚实信用原则，故在世的共同立遗嘱人不得随意撤销已经发生效力的共同遗嘱。②

综观司法实践中分歧观点的形成，都植根于具体的案件事实，即不能抽离案件事实而仅观察这些案件的结论。夫妻共同遗嘱的效力认定难点是财产的关联处分。毋庸置疑，共同遗嘱人中有一人去世后，关联性处分即生效力，另一方不得擅自变更其关联性处分。而且，如果承认夫妻共同遗嘱有效，原则上不应赋予配偶一方单方撤销权，否则将丧失此制度的立法目的和意义。但是，我们必须意识到，也不能赋予关联性处分绝对性约束力。对此，总的原则应该是：以探求遗嘱人真实意愿为基础，以"不得侵害遗嘱继承人的利益"为前提，不排除允许被继承人可因动机错误或内容错误而撤销，也不妨

---

① 参见上海市第二中级人民法院（2018）沪02民终7348号民事判决书。

② 广西壮族自治区柳州市中级人民法院（2018）桂02民终4064号民事判决书。

碍夫妻中的后去世方在生前处分个人财产。

第一千一百四十四条【附义务的遗嘱继承和遗赠】

遗嘱继承或者遗赠附有义务的，继承人或者受遗赠人应当履行义务。没有正当理由不履行义务的，经利害关系人或者有关组织请求，人民法院可以取消其接受附义务部分遗产的权利。

历史由来

本条是整合、修改《继承法》第21条与《继承法意见》第43条的结果。与《继承法》第21条相较，其修改主要体现在以下三个方面：其一，条文的顺序上，将原来规定于遗嘱无效情形规则之前的位置调整至遗嘱无效情形规则之后。其二，向人民法院申请取消指定人接受附义务部分遗产的权利的主体范围及表达有修改，由原来的“有关单位或者个人”修改为“利害关系人或者有关组织”。其三，对取消接受遗产的范围作了限定，由原来的“取消他接受遗产”修改为“取消其接受附义务部分遗产”。

由民法典编纂过程看，上述修改始自《民法典继承编（草案）》（征求意见稿）第26条。此后的《民法典继承编（草案）》（一审稿）第923条、《民法典继承编（草案）》（二审稿）第923条及《民法典（草案）》第1144条均未再作出任何修改。

规范目的或功能

遗嘱人设立遗嘱时，除表达自己处分财产的意思外，有时会在遗嘱中附加要求遗嘱继承人或者受遗赠人履行的义务。本条即是对于继承人或者受遗赠人接受遗产应当履行遗嘱中所附义务的规定，[1]基本属于完全法条。在附义务的遗嘱继承（和遗赠）法律关系中，义务承担人为继承人或者受遗赠人，

① 本条规定中的“义务”在我国台湾地区称为“负担”，学界多认为，此处的“义务”应解释为与“负担”同义。

其相对人为接受附加义务履行的权利人，双方为附义务遗嘱继承（和遗赠）关系的当事人。其中，义务履行的受益人可以为遗赠人，也可以为第三人，如遗嘱人立遗嘱遗赠房产，要求受遗赠人扶养自己的母亲。此时，受遗赠人为负担义务人，遗赠人的母亲为负担受益人。

法律允许当事人在遗嘱中给遗嘱继承人或者受遗赠人附加义务，旨在充分实现当事人意思自治，保护私有财产权。在《民法典》颁布之前，我国立法对附义务遗嘱继承（和遗赠）的内容、遗嘱的效力以及法律后果等问题的规定就相当原则化，常常会面临力有不逮的情况，诸多案件有赖于法官的自由裁量权。本条规定在原有条文的基础上作了部分修正，但修正的内容主要关注的是语词的精准，在具体化方面并未有大的变化，故而在本条的司法适用过程中，对相关语词的进一步解释工作就显得尤其重要。此外需要注意的是，在司法实践中，界定附义务遗嘱继承（和遗赠）与其他类似法律制度的区别是处理相关纠纷的基础性工作。

规范内容

一、履行附义务遗嘱继承和遗赠中附加义务的条件

（一）前提和原则：遗嘱继承人或者受遗赠人接受继承或遗赠

遗嘱人设立遗嘱时，除处分自己的财产外，有时在遗嘱中要求遗嘱继承人或者受遗赠人履行附加的义务。法律并未限制这种义务的类型，故而可以解释为这种义务可以是具有经济利益的，也可以是具有非经济利益的，可以是积极利益，也可以是消极利益。但无论如何，在附义务的遗嘱中，遗产权利和遗嘱中附加的义务是紧密联系、不可分离的。遗嘱以遗嘱人的死亡而生效，遗嘱指定的继承人即为遗产权利及其附加义务的承受者。当然，继承人可用放弃继承权的方法不负担遗嘱所规定的义务，受遗赠人也可用拒绝接受遗赠的方式不负担义务。但如果遗嘱继承人或者受遗赠人接受继承或遗赠，除非有正当理由，否则其就应当接受遗嘱的全部内容，在接受继承或者受遗赠财产的同时，履行对遗嘱中附加的义务，而不能只接受权利部分而不接受义务部分。而且，遗嘱继承人或者受遗赠人义务的履行为法律强制力所保证。

（二）例外：遗嘱继承人或者受遗赠人有权拒绝履行遗嘱中附加义务的正当理由

依本条规定，除非有正当理由，继承人或者受遗赠人应当履行遗嘱附加的义务。但是，对于何为正当理由，以及在遗嘱继承人或者受遗赠人接受继承或遗赠的情形下，是否仍然存在可以拒绝履行遗嘱中所附加义务的问题，我国法律规定不甚明确。这里的正当理由通常是指下列两类客观原因：

1.遗嘱中所附加的义务违反法律、法规的强制性规定，或者违背公序良俗。

2.遗嘱中所附加的义务客观上不具有实现的条件和可能，根本自始无法履行或者发生嗣后履行不能。

对于因存在上述正当理由，遗嘱继承人或者受遗赠人无法履行或者拒绝履行遗嘱中所附加义务的情形下，其是否仍然可以接受继承或遗赠的财产的问题，立法例上有在这种情形下应根据不同情况分别处理的做法：若可以认定遗嘱人本身有只要附加义务无效或者不能履行则遗嘱就无效的意思，则应认定遗嘱无效；若不能认定遗嘱人本身有只要附加义务无效或者不能履行则遗嘱就无效的意思，则将附义务的遗嘱继承和遗赠转换为没有义务的单纯遗嘱继承或者遗赠的做法。[①]在我国法无明文规定的情形下，也可以作这样的解释，这种解释符合遗嘱继承的制度目的，也不违背遗嘱人的真实意思。

（三）对遗嘱继承人或者受遗赠人履行遗嘱中附加义务的限制

遗嘱人在遗嘱中所附的义务，不是法定义务，而是有条件的义务，即以转让遗产权利为条件。基于遗嘱继承和受遗赠的制度目的所限，遗嘱中所附加的遗嘱继承人或受遗赠人应当履行的义务，也不应当超过遗嘱继承人或受遗赠人所取得的遗产利益，即遗嘱继承人或受遗赠人承担的义务应当以接受的遗产的实际价值为限。也就是说，在遗产权利与附加的义务不一致时，遗嘱继承人或受遗赠人可以拒绝履行超过遗产权利部分的义务。

---

① 如韩国、德国民法中均有类似规定。

二、不履行遗嘱中附加义务的法律后果

（一）遗嘱人的继承人或遗嘱执行人的履行请求权

如果遗嘱继承人、受遗赠人没有正当理由不履行遗嘱中附加的义务，遗嘱人的继承人或遗嘱执行人当然可以请求遗嘱继承人、受遗赠人在合理期间内继续履行义务或者向法院申请强制执行，此为遗嘱人的继承人或遗嘱执行人的履行请求权。

（二）经法定的诉讼程序剥夺遗嘱继承人、受遗赠人已获得的权利

依本条规定，如果遗嘱继承人、受遗赠人没有正当理由不履行遗嘱中附加的义务，经利害关系人或者有关组织请求，人民法院可以取消其接受附义务部分遗产的权利，这实际上是赋予利害关系人或者有关组织经法定的诉讼程序剥夺遗嘱继承人、受遗赠人已获得的权利。而且，如果遗嘱继承人、受遗赠人没有正当理由不履行遗嘱中附加义务的，利害关系人或者有关组织可以不通过请求义务人履行义务这一程序而直接请求法院取消遗嘱继承人、受遗赠人接受附义务部分遗产的权利。

对于遗嘱继承人、受遗赠人没有正当理由不履行遗嘱中附加的义务的情形下，谁有权行使请求人民法院取消其接受附义务部分遗产的权利这一问题，本条只用了“利害关系人或者有关组织”的表达，未予明确利害关系人和有关组织的范围。根据《继承法意见》第43条的规定，这里的“利害关系人”应当是与附加义务的履行或者遗产的继承有利害关系的受益人或者其他继承人等；这里的有关组织，可以包括但不限于有义务执行遗嘱或者与有义务保护利害关系人的利益的组织。

对于经利害关系人或者有关组织请求，人民法院作出取消不履行遗嘱附加义务的遗嘱继承人或者受遗赠人接受附义务部分遗产的权利的决定后，遗产如何处理的问题，《民法典》未予规定。如果认定利害关系人或者有关组织请求人民法院取消遗嘱继承人、受遗赠人接受附义务部分遗产的权利实际上是利害关系人或者有关组织行使撤销遗嘱的权利，则在遗嘱被撤销后，理应依法定继承处理遗嘱人的相应遗产。需要注意的是，依《继承法意见》第43条的规定，这种情况下可以由提出请求的继承人或受益人负责按遗嘱人的意

愿履行义务，接受遗产。对此，可以将该规定解释为这种情况下提出请求的继承人或受益人作为利害关系人，其依遗嘱人的意愿履行义务，接受遗产的行为实则属于履行遗嘱执行人的职责，最终还是应依法定继承确定遗嘱人的相应遗产的归属。

三、附义务遗嘱（和遗赠）与类似制度的区分

（一）不同于附条件、附期限的遗嘱（和遗赠）

遗嘱通常是不附任何条件或期限的，[①]但遗嘱作为遗嘱人意志的产物，当遗嘱人生前对某些特定情况是否出现不能确定时，或者遗嘱人对遗产处分的实现有待于其死后某一时间的到来时，遗嘱人就只能将这些特定情况以条件或者期限的形式附加于遗嘱中作为遗嘱效力的根据，以使其身后遗产的转移符合其心愿。这种遗嘱人在遗嘱中对遗嘱继承或者遗赠附加一定的条件或者期限的遗嘱，称为附条件、附期限的遗嘱。

附义务遗嘱与附条件遗嘱相比，主要差异在于遗嘱中作为条件的事实是否发生，即附条件遗嘱是否生效或失效为遗嘱人事前所不能预知。在遗嘱附条件的情况下，遗嘱人所规定的行为具有任意性，当事人是否为该项行为由其意志决定，且在任何情况下都不受法律强制力的约束。与此相反，附义务的遗嘱只是责成继承人或受遗赠人负担从事某种行为的义务，并没有提出任何不确定的因素，故而遗嘱中所附义务也并非遗嘱效力的根据。具体而言，附义务的遗嘱的生效时间仍和一般遗嘱一样，以遗嘱人死亡时间为准，并不取决于继承人或受遗赠人履行义务的行为，且继承人或受遗赠人不履行义务的行为并不导致遗嘱当然失效，只是在继承人或受遗赠人无正当理由不履行义务的情形下，经有关单位或个人请求，人民法院可以取消其接受遗产的权利。而在以继承人或受遗赠人的特定行为为遗嘱的停止条件时，继承人或受遗赠人是否为这一行为，是遗嘱能否生效的根据。如果遗嘱以继承人或受遗

---

① 这主要是因为遗嘱和遗赠都是单方法律行为，且大多数是无偿的，不宜对受遗赠或遗嘱规定的继承人轻易课以义务。甚至，在英美法系传统的普通法规则是，一个人不能对财产的赠与或转让附加条件，限制该财产的转让。这种条件的设定与遗赠财产之性质是相违背的。Broadway Nat’l Bank v.Adams, 133 Mass.170 (1882), p.171.

赠人的特定行为为遗嘱的解除条件时，继承人或受遗赠人不履行义务的行为则可以直接引起遗嘱效力的当然解除。

需要注意的是，既然附条件、附期限遗嘱属于附条件、附期限法律行为，在没有特别规定的情形下，当然可以适用附条件、附期限法律行为的基本规则。例如，根据附条件法律行为的法理，遗嘱人对遗嘱继承或遗赠所附的条件的事实，可以是某种客观现象，也可以是人的行为，但必须是遗嘱人立遗嘱时自行确定、不可预知、尚未发生但有可能发生的事实。法律规定的事实，以及可以预知、已经出现、根本不可能发生或者必然要发生的事实不得作为条件。同时，作为条件的事实不得违反法律、行政法规的规定，不得违背公序良俗。如果遗嘱人违反这些规定所设立的条件或者期限无效，视为未附条件或者期限。

（二）附加义务的履行不同于遗嘱继承（和遗赠）中继承人承担被继承人的生前债务

遗赠是广义的赠与的一种特殊形式。赠与的受赠人一般只享有权利而不承担义务。即使遗赠人立遗嘱将某项财产赠与某人，并嘱其代为清偿某笔债务（该债务小于受遗赠的财产），也不能由此认定在这种情况下受遗赠人与遗嘱继承人同样具有清偿遗嘱人债务的义务。这类遗赠实质上包括相互依存的两个法律关系：一是遗赠关系，遗赠财产为清偿债务后的剩余部分；二是委托关系，遗嘱人委托受遗赠人代为清偿某笔债务，显然这同遗嘱继承人既继承遗产，又以其所继承遗产承担被继承人的生前债务，在性质上迥然不同。

（三）不同于遗赠扶养协议

在司法实践中，存在混同遗赠扶养协议与附义务遗赠的问题。例如，在贯某诉孙某1遗赠扶养协议纠纷再审案中，受遗赠人未按约定履行扶养义务，遗赠人要求解除遗赠，再审法院在民事裁定书中明确当事人双方“签订了《遗赠扶养协议》，且不违反相关法律、法规，应认定为有效，各方均应依约履行”，但又引用《继承法》第21条关于附义务遗赠的规定，“遗嘱继承或者遗赠附有义务的，继承人或者受遗赠人应当履行义务。没有正当理由不履行义务的，经有关单位或者个人请求，人民法院可以取消他接受遗产的权利”，据此作出最终裁定。[①]这实际上就是混同了遗赠扶养协议与附义务遗赠两个制度。

遗赠扶养协议，是指受扶养的自然人和扶养人之间签订的由扶养人承担受扶养的自然人生养死葬的义务，受扶养人将个人财产的全部或者部分遗赠给扶养人的协议。附义务的遗嘱继承和遗赠扶养协议在“接受遗产的一方均有义务履行所附义务”这一点上的确存在共性，但二者在法律性质、效力等方面均有不同。附义务遗嘱仍属于单方法律行为，也为纯粹的死因行为，但遗赠扶养协议为双方、双务、有偿法律行为，受扶养的自然人应按照约定将以后的特定遗产或者遗产份额部分或者全部赠与扶养人，扶养人应按照约定进行生前扶养。同时，遗赠扶养协议从协议成立之日起开始发生法律效力，且其法律效力高于法定继承、遗嘱继承和遗赠。依《继承法意见》第56条的规定，在扶养人或集体组织无正当理由不履行致遗赠扶养协议解除的情形下，扶养人或集体组织不能享有受遗赠的权利，其支付的供养费用一般不予补偿；遗赠人无正当理由不履行，致协议解除的，则应偿还扶养人或集体组织已支付的供养费用。因而在司法实践中，必须把握附义务的遗嘱继承与遗赠扶养协议的差异，以正确选择应适用的规则。

（四）不同于遗嘱信托

鉴于遗嘱继承或者遗赠中的遗嘱人无法预料未来发生的各种情形，遗嘱继承人或者受遗赠人对于遗嘱中指定的义务，特别是受遗赠人的义务，有赖于遗嘱中事无巨细的约定，因此会出现因约定不明而无法通过解释使之产生约束力的情形。在遗嘱信托中，在承认当事人于信托文件中约定事项的优先性约束力的同时，其他事务都交由受托人裁量。而且，在附义务的遗嘱继承和遗赠的情形下，当遗嘱人死亡，遗嘱继承和遗赠生效后，缺乏监督遗嘱继承人和受遗赠人的人，遗嘱继承人和受遗赠人即使不履行赠与的义务，亦无人可强制执行，而即便设置第三人对遗嘱继承人和受遗赠人的义务履行行为进行监督，也不如遗嘱信托便利。

---

① 北京市高级人民法院（2017）京民申2791号民事裁定书。

举证责任

若利害关系人或者有关组织请求遗嘱继承人或者受遗赠人履行义务，需要提供遗嘱继承或者遗赠附有义务而且遗嘱继承人或者受遗赠人无正当理由拒不履行义务的证据。如果遗嘱继承人或者受遗赠人进行抗辩，则需要提供遗嘱中并未附加义务的反证，或者提供虽然遗嘱中附加了义务，但其不履行义务有正当理由的证据。遗嘱继承人或者受遗赠人也可以提供证明遗嘱中附加义务因违法或者履行不能而无效的证据，并以此提出抗辩。但若其意欲继续接受遗产，也可以提供能够证明遗嘱人本身有只要附加义务无效或者不能履行，则将附义务的遗嘱继承和遗赠转换为没有义务的单纯遗嘱继承或者遗赠的意思的证据。这种情形下，如果利害关系人或者有关组织主张遗嘱人本身有只要附加义务无效或者不能履行则遗嘱就无效的意思，也应提供证据证明。如果无法提供，法院一般可以作出对遗嘱继承人或者受遗赠人有利的推定。

其他问题

附条件、附期限的法律行为中，条件的成就与否或者期限的到来与否对于法律行为的效力会产生影响，同样，遗嘱是一种法律行为，当遗嘱人的某些愿望以附加于遗嘱的条件或者期限的方式表现出来时，也必然会对遗嘱的效力产生影响。其中，附停止条件或附始期的遗嘱在社会生活和司法实践中较为常见。

（一）处分“未来”非确定的现实性财产的效力判断

根据《民法典》第1122条的规定，遗产是自然人死亡时遗留的个人合法财产。这些财产不仅包括自然人生前已经实际控制的财产，当然也应包括其死后才被确定或实现的财产。如自然人生前因故被冻结而在其死后解冻的财产；因司法机关处理错误被没收而在其死后发还的财产；生前财产权归属不明或有所争议而在其死后确定应归其所有的财产等，这些财产虽为自然人死后才被确定或实际获得，但实际上应属于其生前的财产，属于遗产的范围，其有权用包括遗嘱在内的各种方式进行处分。理论界有观点将这种情形称为

“对未来非确定的现实性财产的处分”，认为既然遗嘱在遗嘱人死亡时生效，那么遗嘱就只能处分现实的财产，因而对之不应予以保护。这种观点显然值得商榷。这些遗产在被继承人立遗嘱时，或者仅仅具有获得的可能性，或者虽具有获得的现实性，但实际获得财产的日期不能确定，故而在其用遗嘱对这类财产进行处分时，就只能在遗嘱中采用“如果某项财产在其死后能够取得，即由某人继承”，或者“某一财产在某一时间获得时赠与某人”等附加停止条件或始期的方式表达。从某种意义上看，认可对“未来”非确定的现实性财产的处分效力，实质上体现的就是对遗嘱自由与私有财产权保护的意旨。

（二）遗嘱所附停止条件成就或始期届至的法律后果

依《民法典》第1121条的规定，继承从被继承人死亡时开始。但是，在遗嘱附加停止条件或始期的情形下，在条件成就或者始期届至之前，即便遗嘱人已经死亡，但继承并未开始，遗嘱的效力仍处于不稳定的或者停止的状态，遗嘱继承人不得对遗产主张权利。尽管遗产可以由有关机关予以封存，也可交遗嘱指定的遗嘱执行人暂时保管，但对于此期间遗产权利的归属，也必须予以明确，不应有这样一段权利真空期。

在遗嘱所附条件为停止条件或者始期的情形下，如果条件成就或者始期届至，遗嘱当然发生法律效力。在遗嘱生效后，遗嘱继承关系或遗赠关系才得以确定，遗产分割也才能按规定进行。然而，对于该遗嘱的法律效力是否具有溯及力的问题，法律未予明确。从附条件遗嘱的制度价值以及继承开始时间设定的宗旨来看，二者并不矛盾。如果赋予因停止条件成就或始期届至而生效的遗嘱具有溯及力，即遗嘱一生效，其效力溯及至遗嘱人死亡时，可以同时实现二者的制度价值。而且，解释为继承仍从被继承人死亡时开始，与《民法典》第1121条的规定也是吻合的。

第四章

遗产的处理

第一千一百四十五条【遗产管理人的选定】

继承开始后，遗嘱执行人为遗产管理人；没有遗嘱执行人的，继承人应当及时推选遗产管理人；继承人未推选的，由继承人共同担任遗产管理人；没有继承人或者继承人均放弃继承的，由被继承人生前住所地的民政部门或者村民委员会担任遗产管理人。

历史由来

本条为新增条文，《继承法》未规定遗产管理人制度。

在民法典编纂过程中，《民法典继承编（草案）》（征求意见稿）设立遗产管理人制度，在第27条规定："继承开始后，遗嘱执行人为遗产管理人；没有遗嘱的，继承人应当及时推选遗产管理人；继承人未推选的，由继承人共同担任遗产管理人；没有继承人或者继承人均放弃继承的，由被继承人生前住所地的民政部门担任遗产管理人。"其后，《民法典继承编（草案）》（一审稿）第924条规定："继承开始后，遗嘱执行人为遗产管理人；没有遗嘱执行人的，继承人应当及时推选遗产管理人；继承人未推选的，由继承人共同担任遗产管理人；没有继承人或者继承人均放弃继承的，由被继承人生前住所地的民政部门担任遗产管理人。"其相对于"征求意见稿"作出的一点修正是，将"没有遗嘱的"修改为"没有遗嘱执行人的"。在此基础上，《民法典继承编（草案）》（二审稿）于第924条又增加了"村民委员会"可以担任遗产管理人的规定。《民法典（草案）》第1145条承袭了二审稿的规定，最终形成了本条规定。

规范目的或功能

《继承法》未确立遗产管理人制度，与我国20世纪80年代的国情和社会财富状况密切相关。其时，社会生产力比较落后，自然人拥有的个人财富数量非常有限，死亡时能够遗留的财产，不论在质量上还是种类上都相当有限；加之市场经济体制尚未建立，交易活动并不活跃，个人生前能够形成的债权债务关系也非常有限，因而从继承开始到遗产分割之间，一般不会经历一个复杂、漫长的过程，不论是对继承人利益的保护还是对遗产债权人利益的保障而言均非十分迫切，因而也就没有建立遗产管理人制度之必要。但时至今日，伴随着社会财富的急剧增长和人民生活的日益富裕，个人死亡时可能遗留的财产数量激增，并且因市场经济体制已经确立，个人通过生产经营活动能够实施的市场交易行为日趋繁杂，围绕着遗产的保管、处分、管理、清算、清偿、分割等，形成了非常复杂的法律关系。为此，为确保遗产得到妥善管理、顺利分配，更好地保护继承人、债权人利益，避免和减少纠纷，《民法典》增设了遗产管理人制度。

遗产管理人的确定是贯彻遗产管理人制度的一个起点。遗产管理人的确定主要包括两个方面的内容：一是确定的正当程序，二是适格的担当人。本条在遗嘱继承和法定继承两种不同继承方式的基础上，就遗产管理人的确定程序和担当人进行了规定，为后续遗产管理人制度的展开和遗产的处理奠定了基础。

规范内容

遗产管理人是接受委托或者被依法指定负有遗产处理职责的人。遗产管理人不同于遗嘱信托中的受托人。根据本条规定，遗产管理人的确定程序主要包括以下四种情形：一是遗嘱执行人担任遗产管理人，二是共同继承人推选遗产管理人，三是继承人共同担任遗产管理人，四是民政部门或者村委会担任遗产管理人。另外，《民法典》第1146条规定的由人民法院指定遗产管理人，也是遗产管理人确定的一种正当程序。除上述五种法定情形外，实践中还会出现其他情形，如由被继承人通过遗嘱直接指定遗产管理人，或者由被继承人通过遗嘱委托其信任的第三人指定遗产管理人。

一、不同程序的先后顺序关系

本条设计的遗产管理人确定程序是存在先后顺序关系的。根据遗嘱继承优先于法定继承（无遗嘱继承）的原则，遗产管理人的确定程序也以尊重被继承人的生前意志为设计基础。基于此，被继承人通过遗嘱的指定应当优先于其他的法定选任程序。具体而言，被继承人通过遗嘱直接指定的遗产管理人或者委托第三人指定的遗产管理人，应当优先于被继承人通过遗嘱指定的遗嘱执行人担任遗产管理人；被继承人通过遗嘱只指定了遗嘱执行人而未指定遗产管理人时，其所指定的遗嘱执行人（不论是继承人之一还是继承人以外的单位或者个人）直接充任遗产管理人，而无需再启动后续的选任程序；若没有遗嘱执行人的（包括遗嘱执行人在确定遗产管理人时已经死亡和丧失完全民事行为能力两种情形），再由共同继承人推选遗产管理人；继承人未推选的或者推选不出的，再由继承人共同担任遗产管理人；作为最后的一个兜底程序，在没有继承人或者继承人均放弃继承的情形下，才由民政部门或者村委会担任遗产管理人。以上顺序具有强制性，若未依序确定遗产管理人，则所确定的遗产管理人就具有程序上的瑕疵，当有继承人或者利害关系人对其提出质疑或者否认其适任性时，应当依法重新确定遗产管理人。

二、遗嘱执行人担任遗产管理人

遗嘱执行人，谓为遗嘱执行特被指定或选任之人。[①]《民法典》虽然规定了遗嘱人“可以指定遗嘱执行人”，但就如何指定、遗嘱执行人的适任条件、遗嘱执行人的就任、遗嘱执行人的职责、遗嘱执行人的报酬、遗嘱执行人的解任等都未作明确规定。《民法典》关于遗产管理人的相关规定（第1145条—第1149条等），可参照适用于遗嘱执行人。此外，能够直接充任遗产管理人的遗嘱执行人，当然首先必须是适格的遗嘱执行人；如果被遗嘱指定的遗嘱执行人本身即不适格（如不具有完全民事行为能力等），其当然也就不能担任遗产管理人。因此，在确定由遗嘱执行人担任遗产管理人时，须以遗嘱执行人的适格为前提。

三、继承人共同推选遗产管理人

《民法典继承编（草案）》（一审稿）之所以将“征求意见稿”规定的“没有遗嘱的”修改为“没有遗嘱执行人的”，其道理就在于，“没有遗嘱的”固然不会有遗嘱执行人的指定，但即便是“有遗嘱的”，也未必一定会有指定遗嘱执行人的内容，或者一定会有适格的遗嘱执行人被指定，因而更严谨的表

---

① 参见史尚宽：《继承法论》，中国政法大学出版社2000年版，第566页。

述是“没有遗嘱执行人的”而非“没有遗嘱的”。“推选遗产管理人”的程序只会发生于数人共同继承的情形，若继承人仅为一人，就不存在推选的问题，而是由该单一的继承人直接担任遗产管理人（当其为限制民事行为能力人或者无民事行为能力人时，由其法定代理人代为担任遗产管理人）。推选的过程是一个继承人间的决议过程，“决议行为”是一种民事法律行为，行为人须具有完全民事行为能力。由此决定了共同继承人中的限制民事行为能力人、无民事行为能力人应当由其法定代理人代为参与决议。此外，决议应当采取多数决的方式，即共同继承人中的半数以上决议推选出遗产管理人，不同意的少数继承人应当服从多数决。根据《民法典》第134条第2款的规定，决议行为自依法作出时成立，被推选的人成为遗产管理人。被推选的人既可以是继承人中的一人，也可以是继承人中的数人，遗产管理人是一人还是数人，法律不作强制性或者禁止性要求；被推选的人并非一定限于继承人的范围，继承人以外的人也可以被推选为遗产管理人；被推选的人也并非一定限于自然人，凡是具有民事主体资格的法人、非法人组织等都可以担任遗产管理人。当然，对于被推选为遗产管理人的自然人，都有一个共性要求，就是必须具有完全民事行为能力，限制民事行为能力人、无民事行为能力人不得担任遗产管理人，这是由遗产管理行为主要是民事法律行为所决定的（当然也包括一些事实行为，如遗产的修缮行为）。

四、继承人共同担任遗产管理人

本条规定中的“继承人未推选的”，在解释上包括以下三种情形：一是共同继承人都拒绝通过推选方式产生遗产管理人，于此情形，应当由继承人共同担任遗产管理人；二是共同继承人间无法通过多数决推选出遗产管理人（如出现了半对半的对等决或者任何一位候选人得票都未超过半数等情形），于此情形，也应当由继承人共同担任遗产管理人；三是继承开始后，共同继承人未及时推选的，应当由继承人共同担任遗产管理人。何谓“及时”，《民法典》未作明确规定。我们认为，应当根据实际情况加以确定，以有利于遗产的管理为必要。继承人共同担任遗产管理人的，在性质上为共有人对共有物的共同管理。根据《民法典》第230条的规定，因继承取得物权的，自继承开始时发生效力。据此规定，自继承开始时，全部遗产归共同继承人共有，共同继承人既是遗产的共同管理人，也是共有财产的共同管理人，形成了两种管理人身份的重叠。

五、单位或组织担任遗产管理人

《民法典继承编（草案）》（一审稿）之所以在“没有继承人”的情形之外又作出“继承人均放弃继承”的规定，主要理由有二：一是“没有继承人”的情形不能涵括“继承人均放弃继承”的情形；二是“继承人均放弃继承”与“没有继承人”在法律效果上具有等同性，即都会导致无法通过继承人确定遗产管理人的后果。在“没有继承人”的情形中，前序的继承人推选程序和继承人共同担任遗产管理人的程序当然就无法启动，在没有遗嘱或者遗嘱人未指定遗嘱执行人或者遗产管理人的情形下，继承开始后，遗产就将处于无人管理的状态，这显然对受遗赠人、遗产债权人等利害关系人不利。为了保护利害关系人的利益，有必要由相关单位和组织担负起遗产管理人的责任。“继承人均放弃继承”时，法律并未规定继承人仍须担任遗产管理人，因而放弃继承的继承人就无义务推选遗产管理人或者共同担任遗产管理人，这同样会导致遗产处于无人管理的状态而有损利害关系人利益。为此，作为兜底，本条规定了由相关单位或组织来担任遗产管理人。另须指出的是，当继承人均丧失继承权时，产生与“没有继承人”和“继承人均放弃继承”相同的法律效果，亦应由相关单位或组织来担任遗产管理人。

从草案到正式颁布，《民法典》就担任遗产管理人的相关单位或组织经历了从“居民委员会或者村民委员会”到修改为“民政部门”再到修改为“民政部门或者村民委员会”的演变，这一演变过程是立法政策选择的结果。将“居民委员会或者村民委员会”确定为遗产管理人，其主要考虑是，城镇居民为被继承人的，由居民委员会担任遗产管理人；农村村民为被继承人的，由村民委员会担任遗产管理人，这一考虑自然有其道理。将“居民委员会或者村民委员会”修改为“民政部门”的主要考虑是，取消城乡差别，统一遗产管理人，这在一定程度上体现了对城乡一体化发展的大势考虑。《民法典（草案）》在“民政部门”之外，再次增加了“村民委员会”作为遗产管理人的担当主体，主要是考虑到城乡差别在短期内不可能实质性消除，统一由民政部门担任“没有继承人或者继承人均放弃继承”情形下的遗产管理人，实乃民政部门不能承受之重，故此增加村委会作为遗产管理人。[①]将城镇居民为被继承人时的遗产管理人统一确定为民政部门，不再由各居民委员会担任，也较为切合实际。民政部门担任遗产管理人是法律赋予民政部门的一项新型行政职能，在必要时，民政部门可以依法将该项行政职能委托给有能力担任遗产管理人的居民委员会行使，对此法律并不禁止；于此情形，若受托的居民委员会违法实施遗产管理行为而应当承担法律责任时，则应当由作为委托人的民政部门来承担。

依本条规定，担任遗产管理人的单位或组织是“被继承人生前住所地”的民政部门或者村委会，在解释上，“生前住所地”应是指“生前的最后住所地”（包括生前最后的经常居住地），只有“最后住所地”才具有唯一性，否则就会给遗产管理人的确定带来困难。此外，单位或者组织担任遗产管理人之确定，与遗产是动产还是不动产、是否主要遗产所在地无关，遗产的类型或所在地只与法院管辖和准据法的确定有关，与遗产管理人的确定无关。

六、被继承人指定的遗产管理人

被继承人可能在指定遗嘱执行人的同时再指定其为遗产管理人，[②]也可能只指定了遗嘱执行人而未指定遗产管理人，针对后者情形，本条规定拟制了遗嘱人指定遗嘱执行人为遗产管理人的意思表示，直接把遗嘱执行人规定为遗产管理人。对遗嘱人在指定的遗嘱执行人之外另行指定遗产管理人的，其遗嘱意思亦应受到尊重，此时的遗嘱执行人就不能担任遗产管理人，而应当由遗嘱人指定的其他人担任。于此情形，本条第一句“继承开始后，遗嘱执行人为遗产管理人”之规定就会被排除适用。如果遗嘱人通过遗嘱委托第三人指定遗产管理人的，在遗嘱人同时通过遗嘱又指定了遗嘱执行人时，也应当与上述情形作相同解释，第三人指定的人在序位上优先于遗嘱执行人担任遗产管理人。

---

① 当由人民法院指定无主遗产的管理人时，如果死者是农村村民，人民法院通常会指定村民委员会，这是我国司法实践的通常做法。参见“蒋某诉李某代位权纠纷案”，江苏省苏州市吴中区人民法院（2008）吴民一初字第1609号民事判决书。

② 参见“方某与张某遗嘱继承案”，福建省福州市中级人民法院（2014）榕民再终字第40号民事裁定书。

当遗嘱人通过遗嘱只处分了部分遗产时，遗嘱执行人是否当然地要充任全部遗产的遗产管理人呢？这涉及对本条的正确理解与适用问题。我们认为，就此问题应一分为二地看待。当遗嘱继承人之外的法定继承人对遗嘱执行人担任全部遗产的遗产管理人不持异议时，遗嘱执行人就可以充任全部遗产的遗产管理人；但当遗嘱继承人之外的法定继承人对遗嘱执行人充任应按法定继承处理的遗产部分的遗产管理人有异议时，在解释上，该遗嘱执行人就并不当然地成为应按法定继承处理的遗产的遗产管理人。于此情形，法定继承人有权通过推选的方式单独产生应按法定继承处理的遗产的遗产管理人，或者在明确拒绝遗嘱执行人担任应按法定继承处理的遗产之遗产管理人的同时，明确表示由遗嘱继承人之外的全体法定继承人共同担任该部分遗产的遗产管理人。此时，就形成了遗嘱执行人与遗产管理人的并立。申言之，针对不同的遗产部分，基于不同的遗产管理人的产生方式，就出现了不同的遗产管理人，遗嘱执行人是遗嘱处分的遗产的遗产管理人，法定继承人推选的人或者遗嘱继承人之外的全体法定继承人是应按法定继承处理的遗产的遗产管理人。此种并存情形的出现，法律并未禁止，也并未规定全部遗产（包括遗嘱继承部分和法定继承部分）都必须由同一个或者同数个遗产管理人一体管理，因而当遗嘱继承与法定继承并存时，应当允许遗嘱执行人与遗产管理人分列，由二者协同配合履行遗产管理人的职责。上述遗嘱执行人与遗产管理人并立的情形，不仅适用于遗嘱继承人取得的遗产为独立的、特定的财产的情形，而且适用于遗嘱继承人取得的遗产仅为特定份额的情形。如遗嘱内容为："我的遗产由大儿子继承二分之一，遗嘱执行人为我的朋友张某。"而对于剩余的二分之一，未作遗嘱处分。此时，按照遗嘱继承处理的遗产和按照法定继承处理的遗产虽然不能在实体意义上进行区分管理，但仍然不能排除其他的法定继承人拒绝张某担任全部遗产的管理人的权利，其他的法定继承人仍可推选或者共同担任遗产管理人，与遗产执行人张某协同配合履行遗产管理人的职责。

举证责任

在遗产管理人的确定程序中，存在着诸多的待证事实，须通过举证证明责任的分配来完成确证。如是否有合法有效遗嘱的存在，遗嘱指定的遗嘱执行人或遗产管理人是否适格，推选程序是否合法及被推选的人是否适任，是否存在没有继承人、继承人下落不明或者继承人均放弃继承的情形，被继承人生前住所地为何处，由被继承人生前住所地的民政部门或者村民委员会担任遗产管理人的条件是否具备，等等。根据“谁主张，谁举证”的举证责任分配规则，凡是提出某一事实意图用以支持自己之利益诉求的一方，就须对该待证事实承担举证责任。例言之，如遗嘱执行人须对存在合法有效的遗嘱、自己被指定为遗嘱执行人以及自己作为遗产管理人之适任性等事实，承担举证证明责任。

其他问题

一、遗产管理人资格的终止

《民法典》对遗产管理人的确定（第1145条、第1146条）、职责（第1147条）、责任（第1148条）、报酬（第1149条）等作了规定，但对遗产管理人的职责接受或者拒绝、遗产管理人的就任和解任等问题，未作规定。

担当遗产管理人是法律上的一种资格，除由有关民政部门或者村委会担任遗产管理人时其必须接受的以外，由其他人担任遗产管理人时，原则上遗产管理人都有辞任的权利。即便是由本条规定的“遗嘱执行人为遗产管理人”，也不能解释出“遗嘱执行人不得辞任遗产管理人职责”的规范含义，被遗嘱指定的遗嘱执行人既可以辞任遗嘱执行人的职责，也可以辞任遗产管理人的职责。但是，由于“对遗产作出处理”是继承人的法定义务，因而当某一继承人（未放弃继承）被人民法院指定为遗产管理人时，其就不得辞任。当然，如果某一继承人是被全体继承人共同推选为遗产管理人的，其仍享有辞任的权利，因为其他继承人无权强迫该继承人接受遗产处理的委托。此外，当有继承人且继承人均未放弃继承，而又不能通过其他程序产生遗产管理人时，全体继承人就须共同担任遗产管理人而不得辞任，这仍是继承人应当处理遗产之法定义务的要求。

当遗产管理人不再适任时（如遗产管理人违反遗产管理目的处分遗产或者管理、处分遗产有重大过失的），继承人就有权按照约定解任遗产管理人，继承人、利害关系人等也有权请求人民法院对其予以解任而另行选定或者由人民法院指定遗产管理人。遗产管理人的资格也可能因法定情形的出现而终止，如遗产管理人死亡或者被依法宣告死亡、被依法宣告为无民事行为能力人或者限制民事行为能力人、被依法撤销或者被宣告破产等。

二、“遗产管理人未确定”的时效效力

在“刘某某诉曾某某等民间借贷纠纷案”[①]中，检察院抗诉认为，继承开始时遗产管理人的确定需要一定时间，在继承权发生争议的情况下，遗产管理人更加难以确定。故在继承开始后、遗产管理人确定前，对于被继承人生前所欠债务，债权人因不能确定遗产管理人，而无法为中断诉讼时效的行为。该情形属于客观上难以行使权利的事由，如认定诉讼时效持续计算，显然有违诉讼时效制度的立法目的，故应构成诉讼时效中止的事由。但法院判决认为，被继承人死亡后，继承人是否分割遗产并不影响债权人主张权利，检察机关以债权人因不能确定遗产管理人而无法为中断诉讼时效的行为，属于客观上难以行使权利的事由的抗诉理由不能成立。据此，维持原判，驳回了检察院的抗诉。我们认为，法院维持原判是有道理的，“遗产管理人未确定”原则上并不影响在继承开始后债权人直接向继承人主张权利，“遗产管理人未确定”不构成诉讼时效中止的事由。[②]当然，如果是因为不能确定继承人而无法确定遗产管理人的，就构成了债权人行使请求权的客观障碍，诉讼时效应当中止。

第一千一百四十六条【遗产管理人的指定】

对遗产管理人的确定有争议的，利害关系人可以向人民法院申请指定遗产管理人。

历史由来

本条为新增条文，《继承法》对此未作规定。

《民法典继承编（草案）》（征求意见稿）第28条、《民法典继承编（草案）》

① 四川省高级人民法院（2013）川民提字第491号民事判决书。

② 另请参见“陈某某、吴某某等与江苏省某某物流发展有限公司提供劳务者受害责任纠纷案”，江苏省高级人民法院（2019）苏民申43号民事裁定书。

（一审稿）第925条、《民法典继承编（草案）》（二审稿）第925条及《民法典（草案）》第1146条，均对本条的表述前后完全一致，这说明在立法过程中对此规定未产生过任何争议。

规范目的或功能

本条承接上一条，对遗产管理人的确定有争议时的救济途径作了规定。尽管确定遗产管理人的途径有很多，但不意味着一定能够通过第1145条规定的方式有效确定最终的遗产管理人。当出现依照法定的选定程序不能确定遗产管理人、继承人或者利害关系人对遗嘱人指定的遗嘱执行人或者遗产管理人有争议、当事人一致同意由人民法院指定遗产管理人等情形时，就有必要由人民法院来定分止争，最终指定由何人担任遗产管理人。如果没有人民法院指定这一救济途径，遗产管理人可能无法确定或者久拖不决，这显然不利于遗产的处理。遗产管理人的指定有两种途径，一是遗嘱人的指定，二是人民法院的指定，本条规定的是后者，即司法指定。须指出的是，民政部门和村民委员会对于遗产管理人无指定权，不能参照《民法典》第31条规定的监护人指定程序由民政部门或者村民委员会指定遗产管理人。①

规范内容

一、司法指定具有被动性，人民法院依申请介入

在性质上，由人民法院指定遗产管理人，类似于在公司的强制清算中，由人民法院指定清算组的成员。在公司自行解散或者司法解散后，公司的股东应当依法组成清算组自行清算；在法定期间无法组成清算组进行清算或者出现其他不能进行有效清算之事由的，可申请人民法院进行强制

① 参见“王某与陈某排除妨害纠纷申诉案”，上海市高级人民法院（2015）沪高民一（民）申字第1415号民事裁定书。

清算。强制清算的核心和关键，就在于由人民法院指定相关人员组成清算组进行公司清算。自然人死亡后的遗产处理，实质上就是一次遗产清算，其理相通。不论是公司的强制清算还是自然人的遗产清算（遗产管理人指定），都具有被动性，人民法院不会主动介入，都须依申请而启动相应的司法程序。

二、无须穷尽所有的确定程序即可申请司法指定

本条规定的申请司法指定的前提是“对遗产管理人的确定有争议的”，而非“穷尽所有的遗产管理人确定程序仍不能确定遗产管理人”。这就意味着，在任一确定程序中，当出现争议时，相关当事人可以不再依《民法典》第1145条规定的顺序启动下一确定程序，可以直接将争议提交人民法院，由人民法院直接指定遗产管理人。换言之，第1145条规定的只是遗嘱人指定或者继承人等自行确定遗产管理人的途径和步骤，不构成人民法院指定遗产管理人的前置程序。具体而言，当对遗嘱执行人担任遗产管理人有争议时，利害关系人可以直接申请人民法院指定；当对继承人推选的遗产管理人有争议时，利害关系人可以直接申请人民法院指定；当对某一继承人参与共同担任遗产管理人有争议时，利害关系人可以直接申请人民法院指定；当对相关民政部门或者村委会担任遗产管理人有争议时，利害关系人也可以直接申请人民法院指定。

三、“利害关系人”有权申请人民法院进行指定

依本条规定，提出司法指定的申请主体是“利害关系人”。结合本条规定的规范功能和规范目的进行解释，“利害关系人”首先是指“与遗产管理人的确定有利害关系的人”，其次还要扩及“与遗产的处理有利害关系的人”。继承人、受遗赠人、遗赠扶养协议的扶养人是利害关系人固不待论，遗嘱执行人、遗嘱指定的遗产管理人、遗嘱委托指定遗产管理人的第三人、受委托的第三人指定的遗产管理人、被推选出的遗产管理人以及民政部门、村委会等也都是利害关系人。上述人员，都属于“与遗产管理人的确定有利害关系的人”。此外，被继承人、继承人、受遗赠人、遗赠扶养协议的扶养人，也有其自身的利害关系人（如债权人、债务人、共同经营的合伙人等），他们因与遗

产的处理相关，属于“与遗产的处理有利害关系的人”，也有权作为司法指定遗产管理人的申请人。

四、司法指定属特别程序，指定裁定应一审终审

遗产管理人的确定争议，在性质上不属于民事权益争议，在民事诉讼程序上应参照“特别程序”审理，而不应当作为普通程序案件立案。《民事诉讼法》第十五章规定了六类适用“特别程序”的案件，包括选民资格案件、宣告失踪或者宣告死亡案件、认定公民无民事行为能力或者限制民事行为能力案件、认定财产无主案件、确认调解协议案件和实现担保物权案件。其中，只有“选民资格案件”通过“起诉”的方式提出，原告向人民法院提交的是“起诉状”；其他五类案件都是通过“申请”的方式提出，申请人（而非“原告”）向人民法院提交的是“申请书”。在六类案件中，前四类案件的审理结果使用的裁判文书是“判决”，后两类案件使用的裁判文书是“裁定”。我们认为，在《民事诉讼法》作出修改（增加规定指定遗产管理人、指定监护人等的特别程序）之前，遗产管理人的司法指定程序应参照上述特别程序的相关规定进行审理，利害关系人应以申请人的身份，通过向人民法院提交申请书的方式提出指定遗产管理人的请求，人民法院经审理后应以裁定（而非判决）的方式指定遗产管理人。根据特别程序的共通特性，指定遗产管理人的裁定具有一审终审的终局效力，利害关系人无上诉权。

三 举证责任

本条规定的主要要件事实是“对遗产管理人的确定有争议”及“利害关系人”的身份，因而申请人在提出指定申请时，需围绕当事人对遗产管理人的确定发生争议的事实情况及其系“利害关系人”的身份等承担举证责任。

其他问题

遗产管理人的指定在遗产的处理中只是一个程序性事项，[①]并不涉及实体权益的处置。但在实践中，基于特定遗产的特殊性质（如易腐变质），若待遗产管理人确定后再为处置或者变现，可能为时已晚，从而有损于遗产的价值和利害关系人的权益。为此，就有必要赋予人民法院在遗产管理人指定程序中以必要的遗产处置权。鉴于此，我们认为，在解释上，如果利害关系人在申请指定遗产管理人的同时，又对特定遗产提出为必要之处置的请求时，人民法院应视情形作出处置的决定，而不得拒绝审理该处置申请。

此外，本条未规定人民法院指定的遗产管理人应具备何种资质或者可指定的人员范围，鉴于遗产管理事务具有极强的专业性，在实践中，人民法院可以参照公司清算程序中指定清算组人员的相关规定进行指定。《公司法规定（二）》第8条规定："人民法院受理公司清算案件，应当及时指定有关人员组成清算组。清算组成员可以从下列人员或者机构中产生：（一）公司股东、董事、监事、高级管理人员；（二）依法设立的律师事务所、会计师事务所、破产清算事务所等社会中介机构；（三）依法设立的律师事务所、会计师事务所、破产清算事务所等社会中介机构中具备相关专业知识并取得执业资格的人员。"由于继承人之间对遗产管理人的确定已经产生争议，所以，人民法院不应再指定某一继承人担任唯一的遗产管理人，而是应当以组成"遗产管理人小组"的方式指定遗产管理人，把相应的专业机构和专业人士纳入其中。在人数上，遗产管理人小组的人数应为单数，以便于通过民主决策的方式作出管理决议。

---

① 请求人民法院指定遗产管理人，既可以作为一个单独的诉讼提起，亦可以在继承纠纷诉讼中请求人民法院指定。

第一千一百四十七条【遗产管理人的职责】

遗产管理人应当履行下列职责：

（一）清理遗产并制作遗产清单；

（二）向继承人报告遗产情况；

（三）采取必要措施防止遗产毁损、灭失；

（四）处理被继承人的债权债务；

（五）按照遗嘱或者依照法律规定分割遗产；

（六）实施与管理遗产有关的其他必要行为。

历史由来

本条为新增条文，《继承法》无类似规定。

在民法典编纂过程中，《民法典继承编（草案）》（征求意见稿）第29条规定："遗产管理人应当履行的职责包括：（一）清理遗产并制作遗产清单；（二）保管遗产；（三）处理债权债务；（四）按照遗嘱或者依照法律规定分割遗产。"《民法典继承编（草案）》（一审稿）第926条作了与"征求意见稿"完全相同的规定。《民法典继承编（草案）》（二审稿）第926条又进一步作出修正，规定："遗产管理人应当履行下列职责：（一）清理遗产并制作遗产清单；（二）向继承人报告遗产情况；（三）采取必要措施防止遗产毁损；（四）处理被继承人的债权债务；（五）按照遗嘱或者依照法律规定分割遗产；（六）实施与管理遗产有关的其他必要行为。"其中，增加规定了遗产管理人应当向继承人报告遗产情况、采取必要措施防止遗产毁损（取代了"保管遗产"的规定）以及实施与管理遗产有关的其他必要行为的职责。《民法典（草案）》第1147条承袭了"二审稿"规定，最终形成了本条文。

继承法在性质上为财产法，遗产的处理类似于公司企业的清算，遗产管理人的地位类似于公司企业清算中的"清算人"，因而公司企业法中有关清算人职责的规定，对本条规定的形成产生了一定的影响。《公司法》第184条规定："清算组在清算期间行使下列职权：（一）清理公司财产，分别编制资产负债表和财产清单；（二）通知、公告债权人；（三）处理与清算有关的公司未了结的业务；（四）清缴所欠税款以及清算过程中产生的税款；（五）清理债权、债务；（六）处理公司清偿债务后的剩余财产；（七）代表公司参与民事诉讼活动。”《合伙企业法》第87条规定：“清算人在清算期间执行下列事务：（一）清理合伙企业财产，分别编制资产负债表和财产清单；（二）处理与清算有关的合伙企业未了结事务；（三）清缴所欠税款；（四）清理债权、债务；（五）处理合伙企业清偿债务后的剩余财产；（六）代表合伙企业参加诉讼或者仲裁活动。”以上两条规定可视为本条规定的由来之一。

规范目的或功能

遗产管理人的职责是整个遗产管理人制度的核心和主要内容。无遗产管理人，遗产的清算、管理、处置、分割、移交等事务都无法顺利进行，因此，凡是与“遗产的处理”相关的事务都应当属于遗产管理人的职责范围。遗产管理人的职责，在性质上同时也是遗产管理人的职权，在其履职时，任何人不得无端妨碍和干扰。本条规定采取了“列举+概括”的立法模式，明确周全，值得肯定。但其不足之处在于，因每项职责本身都是一个复杂的遗产处理程序，而《民法典》没有作出更进一步的延伸规定，这就会在很大程度上影响到本条规定之规范功能的发挥。

规范内容

一、清理遗产并制作遗产清单

该项职责包含两项工作内容：一是清理遗产，二是制作遗产清单。清理遗产是制作遗产清单的前提和基础，遗产清单是清理遗产的工作成果，在继承开始后，二者应同时进行，故本条将两项工作内容作为一项职责进行规定。

（一）清理遗产

“清理遗产”不是“处理遗产”，其是一种不包含遗产处置行为的遗产收集整理行为，而处理遗产是在遗产完成清理的基础上对遗产的处置行为。遗产管理人在就任后，须从事的首要工作就是确认遗产的种类和数额，对遗产进行盘点、固定和保存。遗产的清理以“全面清理”为原则和目标，遗产管理人对遗产的清理负有谨慎、忠实、勤勉的注意义务，其职责的履行类似于律师从事的“尽职调查”业务，未尽到注意义务的，须承担相应的法律责任（如根据《民法典》第1148条规定承担相应的民事责任）。在清理遗产时，遗产管理人对遗产应进行分门别类的清理，如区分实物型遗产、现金型遗产、权益型遗产，在不同的门类下对遗产进行归类整理。实物型遗产应再区分动产和不动产，并且对动产的占有状况、物理状况等进行确认，对不动产的登记与否、出租与否、是否设定有他项权利负担等进行调查确认。权益型遗产种类繁多，如股权、知识产权、特许经营权、应收账款债权、票据权益、用益物权、担保物权、占有权益、信托权益、期货权益等，均应全面进行调查确认。现金型遗产既包括货币（本外币）遗产，也包括存款、理财产品、储蓄型保险等。遗产管理人在清理遗产时，为保存遗产可采取必要的措施，如从第三占有人处取回动产并进行保管，为确认遗产权益向有关组织或者个人发送询证函，在公开媒体上刊登遗产债权申报公告或者财产认领公告（参照适用《民事诉讼法》规定的公示催告程序），委托有资质的第三方对遗产价值进行评估等。

遗产管理人不仅要清理被继承人的积极遗产，同时也要清理被继承人的消极遗产，消极遗产主要是指遗产债务。遗产债务可能是法定债务（如扶养费、抚养费、赡养费、已决损害赔偿金、已决违约金、欠缴税款等），也可能是自愿债务（如支付货款的债务、支付报酬的债务、借款的还本付息债务等）。对于法定债务和自愿债务，遗产管理人都要进行全面清理。“全面清理”只是清理遗产的预期目标，非因遗产管理人自身的原因而造成的清理遗漏或者遗产确认错误，遗产管理人可提出已尽合理注意义务之抗辩而免除民事责任。

（二）制作遗产清单

在我国台湾地区和澳门特别行政区，“遗产清单”被称为“遗产清册”，在民法典的起草过程中，我国学界也往往称遗产清单为“遗产清册”。遗产清单是一种公文书，类似于公司的“资产负债表”，上面开列着被继承人所遗留的积极财产和消极财产明细，包括实物遗产、权益遗产、现金遗产、所欠税款等。遗产清理完毕后，遗产管理人应制作完整的遗产清单。制作遗产清单的目的有二：一是固定遗产的范围、种类和数额，保护继承人、受遗赠人以及其他利害关系人的利益，防止遗产应收未收、被转移隐匿或者毁损灭失；二是为后续遗产债务清偿中限定继承原则的落实提供前提和基础，遗产清单所列明的财产的实际价值构成继承人清偿遗产债务的责任范围，无遗产清单制度，限定继承原则就难以贯彻实施。关于遗产清单的制作程序、制作方式、是否需要公证、对遗产清单提出异议的救济程序等问题，《民法典》均未作出延伸规定，而这些问题在实践中都可能被提出，因为其涉及一些重要法律问题，如遗产清单的有效性问题以及遗产清单是否具有对抗效力的问题等。我们认为，对于遗产清单的制作程序、制作方式、制作期间、是否需要公证等可不作强制性要求，由遗产管理人视情况自定。对于遗产管理人依法制作的遗产清单的有效性问题，我们认为，应首先对遗产清单的整体有效性作有效推定，利害关系人仅可以就遗产清单中的某项遗产的真实性、数额以及是否应当列入或是否漏列等具体问题提出质疑。此外，为保证遗产清单对遗产债权人的对抗效力，规避遗产管理人的履职风险，遗产管理人的妥当做法是，在遗产清单制作完毕后，向已知的遗产债权人书面通知，并要求遗产债权人在一定期限内通过书面回执的方式予以确认；同时，在公开媒体上将遗产清单予以公告，通过广而告之的方式对潜在的未查明的遗产债权人进行通知。

二、向继承人报告遗产情况

继承人是与遗产关系最为密切的利害关系人，其是遗产的承受人、遗产债务清偿的义务人、分割请求权人，遗产之存否、多寡等状况都与其关系重大，所以继承人对遗产情况享有知情权，遗产管理人应向其报告遗产情况。我们认为，在适用上，对该项职责应作目的性扩张解释，即遗产管理人除有义务向继承人报告遗产情况外，应受遗赠人、遗产债权人等的要求，亦有义务向其他的相关利害关系人报告遗产情况。当然，因报告对象的不同，遗产管理人的报告义务有主动报告和被动报告的分别。对于继承人应为主动报告，否则就有怠于报告的不作为责任风险；对于其他利害关系人的报告应为被动报告，非经要求无主动报告的义务。至于报告的方式为书面形式、口头形式或者其他形式，则视当事人的约定、要求而定，或者由遗产管理人自行视情况和报告的内容而定，法律不作强制性要求。遗产管理人应如实报告遗产情况，若隐瞒真实情况或者因故意、重大过失报告不实情况，并因此造成利害关系人损害的，须依法承担相应的民事责任。

三、采取必要措施防止遗产毁损、灭失

根据语义解释，本项职责应主要是针对实物型遗产（包括货币遗产）设置的。遗产毁损的风险来自两个方面：一是自然风险，二是人为风险。遗产管理人应针对这两种风险采取必要的防范措施，如针对鲜活易腐的动产，应及时予以变价处理，保存变价后的价款；针对未出栏的畜禽，应继续喂养或者及时变卖；针对未采摘的果蔬，应继续看护管理；针对图书资料、生产生活用具等，应及时进行整理收储，以防散失；针对破败但修复费用不高的不动产，应及时进行必要的修缮等。遗产管理人未尽到采取必要措施防止遗产毁损之注意义务的，对因此而造成的毁损、灭失损害，应对继承人等利害关系人承担损害赔偿责任。

四、处理被继承人的债权债务

被继承人的债权债务属于权益型遗产，根据继承的概括继受性质，其债权债务悉数由继承人继承。对于遗产债权，如果已经到期的，遗产管理人应向债务人发送催收通知，定相当期限要求债务人履行；如果尚未到期或者是附停止条件的，亦应向债务人发出通知，提示债务人届期履行或者在条件成就时自动履行；如果因债权债务纠纷在继承开始之前已经提起诉讼的，则遗产管理人应以诉讼担当人的身份参加诉讼，直至获得债权的确认判决；如果遗产债权因不及时行使有罹于时效而无法获偿情形的，遗产管理人应及时向债务人提出偿付请求以中断时效或者直接向人民法院提起诉讼。上述措施，都是保存和处理遗产债权的必要措施，事关继承人等利害关系人的利益，遗产管理人应善尽注意义务。对于遗产债务，遗产管理人应予清偿，其既可以遗产管理人的身份直接用遗产清偿，亦可以协助继承人予以偿还。[①]遗产是清偿遗产债务的责任财产，

---

① 如在“魏某某、昆明某某资本管理有限公司民间借贷纠纷案”中，二审判决认为：“被告吴某甲为吴某乙的法定第一顺序继承人，但由于其已明确表示放弃继承吴某乙的遗产，故吴某甲在该案中也不应承担还款责任。故原告对吴某乙享有的该案债权，应用吴某乙的遗产进行清偿，且以吴某乙的遗产范围为限。由于一审法院已指定吴某甲作为吴某乙的遗产管理人，故作为遗产管理人的吴某甲应协助原告办理‘用吴某乙遗产清偿吴某乙对原告所负债务’的相关手续。”参见云南省昆明市中级人民法院（2018）云01民终8300号民事判决书。

遗产债务之存否和多寡会直接影响到遗产在偿债之后是否有剩余以及剩余之多寡，对继承人、受遗赠人等的利益影响甚大，因而妥善处理被继承人的遗产债务是遗产管理人的一项重要职责。对遗产债务的处理以正确确认遗产债务为前提，对于债权人的债权申报，遗产管理人应审慎认定，必要时可提请仲裁或者通过诉讼解决。对遗产债务的处理涉及限定继承原则的贯彻、清偿的顺位、清偿的主体、遗产分割后再偿债务等一系列复杂问题，乃遗产处理中的重中之重，遗产管理人应依法谨慎履职，以防处理不当产生责任风险。

五、按照遗嘱或者依照法律规定分割遗产

在解释上，“分割遗产”包括两项内容：一是应分得遗产的确定，二是应分得遗产的移交。对于遗嘱继承部分，遗嘱管理人应遵照遗嘱的指定分割遗产；对于法定继承部分，遗产管理人应依照法律的规定分割遗产。遗产的分割类似于公司清算后剩余财产的分配，原则上是遗产清算和处理的最后一道程序。在遗嘱继承中，遗产管理人在确认遗嘱之合法有效性的前提下，应就继承人的身份、有无丧失继承权的法定情形、是否放弃继承、遗嘱指定的遗产种类和数额、分割的期限和条件等进行逐一审查和确认，在此基础上再进行遗产的分割。在法定继承中，遗产管理人应在查明法定继承人的范围和继承顺序的基础上，确定各自应继承的种类和份额后，再进行分割。在遗产分割职责的履行中，还涉及诸多的法定例外情形的处理，如遗赠扶养协议的履行问题、胎儿继承权和保留份的处理问题、继承人之外的人提出的酌给遗产请求权的处理问题、遗产债务的清偿问题、欠缴税款的缴纳问题、遗产分割的顺位问题等，遗产管理人都应当审慎处理，做到既顺利分割遗产，又杜绝分割纠纷，不留分割隐患。

六、实施与管理遗产有关的其他必要行为

遗产管理人负有处理遗产之必要注意义务，其必须为继承人的最大利益处理遗产管理事务，恪尽职守，诚实、信用、谨慎、有效地实施遗产管理行为。遗产管理人的注意义务是一项一般性义务，为避免违反该项注意义务而承担法律责任，遗产管理人应能动履职，凡是“应注意，能注意”的与实施遗产管理有关的一切必要行为，都应当积极作为。为此，本着“权责利相一

致”的原则，本条为遗产管理人的职责设置了一个兜底项，即“实施与管理遗产有关的其他必要行为”。此等“必要行为”不一而足，也因个案而异，如查明并通知已知的继承人、查明继承人放弃继承的意思表示是否真实、查明被继承人是否留有合法有效的遗嘱、通知受遗赠人并要求其于法定期限内作出接受或者放弃受遗赠的意思表示、以原告身份起诉请求确认被继承人丧失继承权或者受遗赠人丧失受遗赠权、[①]从存有遗产的人手中接管遗产、[②]通过提供担保的方式取回质物或者留置物、妥善保管被继承人生前的信托财产、[③]妥善保管被继承人的财务账册、通过诉讼保全遗产、及时实现担保物权、及时出售正在急剧贬值的股票遗产、对遗产之得丧变更进行保存登记、参加正在进行的以被继承人为一方当事人的诉讼（如债权人撤销权之诉）或者仲裁程序、[④]对被继承人生前作为受托人的受托事务采取必要的处理措施（《民法典》第936条）、对被继承人生前签订尚未履行完毕的合同作出终止履行或者继续履行的决定、对以被继承人名义代持的他人财产作出返还处理、代为行使股东权利、[⑤]遗产处理程序终结后制作遗产清算（处理）报告等，甚至还包括采取必要措施维护与遗产价值相关的被继承人的人格利益[⑥]。此外，在因宣告死亡而开始的继承中，当被宣告死亡的被继承人重新出现时，协助其向人民法

---

① 如在“梁某1、黄某继承纠纷案”中，法院判决即认为，遗产管理人、遗嘱执行人有权以原告的身份提起确认受遗赠人丧失受遗赠权的诉讼。参见广西壮族自治区高级人民法院（2018）桂民再54号民事判决书。

② 参见“陆某诉陈某某返还原物纠纷案”，北京市高级人民法院（2017）京民申4404号民事裁定书。

③ 如《信托法》第39条第2款规定：“受托人职责终止时，其继承人或者遗产管理人、监护人、清算人应当妥善保管信托财产，协助新受托人接管信托事务。”

④ 参见“蔡某某、杨某某建设工程施工合同纠纷案”，四川省高级人民法院（2018）川民申4859号民事裁定书。

⑤ 如在“清远市某某有限公司诉李某某等股东资格确认纠纷案”中，被继承人留有如下遗嘱：“本人持有清远市某某有限公司20%股权，为本人与李某某的共有财产；清远市某某有限公司10%股权，指定李某某作为遗产管理人，在儿子梁某甲、梁某乙年满35周岁前，由李某某代为行使股权及合伙份额的一切有关权利，在梁某甲、梁某乙年满35周岁后，由梁某甲、梁某乙平均承接上述股权和合伙份额。”参见广东省高级人民法院（2013）粤高法审监民提字第65号民事判决书。

⑥ 参见“某某国际公司诉国家工商行政管理总局商标评审委员会商标权无效宣告案”，北京市高级人民法院（2016）京行终878号行政判决书。

院撤销死亡宣告，并向其返还未分割的财产等。总而言之，遗产管理人的管理任务繁重、责任重大，这也正是《民法典》第1149条为遗产管理人设置了报酬请求权的主要原因。

举证责任

遗产管理人的职责与其法律责任的承担相对应，遗产管理人是否依法依约履职、是否尽到了法定的或者约定的注意义务，在责任归结上，本民法典实行的是“过错责任原则”（详见本书对《民法典》第1148条的评注）。这就意味着，对于遗产管理人是否有过错以及是否因其过错行为而造成了继承人等利害关系人的损害，应由继承人等利害关系人承担举证责任。就遗产管理人而言，应就其已经依法履职提供相应的初步证据。

第一千一百四十八条【遗产管理人的民事责任】

遗产管理人应当依法履行职责，因故意或者重大过失造成继承人、受遗赠人、债权人损害的，应当承担民事责任。

历史由来

本条为新增条文，《继承法》无类似规定。

在民法典编纂过程中，《民法典继承编（草案）》（征求意见稿）第30条、《民法典继承编（草案）》（一审稿）第927条、《民法典继承编（草案）》（二审稿）第927条作出如下一致规定：“遗产管理人应当依法履行职责，因故意或者重大过失造成继承人、受遗赠人、债权人损失的，应当承担民事责任。”其后，《民法典（草案）》第1148条稍加修正规定为：“遗产管理人应当依法履行职责，因故意或者重大过失造成继承人、受遗赠人、债权人损害的，应当承担民事责任。”其修正之处为，将“损失”修正为“损害”，最终形成了本条。从“损失”到“损害”的修正，并没有带来规范语义的实质变化，因而可以认为，本条规定的形成在立法过程中是没有争议的。

规范目的或功能

根据“责权利相一致”的原则，遗产管理人未依法正当履职的，对其失职行为应设定相应的法律责任，以保障继承人等利害关系人的合法权益。本条是一个完整法条，规定了“构成要件”和“法律效果”两个部分，其构成要件为“遗产管理人应当依法履行职责，因故意或者重大过失造成继承人、受遗赠人、债权人损害的”，其法律效果为“应当承担民事责任”。法律责任承担与依法履行职责之间形成一个规范性闭环，对遗产管理人制度之功能发挥具有不可或缺的保障作用。

规范内容

一、遗产管理人的法律地位

遗产管理人承担的民事责任究竟为何种性质的责任，本条未给出明确答案。要确定遗产管理人责任之性质，须先确定遗产管理人的法律地位。

在对《民法典》第1147条的评注中已经提及，遗产管理人类似于公司企业清算中的“清算人”。遗产处理制度是典型的财产法内容，因而有关遗产管理人法律地位的理解在一定程度上可以参照公司企业法中的清算人制度。关于清算人的法律地位，我国《公司法》等法律同样未作出明确规定。在理论上，有人认为清算人是清算中公司的机关，[①]有人认为是法定临时性执行机构，[②]有人认为是公司的代理人。[③]在日本法和我国台湾地区相关规定上，认为在内部关系上，清算人与公司之间是委任关系，公司是委任人，清算人是受托人，委任标的是公司的清算事务；在外部关系上，清算人是公司的代理人。[④]我们倾向于赞同该种观点，认为清算人是公司的受托人，对外实施清算

① 参见石少侠主编：《公司法教程》，中国政法大学出版社1999年版，第136页。
② 参见史际春等：《企业和公司法》，中国人民大学出版社2001年版，第84页。
③ 参见张民安：《英美董事法律地位研究》，法律出版社2000年版，第510页。
④ 参见孙强：《企业清算法律制度研究》，中国政法大学2003年博士学位论文，第84—85页。

行为时是公司的代理人。[①]

关于遗产管理人地位的讨论，在比较法上，主要集中于无人继承遗产领域，这与域外法将遗产管理人制度设置于无人继承领域有关。大致而言，存在以下三种立法主义：其一，认为无人继承的遗产以国家或者地方自治团体为最后顺序的继承人（德国、瑞士、法国采此立法例），遗产管理人为国家或者地方自治团体的法定代理人。其二，认为无人继承的遗产在性质上为一财团法人（日本采此立法例），遗产管理人为该法人的法定代理人。其三，在信托制度发达的英国，认为遗产管理人为被继承人之人格代表者（personal representative），即为管理、清算遗产之目的，而认为由被继承人自身（即死者）继承遗产；继承人有无不明时，该遗产由遗产管理人以信托所有人之身份和资格管理之。[②]我国现行法与上述立法例有着根本不同，我国的遗产管理人制度不仅存在于无人继承遗产的领域，在有人继承遗产的领域也同样存在，其在“遗产的处理”领域是一项全法域性制度。但该种不同并不影响我们在解释我国法上之遗产管理人地位时可参照上述立法主义，在制度区分的基础上，借鉴其合理部分。就制度本身而言，由于我国法不承认“国家”的继承人地位（国家只是无人继承遗产的归属主体，而非继承人），也未将遗产拟制为一个“财团法人”，更不存在视“死者自身”为继承人的遗产信托制度，故而上述的域外立法例都不足以作为解释我国法的比较法基础。但是，我们认为，根据遗产管理人产生的不同程序和方式，将遗产管理人定位为“代理人”的立法思想是值得借鉴的。具体而言，当遗嘱执行人担任遗产管理人或者由遗嘱指定的人（包括遗嘱指定的第三人指定的人）担任遗产管理人时，由于遗产管理人的产生并非基于继承人的意志，而是基于法律的直接规定（参见

---

① “清算人”不同于“清算义务人”。根据《民法典》第70条前两款规定：“法人解散的，除合并或者分立的情形外，清算义务人应当及时组成清算组进行清算。法人的董事、理事等执行机构或者决策机构的成员为清算义务人。法律、行政法规另有规定的，依照其规定。”公司的董事是“清算义务人”。清算义务人的义务是“及时组成清算组”，清算人的义务则是“进行清算”。清算义务人为组成清算组而聘任第三人担任清算人的，其所形成的委任关系当事人不是清算义务人和清算人，而是公司和清算人，公司才是真正的委托人，清算人对外以公司代理人的身份实施清算行为。

② 参见陈棋炎、黄宗乐、郭振恭：《民法继承新论》（修订九版），台北三民书局2014年版，第232—233页。

《民法典》第1145条的评注），故此种遗产管理人应视为继承人[①]的法定代理人[②]。当遗产管理人是继承人推选的人时，推选行为即委托行为，此种遗产管理人应视为继承人的委托代理人。当由继承人共同担任遗产管理人时，此种情形类似于合伙企业由全体合伙人担任清算人，每位合伙人的清算行为都视为得到了其他合伙人的共同授权；[③]同其道理，在继承人共同担任遗产管理人时，每位继承人都具有遗产管理人的资格，共同继承人之一对外实施遗产管理行为时，也都视为得到了其他继承人的共同授权。当由民政部门或者村委会担任遗产管理人时，由于没有继承人或者继承人均放弃继承，无人继承的遗产最终归属于国家或者集体组织，故而民政部门或者村委会就成为法定的国家或者集体组织的代理人，其地位为法定代理人。当遗产管理人由人民法院指定时，由于遗产管理人的产生具有法定性，故指定的遗产管理人被拟制为全体继承人的法定代理人。

将遗产管理人确定为继承人的代理人与公司企业法中将清算人视为公司企业的代理人取得了一致性，符合法秩序统一性的要求，便于对整体法律秩序进行体系解释。须指出的是，在公司企业法中，清算人是公司的受托人和代理人，但在继承法上，遗产管理人不是被继承人的受托人和代理人，而是

① 不论是遗嘱执行人担任遗产管理人还是遗嘱指定的遗产管理人，都不能视为遗嘱人（被继承人）的委托代理人或者代表人。被继承人的人格和民事主体资格因死亡而消灭，没有必要为遗产处理目的而拟制其存续。在这一点上，英国法的遗产信托制度不能用来作为解释我国法的比较法依据。

② 根据我们的理解，《民法典》并没有将“法定代理”制度仅适用于限制民事行为能力人和无民事行为能力人。《民法典》总则编第七章“代理”之第一节“一般规定”的第163条规定：“代理包括委托代理和法定代理。委托代理人按照被代理人的委托行使代理权。法定代理人依照法律的规定行使代理权。”据此规定，“法定代理”是与“委托代理”相对应的代理制度，二者的区别主要在于授权来源的不同。虽然《民法典》明确规定的法定代理人制度都是针对无民事行为能力人和限制民事行为能力人的，但其并没有将法定代理制度明确排除于其他领域的适用。实际上，针对法人、非法人组织的法定代理制度，我国法历来有之，如破产管理人的诉讼担当人地位，实质上就是一种法定代理人地位。因而认为法定代理人仅存在于自然人民事行为能力领域的观点，实为误解，其不当地限缩了法定代理制度的适用范围。

③ 《合伙企业法》第86条规定：“合伙企业解散，应当由清算人进行清算。清算人由全体合伙人担任；经全体合伙人过半数同意，可以自合伙企业解散事由出现后十五日内指定一个或者数个合伙人，或者委托第三人，担任清算人。自合伙企业解散事由出现之日起十五日内未确定清算人的，合伙人或者其他利害关系人可以申请人民法院指定清算人。”

继承人或者国家、集体组织的受托人和代理人。之所以如此，是因为清算中的公司企业，其法律人格和民事主体地位均不因清算而消灭，只有在清算程序终结并经注销登记后才会产生人格消灭的法律效果，故而作出委托清算的主体仍是公司企业本身；而继承自被继承人死亡时开始，被继承人死亡导致其法律人格和主体资格消灭，在遗产的处理程序中，其不可能再以委托人的身份委任遗产管理人。而遗产，在有继承人时，自继承开始时由继承人取得相应的财产权；在无继承人时，由国家或者集体组织取得相应的财产权。继承人或者国家、集体组织作为财产权人委任遗产管理人处理遗产，与清算中的公司作为公司财产的权利人委任清算人，其法理是一致的。

不论将遗产管理人定位为法定代理人还是委托代理人，其受托人和代理人身份实质上都是一种法律拟制（对本人委任意思的拟制），目的在于将遗产管理人之遗产管理行为、遗产处分行为所产生之法律效果归属于继承人或者国家、集体组织，从而使遗产债权的受偿、遗产债务的清偿、遗产的分割等发生确定有效的法律效果。作为法定代理人的遗产管理人与作为委托代理人的遗产管理人，在遗产管理和处理的职责范围上并无差别，二者都应当依照法律的规定和继承人的特别委托履行遗产管理人职责；[①]稍有不同的是，由人民法院指定的遗产管理人不仅要对继承人负责，还须对人民法院负责。

二、遗产管理人的责任依据（请求权基础）

根据本条规定，遗产管理人对继承人、受遗赠人、债权人负有注意义务，违反该义务则要承担民事责任。根据请求权基础的思维方法和法律适用方法，应当在厘清遗产管理人责任之规范依据的基础上，确定相关权利人的请求权基础。

由遗产管理人为继承人或者国家、集体组织的代理人（为避免烦琐起见，

---

① 根据《民法典》第163条第2款之规定："委托代理人按照被代理人的委托行使代理权。法定代理人依照法律的规定行使代理权。"这一代理权行使之权限依据，对于不同类型的遗产管理人而言，不应作过于严格的区分。被视为委托代理人的遗产管理人，在按照被代理人的委托行使遗产管理和处理行为的同时，也应当依照法律的规定行使代理权；被视为法定代理人的遗产管理人，在依照法律的规定行使代理权的同时，同样也应当接受被代理人的个别委托并依其委托行使代理权。因此，在下文的规范分析中，将不再区分委托代理人和法定代理人，而是统一纳入委托代理关系中进行分析。

非特别叙明，以下只表述为遗产管理人是继承人的代理人）身份所决定，遗产管理人的民事责任包括三个方面：一是遗产管理人作为委托关系中受托人的民事责任；二是遗产管理人作为代理关系中代理人的民事责任；三是遗产管理人违法实施管理行为的侵权责任。

（一）遗产管理人的受托人责任

遗产管理人与继承人之间形成委托关系，应当参照适用《民法典》有关委托合同的相关规定。[①]继承人是委托人，遗产管理人是受托人，继承人对遗产管理人的委托是概括委托，而非处理一项或者数项事务的特别委托。遗产管理人对继承人承担的受托人责任，主要表现为违约责任。《民法典》第929条规定："有偿的委托合同，因受托人的过错造成委托人损失的，委托人可以请求赔偿损失。无偿的委托合同，因受托人的故意或者重大过失造成委托人损失的，委托人可以请求赔偿损失。受托人超越权限造成委托人损失的，应当赔偿损失。"该规定为委托合同中受托人责任的一般规定，《民法典》第1148条有关遗产管理人责任的规定构成特别规定，在确定遗产管理人应承担的民事责任时，应根据有偿管理或者无偿管理，结合适用该两条规定。

（二）遗产管理人的代理人责任

遗产管理人的代理人责任，是指遗产管理人在实施代理行为（遗产的管理和处置行为）时，因其不当代理行为应对委托人（继承人）或者第三人（受

---

① 须指出的是，《民法典》有关委托合同的规定并不能全部适用于继承人和遗产管理人之间的委托关系。如关于任意解除权，《民法典》第933条规定："委托人或者受托人可以随时解除委托合同。因解除合同造成对方损失的，除不可归责于该当事人的事由外，无偿委托合同的解除方应当赔偿因解除时间不当造成的直接损失，有偿委托合同的解除方应当赔偿对方的直接损失和合同履行后可以获得的利益。"对于继承人推选产生的遗产管理人，作为委托人的继承人享有任意解除权是适当的；但是对于遗嘱执行人担任遗产管理人或者遗嘱人通过遗嘱指定的遗产管理人，继承人就不能享有任意解除权（不论在继承开始时还是遗产的处理过程中）。这是因为，遗嘱执行人和遗嘱指定的遗产管理人构成有效遗嘱的有效组成部分，由其担任遗产管理人处理遗产乃是对遗嘱的尊重和执行，继承人无权任意改变遗嘱的内容。当然，如果遗嘱执行人或者遗嘱指定的遗产管理人在管理和处理遗产的过程中不能依法依约履职、已经不适于继续担任遗产管理人的，则继承人可以请求人民法院撤换该遗产管理人。

遗赠人、债权人）承担的民事责任。《民法典》第164条规定："代理人不履行或者不完全履行职责，造成被代理人损害的，应当承担民事责任。代理人和相对人恶意串通，损害被代理人合法权益的，代理人和相对人应当承担连带责任。"该条规定了代理人对被代理人的责任。《民法典》第171条第3款、第4款规定："行为人实施的行为未被追认的，善意相对人有权请求行为人履行债务或者就其受到的损害请求行为人赔偿。但是，赔偿的范围不得超过被代理人追认时相对人所能获得的利益。相对人知道或者应当知道行为人无权代理的，相对人和行为人按照各自的过错承担责任。"该条规定了无权代理人对相对人（第三人）的民事责任。在追究遗产管理人之代理人责任时，除适用《民法典》第1148条规定（特别规定），还应当参照适用上述关于代理的一般规定。此外，《民法典》第169条[①]有关转委托的规定，也适用于遗产管理人转委托的情形，是遗产管理人转委托时责任承担的规范依据。

（三）遗产管理人的侵权责任

遗产管理人不依法履行遗产管理职责的，对继承人不仅会构成违约行为，同时也可能竞合地构成侵权行为。《民法典》第186条规定："因当事人一方的违约行为，损害对方人身权益、财产权益的，受损害方有权选择请求其承担违约责任或者侵权责任。"继承人可据此规定选择性地追究遗产管理人的侵权责任。如遗产管理人将管理处置遗产所产生的债权与其固有财产所产生的债务相抵销，将保管的遗产与其固有财产相混同，对继承人而言就既构成违约又构成侵权。因遗产管理人与受遗赠人、债权人之间并不存在委托关系，因其不依法履行职责侵害了他们的固有利益时，当然也会构成侵权行为（违反了保护他人之法律），应当依法承担侵权责任。此外，遗产管理人还可能与继承人一起对受遗赠人、债权人构成共同侵权行为。如根据《民法典》第167

① 《民法典》第169条规定："代理人需要转委托第三人代理的，应当取得被代理人的同意或者追认。转委托代理经被代理人同意或者追认的，被代理人可以就代理事务直接指示转委托的第三人，代理人仅就第三人的选任以及对第三人的指示承担责任。转委托代理未经被代理人同意或者追认的，代理人应当对转委托的第三人的行为承担责任；但是，在紧急情况下代理人为了维护被代理人的利益需要转委托第三人代理的除外。"

条[1]规定的“违法代理”情形，遗产管理人和继承人恶意串通转移隐匿遗产，就构成共同侵权行为，须承担连带责任。《民法典》有关侵权责任的规定，是追究遗产管理人侵权责任的重要规范依据，在适用本条规范时，应结合适用《民法典》侵权责任编的相关规定。

三、遗产管理人责任之构成和承担

（一）归责原则

根据本条规定，遗产管理人承担的是过错责任。申言之，遗产管理人作为受托人和代理人对继承人承担的违约责任是过错责任，这与违约责任一般为严格责任不同；遗产管理人对继承人、受遗赠人、债权人承担的侵权责任也是过错责任，排除了无过错责任原则的适用。

（二）责任构成

1.实施了违约行为或者侵权行为

对于继承人而言，遗产管理人的违约行为与侵权行为原则上具有竞合性，往往体现为违约型的侵权和侵权型的违约。如遗产管理人通过遗产清单的虚假记载隐匿遗产企图达到侵占遗产的目的，遗产管理人与相对人恶意串通损害继承人利益，遗产管理人未经继承人同意将其固有财产与遗产进行交易，就既违反了受托人的合同义务，又违反了保护他人的法律，同时构成违约和侵权。对于受遗赠人而言，如果遗产管理人因保管不当致使受遗赠的特定财产毁损灭失而无法移交的，就构成对受遗赠权的侵害，遗产管理人要承担损害赔偿责任。对于债权人而言，如果遗产管理人怠于履行遗产清算职责，致使被继承人的主要财产、账册、重要文件等灭失而导致债权无法获偿的，遗产管理人的行为就构成侵害债权的侵权行为。遗产管理人的某一侵权行为，可能同时构成对继承人、受遗赠人、债权人的共同侵害，如侵占遗产行为、与评估机构恶意串通低估遗产价值的行为，就会侵害所有利害关系人的权益。在构成要件上，遗产管

---

① 《民法典》第167条规定：“代理人知道或者应当知道代理事项违法仍然实施代理行为，或者被代理人知道或者应当知道代理人的代理行为违法未作反对表示的，被代理人和代理人应当承担连带责任。”

理人的违约行为或者侵权行为还须造成了相关权利人的损害，且行为与损害之间有因果关系，才能满足遗产管理人责任承担之客观构成。

2.未依法履职不具有阻却违法性

本条规定在构成要件上有“遗产管理人应当依法履行职责”的表述，这意味着遗产管理人的违约行为或者侵权行为具有“违法性”（广义的违法行为包括违约行为）。遗产管理人要免除民事责任的承担，就须对其行为的阻却违法性进行有效抗辩。例如，因人民法院强制执行的原因，遗产管理人向第三人为特定遗产的交付，致使无法向受遗赠人移交的，就不构成侵权，因其向第三人的交付具有合法性；在遗产的处理过程中，因征收或者征用致使遗产毁损灭失的，遗产管理人就可以进行有效的阻却违法性抗辩；应共有人的请求，将遗产中属于他人共有财产的部分予以分出并向共有人交付的，不具有违法性（详见本书对《民法典》第1153条的评注）；对应收债权，遗产管理人提起了诉讼或者仲裁，但遭受败诉判决（如因诉讼时效期间超过而遗产管理人对此又无过错），对于债权不能获偿的损失也可以进行合法性抗辩。《民法典》第1147条对于遗产管理人职责的规定非常笼统，对于何为“依法履行职责”或者何为“违法履行职责”的判断缺乏具体的标准，我们认为，在进行违法性判断时，应为“实质判断”而非“形式判断”。否则，遗产管理人的责任就变成了类似于国家赔偿责任的“违法有责”了。

3.主观上具有故意或者重大过失

《民法典》第929条在区分有偿委托和无偿委托的基础上，对受托人责任的过错程度进行了区分。对于有偿委托，只要受托人存在“过错”，就要承担损害赔偿责任；对于无偿委托，只有受托人存在“故意或者重大过失”时，才承担损害赔偿责任。而第1148条规定的“过错”，仅局限于“故意或者重大过失”，不包括轻过失。遗产管理人的任职，可能是有偿的，也可能是无偿的（详见本书对《民法典》第1149条的评注）。根据特别规定优先于一般规定的法律适用规则，遗产管理人的过错，不论是有偿管理还是无偿管理，其过错都应当是“故意或者重大过失”，而不包括轻过失。立法政策之所以如此选择，主要是考虑到遗产管理人的受托是一种概括受托，其所处理的遗产清算事务繁重复杂，如果对其设定过重的注意义务，就既不利于遗产的顺利处理，也不利于继承人等相关利害关系人的利益保护，可能会适得其反。在民法上，

“重大过失”等同于“故意”，而通常所言的“故意”实质上为“恶意”。例言之，在针对被继承人的保证纠纷诉讼中，遗产管理人已经知悉保证期间超过的事实而不为抗辩，致使被判决承担保证责任的，就构成重大过失；在遗产评估拍卖中，遗产管理人与评估机构、第三人串通，故意低估遗产价值而由第三人低价拍得特定遗产的，就构成恶意。

（三）责任承担

根据过错责任原则，当遗产管理人实施了违约行为或者侵权行为，又无正当的免责事由（阻却违法性抗辩事由），且主观上具有故意或者重大过失时，就构成了遗产管理人责任。在诸多的民事责任承担方式中，遗产管理人承担责任的主要方式包括停止侵害、返还财产、恢复原状、继续履行、赔偿损失等行为责任和财产责任。而在这些责任承担方式中，最主要的是损害赔偿责任。民法上，损害赔偿的功能在于损害填补，其奉行的基本原则是“完全赔偿原则”，即对于直接损失（实际损失）和间接损失（可得利益）都应予以赔偿。对于遗产管理人的损害赔偿责任，本条只是规定“应当承担民事责任”，在赔偿范围上未作任何限定，这就意味着遗产管理人责任的承担，也要遵循完全赔偿原则。但须注意的是，《民法典》对委托合同和委托代理中的赔偿责任，在某些条文中是作出了特别规定的，这些特别规定对于遗产管理人损害赔偿责任的承担也应予以适用。比如，根据《民法典》第171条第3款之规定，行为人实施的行为未被追认的，善意相对人有权就其受到的损害请求行为人赔偿，但赔偿的范围不得超过被代理人追认时相对人所能获得的利益；再如，根据《民法典》第933条之规定，无偿委托合同的解除方应当赔偿因解除时间不当造成的直接损失，有偿委托合同的解除方应当赔偿对方的直接损失和合同履行后可以获得的利益。在继承人、受遗赠人、债权人请求遗产管理人承担损害赔偿责任的民事纠纷案件中，人民法院应将上述特别规定一并作为遗产管理人责任的依据予以适用。

举证责任

继承人、受遗赠人、债权人主张遗产管理人未依法履行职责给其造成损害的，除应就遗产管理人履职中存有过错（包括故意或者重大过失）提供证据证明外，还应提供证据证明因遗产管理人的过错给其造成的损失状况以及损失与未依法履职行为间具有因果关系。对于遗产管理人而言，为减轻或者免除其民事责任，需围绕着其未实施违约行为或者侵权行为、其行为与损害结果间不具有因果关系、其行为具有阻却违法性以及其不具有故意或者重大过失等提供证据（反证责任）。

其他问题

遗产管理人的责任承担还涉及两个问题：一是除民事责任外，行政责任、刑事责任的承担问题；二是除对继承人、受遗赠人、债权人承担责任外，对其他人的责任承担问题。就这两个方面的问题，本条都未作规定。

根据《民法典》第187条之规定，民事主体因同一行为应当承担民事责任、行政责任和刑事责任的，承担行政责任或者刑事责任不影响承担民事责任。这就意味着，遗产管理人的违法履职行为，可能造成法律责任的聚合，而一并触发民事责任、行政责任和刑事责任。本条只规定了民事责任的承担，而未规定行政责任、刑事责任的承担，但这并不意味着遗产管理人责任只有民事责任而排除了行政责任和刑事责任的承担。如遗产管理人在处理遗产中的危化物品时，因处理不当造成环境污染或者生态破坏的，就要承担罚款等行政处罚责任；遗产管理人利用职权徇私舞弊、谋取非法收入或者侵占遗产的，就可能涉嫌构成刑事犯罪，在依法定罪后就要承担刑事责任。

遗产管理人的违法履职行为可能给继承人、受遗赠人、债权人之外的其他人造成损害，虽然本条规定只列举了三类人，但在法律适用上应进行目的性扩张解释，除这三类人外的其他人因其违法管理行为造成损害的，也有权请求遗产管理人承担民事责任。如当遗产与他人的财产发生混同而形成共有状态时，在遗产分割之前，共有人就有权请求分出和取回属于自己的财产，遗产管理人无权对其为处分；当共有人向遗产管理人发出取回共有财产的通知，而遗产管理人拒绝配合并对其为处分从而造成了损失时，就构成对共有人财产权的侵害，应依法承担侵权责任。此外，遗产管理人对于遗赠扶养协议的扶养人也负有注意义务，若其侵害了扶养人的优先性债权（参见本书对《民法典》第1158条的评注）而造成扶养人损害的，应对其承担损害赔偿责任。

第一千一百四十九条【遗产管理人的报酬请求权】

遗产管理人可以依照法律规定或者按照约定获得报酬。

历史由来

本条为新增条文。在民法典编纂过程中，遗产管理人的报酬请求权首次出现在《民法典继承编（草案）》（征求意见稿）第31条，之后的《民法典继承编（草案）》（一审稿）第928条、《民法典继承编（草案）》（二审稿）第928条及《民法典（草案）》第1149条均作出了与“征求意见稿”第31条完全一致的规定。

规范目的或功能

遗产的处理是一项繁重复杂的职责，同时遗产管理人对管理行为之受益人又负有注意义务，根据“权责利相一致”的原则，应当赋予遗产管理人以报酬请求权。此外，法律的基本立场应当是“导人向善”的，而非“强迫奉献”的，赋予遗产管理人以报酬请求权是一种正向的激励机制，对于遗产管理人勤勉履职、忠实履职具有重要的激励功能。如果不作本条规定，遗产管理人制度恐怕难以实行，因为没有人（当然也非绝对）会愿意以“志愿者”的身份去担任一项具有法律责任风险的职务。特别是对于复杂的遗产继承案件，必须有专业机构和专业人员介入才能完成遗产处理事务（如需要委托律师事务所和专业律师处理），如果不支付报酬，又怎能聘任专业人士从事专业工作呢？！只有“专业人做专业事”，对继承人等利害关系人的利益才能提供最大限度的保障，才能实现受益人之利益最大化。实际上，在我国司法实践中，人民法院很早之前就已经对遗嘱执行人（遗产管理人）的报酬请求权明确表明了予以支持的司法态度。[①]本条规定，是对司法实践经验的有益总结，

---

① 参见“向美琼等人诉张凤霞等人执行遗嘱代理协议纠纷案”，载《中华人民共和国最高人民法院公报》2004年第1期。该案的裁判要旨即指出：遗嘱执行人在遗嘱人没有明确其执行遗嘱所得报酬的情况下，与继承人就执行遗嘱相关事项自愿签订代理协议，并按照协议约定收取遗嘱执行费，应认定代理协议有效。

为遗产管理人之报酬获得提供了重要的请求权基础。

规范内容

一、有权获得报酬的遗产管理人

学界就遗产管理人有权获得报酬的观点是有共识的，但对有权获得报酬的遗产管理人的范围，存在不同观点。主要争议点在于，当继承人和遗嘱执行人担任遗产管理人时，其是否享有报酬请求权。本条规定并未将继承人和遗嘱执行人排除在外，我们认为如此处理是恰当的。遗嘱执行人担任遗产管理人时，如果其作为遗嘱执行人已经获得了报酬，可以不再赋予其作为遗产管理人的报酬请求权；但是，如果履行遗嘱执行人的职责是无偿的，再剥夺其担任遗产管理人的报酬请求权，就难谓公允了。就继承人担任遗产管理人而言，虽说继承人本身就是遗产的共有人，同时也是遗产管理和处理的受益人，但对其为实施遗产管理行为所作出的“特别牺牲”给予一定的劳务报偿，也是公平合理的。因此，不论遗产管理人的身份为何，都应当有权获得报酬。

二、“按照法律规定”获得报酬

遗产管理人“按照法律规定”获得报酬的权利，有赖于相关立法就遗产管理人的报酬问题作出明确规定，但相关的配套立法目前尚未出台。《强制清算纪要》第24条规定：“……有限责任公司的董事、监事、高级管理人员，股份有限公司的监事、高级管理人员担任清算组成员的，可以按照其上一年度的平均工资标准计付报酬。”我们认为，这一规定在继承人担任遗产管理人时可以参照适用。可考虑略作调整的是，“上一年度的平均工资标准”可调整为“被继承人生前住所地上一年度职工年平均工资标准”。

三、“按照约定”获得报酬

遗产管理人自愿接受无偿委托的，当然不存在计付报酬的问题。遗产管理人与继承人明确约定了报酬支付标准或者数额的，应当从其约定。事先未作约定，在遗产管理人就任后、遗产管理过程中，甚至是遗产处理程序终结后，当事人都可以通过协商来补充约定报酬问题。遗产管理人与继承人在确定报酬的标准或者数额时，可考虑以下因素：遗产管理处置的复杂性、遗产管理人的勤勉程度、遗产管理人承担的风险和责任、被继承人生前住所地居民可支配收入和物价水平以及其他应当考虑的合理因素。当遗产管理人由人民法院指定时，报酬问题可由当事人先行协商；协商不成的，再由人民法院依法确定。《强制清算纪要》第25条规定，中介机构或者个人担任清算组成员的，其报酬由中介机构或者个人与公司协商确定；协商不成的，由人民法院参照《最高人民法院关于审理企业破产案件确定管理人报酬的规定》确定。《最高人民法院关于审理企业破产案件确定管理人报酬的规定》（法释〔2007〕9号）第2条，就人民法院应根据债务人最终清偿的财产价值总额，在一定比例限制范围内分段确定破产管理人报酬的问题作出了详细规定。①我们认为，在相关的规范性文件出台之前，就遗产管理人的报酬确定问题，不妨参照适用之。约定了报酬或者由人民法院确定了报酬之后，经当事人协商之后，仍可以进行调整、增减其数额。

四、应得报酬的优先受偿性

原则上，遗产管理人的报酬应当由继承人事先支付。当然，如果当事人约定分阶段支付或者事后支付的，应当从其约定。但当遗产不足以全部偿付遗产债务和管理费用时，就有一个偿付序位的问题。我们认为，参照破产法上“破产费用”（包括管理人报酬）优先受偿的规定，此时遗产管理人的报酬应具有优先受偿性，在支付了遗产管理人的报酬后尚有剩余的，再偿付遗产债务。

---

① 其规定：（一）不超过100万元（含本数，下同）的，在12%以下确定；（二）超过100万元至500万元的部分，在10%以下确定；（三）超过500万元至1000万元的部分，在8%以下确定；（四）超过1000万元至5000万元的部分，在6%以下确定；（五）超过5000万元至1亿元的部分，在3%以下确定；（六）超过1亿元至5亿元的部分，在1%以下确定；（七）超过5亿元的部分，在0.5%以下确定。担保权人优先受偿的担保物价值，不计入财产价值总额。高级人民法院认为有必要的，可参照上述比例在30%的浮动范围内制定符合当地实际情况的管理人报酬比例限制范围。

五、遗产管理人的遗产留置权

在报酬的请求和支付问题上，遗产管理人和继承人之间形成了债权债务关系。遗产管理人因管理、处置遗产而保管遗产时，其对遗产的占有为有权占有，并且该占有事实与其报酬请求权系产生于同一法律关系，因而在继承人支付报酬前，为担保报酬请求权的实现，遗产管理人对其所保管占有的遗产有权行使留置权。当然，如果当事人之间明确约定排除了留置权行使的，遗产管理人应当遵照该约定，不得行使留置权。

六、继承人的先履行抗辩权

遗产管理人不依法履行职责，因故意或者重大过失造成继承人损害的，继承人对遗产管理人享有损害赔偿请求权。当继承人的损害赔偿请求权与遗产管理人的报酬请求权同时并存时，应如何处理呢？我们认为，此时继承人应当享有先履行抗辩权，亦即在遗产管理人作出赔偿之前，继承人有权拒绝支付报酬。如若不然，遗产管理人将“从自己的错误行为中获利”，与其依法管理职责有悖，有失公允。

举证责任

本条的适用，举证责任主要在于遗产管理人。遗产管理人应就支付报酬的依据等承担举证证明责任，包括但不限于与遗嘱人、继承人等存在支付报酬的约定、约定的报酬数额、应支付报酬的时间及支付方式、留置权行使的条件成就等。当继承人行使先履行抗辩权时，应就遗产管理人应承担损害赔偿责任、赔偿的数额以及偿付情况等承担举证证明责任。

其他问题

本条规定了遗产管理人的报酬请求权，而未规定遗产管理费用的偿付请求权。在遗产管理过程中，因遗产管理、处置支出的费用和形成的债务，应以遗产随时偿付。但在特定情形下，当不能直接以遗产承担相关费用和履行债务时，会出现遗产管理人以其固有财产先行垫付的情况。于此情形，遗产管理人对其垫付的管理费用及利息（可按全国银行间同业拆借中心公布的贷款市场报价利率计息），应当享有费用偿付请求权，并对所管理的遗产享有优先受偿权。

第一千一百五十条【被继承人死亡的通知】

继承开始后，知道被继承人死亡的继承人应当及时通知其他继承人和遗嘱执行人。继承人中无人知道被继承人死亡或者知道被继承人死亡而不能通知的，由被继承人生前所在单位或者住所地的居民委员会、村民委员会负责通知。

历史由来

本条完全承袭了《继承法》第23条的规定。在民法典编纂过程中，本条的形成未经历过任何修改。

规范目的或功能

《民法典》第1121条第1款规定："继承从被继承人死亡时开始。""被继承人死亡"是要件事实，"继承开始"是法律效果。我国学界传统上将该规定之条旨概括为"继承开始的通知"，似有不妥。"通知"不应当是某种"法律效果"的通知，而应当是某种"法律事实"的通知，故我们将本规定之条旨概括为"被继承人死亡的通知"。被通知人收到被继承人死亡的通知时，即可明了继承开始的法律效果。

规范内容

一、通知的事实：被继承人死亡

自然人死亡包括自然死亡和宣告死亡，两种死亡均属于引发继承法律关系的法律事实。被继承人死亡的直接法律效果是继承开始，即继承法律关系产生。在通知的内容上，被继承人死亡的事实最为重要，但往往不限于此，如被继承人死亡的具体时间、死亡的地点、死亡的原因、弥留之际的心愿等都可以顺便进行通知。但能够引发继承开始这一法律效果的，仅为被继承人死亡这一事实，其他的通知内容与继承开始的法律效果无关。

二、通知义务人之一：继承人

本条规定使用了“应当通知”的表述，这意味着通知乃通知人的一项法律义务，在被继承人死亡后，知道这一事实的人有义务发出通知。根据本条规定，通知义务人原则上为继承人。具体而言，“知道”被继承人死亡的事实并且“能够”为通知的继承人是通知义务人，不知道或者知道而不能为通知的继承人不是通知义务人。所谓“知道”，应当是指“明确知悉”，即亲眼所见或者得到确切信息（如接到医院的死亡通知、收到人民法院的死亡宣告判决）知道被继承人已经死亡；所谓“不能通知”，是指客观上无通知的能力、方式或者渠道而言。如知道被继承人死亡的继承人是无民事行为能力人或者限制民事行为能力人，与死亡的被继承人共同陷于绝境而与外界完全失联隔绝的继承人，知道被继承人死亡的继承人没有其他继承人的任何联络方式而又无法当面为通知等，都属于“不能通知”的情形。是否“能够通知”，法律未作过高的义务要求，凡是客观上具有通知障碍的，就应当认定为“不能通知”而豁免通知人的通知义务。

三、通知义务人之二：相关单位或者组织

根据本条规定，继承人中无人知道被继承人死亡或者知道被继承人死亡而不能通知的，由被继承人生前所在单位或者住所地的居民委员会、村民委员会负责通知。相关单位或者组织负有为被继承人死亡通知的义务，但该义务的承担也应以“知道”和“能够通知”为前提。如果相关单位或者组织不知道被继承人死亡的，就不可能为死亡通知；如果被继承人于地震中死亡，所在地区的交通和通信完全阻断，相关单位或者组织即便知道被继承人死亡也无法发出通知的，也就不可能为死亡通知。本条规定虽然未使用“应当”的表述，但并不意味着相关单位或者组织不是通知义务人，相关单位或者组

织对此不可不察。此外，在解释上，被继承人的"生前住所地"应当包括"经常居住地"，即被继承人生前经常居住地的居委会或者村委会也负有通知义务。我们甚至认为，还应当作更进一步的目的性扩张解释，被继承人生前"临时居住地"的居委会或者村委会也应当负有通知义务。被继承人死亡的通知，既是一项法律义务，也是一项道德义务，对通知义务人的范围作适当的扩大解释，符合本条规定的立法目的。

除上述继承人和相关单位或者组织是通知义务人之外，知道被继承人死亡的其他人也可以为通知。但须注意的是，不论是利害关系人还是其他的无利害关系人，即便其知道被继承人死亡的事实，也不负有法律上的通知义务；若其实施了通知行为，在性质上也只是实施了无因管理行为，而非法律义务的履行。

四、通知的要求：及时通知

本条规定对通知提出的要求仅是"及时通知"，对于通知的方式、形式等均未作要求。何为"及时通知"？在理解上应是指"第一时间通知"，也可以理解为"立即通知"，即在知道被继承人死亡的事实后，在第一时间、以最快速的方式向其他继承人发出通知。在知道被继承人死亡的事实后，被继承人的尸体已经被解剖、已经开过追悼会、已经被火化、已经被埋葬后才为死亡通知的，原则上就不能认定为"及时通知"。总之，对"及时与否"的认定，应结合被继承人死亡时的具体情形、通知义务人为通知的主客观条件等方面进行综合认定。

五、通知的对象：其他继承人和遗嘱执行人

本条规定的通知对象仅限于其他继承人和遗嘱执行人两类。其他继承人是与被继承人具有近亲属关系的人，不仅情感关系密切，而且是继承开始后遗产的归属主体和最重要的利害关系人，因而首先应当向其为通知。遗嘱执行人是继承开始之后的遗产管理人，在被继承人死亡后的第一时间，其即就任并开始着手管理遗产对后续遗产的顺利处理而言关系重大，因而也应当对其为通知。其他继承人和遗嘱执行人是法定的通知对象，其享有受通知的权利，为通知权利人。实际上，在我国民间，"报丧"的对象往往不局限于"其

他继承人”，除继承人等近亲属外，往往还包括众多的远亲属，但在法律上，通知义务人并不负有向远亲属为通知的义务。

六、违反通知义务的法律后果

被继承人死亡的通知是一种“事实通知”，在性质上为一种准法律行为，依法会产生一定的法律效果。既然通知是知道被继承人死亡而又能够为通知的继承人的法律义务，如其知道、能通知而不为通知的，就构成对法律义务的违反，当然应承担一定的不利后果。本条只规定了通知义务人，而对于违反通知义务的法律后果未作规定，但在解释上不难得出违反通知义务时通知义务人应承担的法律责任。违反通知义务的行为主要包括能通知而故意不为通知和虽通知但通知不实两种情形。不为通知和通知不实都可能造成其他继承人的损害，从而引发法律责任的承担。就通知不实而言，如关于死亡时间、死亡地点、遗愿的不实通知，可能造成其他继承人的重大误解而致其正当权益受到损害，于此情形，通知义务人要承担违反通知义务的民事责任。当然，“不实通知”应以通知义务人具有故意或者重大过失为前提，如果通知义务人因对被继承人死亡的事实产生了错误认知而传递了错误信息的，就不应承担民事责任。就不为通知而言，其不仅可能引发财产损失时的财产损害赔偿责任，而且还可能引发精神损害赔偿责任的承担。（《民法典》第1183条）

举证责任

因被继承人死亡的通知发生争议的，对通知义务人是否知道被继承人死亡的事实、通知义务人是否发出了通知以及通知是否及时、通知义务人是否能够通知而不为通知等待证事实，由提出质疑的其他继承人承担举证证明责任。通知义务人应主要就其已经及时通知或者存在无法为通知的障碍等待证事实承担举证证明责任。

其他问题

本条没有将受遗赠人、遗赠扶养协议的扶养人、遗产债务的债权人等规定为通知对象，这就意味着，“被继承人死亡”这一事实没有必要向这些利害关系人进行通知，向其通知也不构成通知人的义务。向其他利害关系人通知的，不论在通知的主体还是通知的内容等方面，都不同于本条规定的“被继承人死亡的通知”，而是应当各依其法律关系的内容和法律效果确定。

第一千一百五十一条【遗产的保管】

存有遗产的人，应当妥善保管遗产，任何组织或者个人不得侵吞或者争抢。

历史由来

本条沿袭了《继承法》第24条的规定，略作修改：将“任何人”修改为“任何组织或者个人”。在民法典编纂过程中，《民法典继承编（草案）》（征求意见稿）第33条、《民法典继承编（草案）》（一审稿）第930条、《民法典继承编（草案）》（二审稿）第930条都继续沿用了《继承法》第24条“任何人”的表述。《民法典（草案）》第1151条，将“任何人”修改为“任何组织或者个人”，最终形成了本条规定。将“任何人”修改为“任何组织或者个人”，在规范意义上并无实质变化，修改前后可作相同理解。

规范目的或功能

本条文是一个不完整法条，只规定了构成要件部分，但在理解上，并不难补足其法律效果，即未妥善保管遗产的遗产存有人或者侵吞、争抢遗产的人要承担民事责任。妥善保管遗产是遗产处理的前提和基础，不论在处理之前还是处理过程中，如果遗产毁损灭失，遗产债务的清偿、继承人的继承权、受遗赠人的受遗赠权、遗赠扶养协议的扶养人权益都将成为无源之水、无本之木了。本条规定为存有遗产的人设置了妥善保管义务，为后续遗产的顺利处理奠定了基础，也为继承人等利害关系人的侵权损害赔偿请求权提供了规范基础，具有重要的规范意义和实践意义。

规范内容

一、保管义务人：存有遗产的人

在现代汉语中，“存有”一词通常使用于以下动宾搭配场合：存有模糊认识、存有不同意见（疑虑、争议、异议、疑义）、存有严重缺陷、存有侥幸心理等。作为法律用语，在我国狭义的“法律”层面上，仅有《继承法》及现行《民法典》继承编使用了该术语，其动宾搭配为“存有遗产”。立法使用了“存有”而没有使用“占有”，说明“存有”不同于“占有”。在民法上，“占有”是相对于“有体物”而言的，其表达的是对有体物为客观的、物理意义上的管领支配，即“实体控制”，而不能用来表达对“权益”的占有。作为遗产的构成，通常既有有体物意义上的财产，也有无体物意义上的“权益型财产”，如果用“占有遗产的人”来表达遗产的保管人，显然就不够准确和全面。因而在解释上，“存有遗产的人”既包括遗产的占有人，也包括权益型遗产的“持有人”。申言之，事实上的占有人和法律上的持有人，共同构成了遗产的“存有人”。

（一）遗产的直接占有人

存有遗产的人首先是指遗产的直接占有人。存有人对遗产的占有，可能是依约占有（如借用人的占有），也可能是依法占有（如留置权人的占有）；可能是有权占有（如质权人的占有），也可能是无权占有（如侵占人的占有）。在解释上，不论是因何种原因形成的占有，占有人都是遗产的存有人，都应当依照本条规定负有法定的妥善保管遗产的义务。对于实物型遗产，直接占有人拥有最强的管领支配力，其应当成为最主要的遗产保管人。如房屋的承租人、文物字画的租借展览方、图书资料的借阅人、仓储货物的保管人、封金的占有人、存单的保管人、动产质押的质权人、依法查扣车辆的监管人等。在解释上，作为遗产之遗失物的拾得人也是遗产的存有人和保管义务人，在向遗产管理人移交遗失物之前，拾得人负有妥善保管义务。即便是因实施侵权行为而侵占遗产的直接占有人（无权占有人），在依法向遗产管理人返还原物之前的占有期间，依照本条规定也是遗产的存有人，对其占有的遗产也负有妥善保管义务。在立法意旨上，本条规定对直接占有状态所置重的并非其占有的权源、基础和原因，而是实际占有的客观状态，因而不能将无权占有人排除在“存有人”的范围之外。此外，遗产的直接占有人包含占有辅助人，占有辅助人虽然是为他人的利益而进行对物的占有，但其对物的占有形态仍为直接占有，因而占有辅助人也负有遗产保管义务。

（二）遗产的间接占有人

间接占有人虽不对物为直接的管领支配，但其对直接占有人的占有状态具有法律上的控制力，因而也应当视为遗产的存有人。如承租人将承租的房屋予以转租、质权人将质物予以转质，次承租人和次质权人是直接占有人，原承租人和原质权人是间接占有人；在继承开始后，不仅直接占有人负有遗产保管义务，而且若因直接占有人保管遗产不当造成损失的，间接占有人就须与直接占有人共同对该损失承担违反保管义务的损害赔偿责任。

（三）遗产的名义持有人

遗产的“名义持有人”即“代持人”。财产权利的代持造成了财产的实际权利人与名义权利人发生了分离。在实践中，房屋代持、车辆代持、股权代持、存款代持等现象比比皆是，当对财产的真正权利人是谁发生争议时，需要通过确认之诉解决。财产的代持人是法律上的权利人，如在房屋代持中，代持人即被登记为房屋所有权人。既然代持人拥有法律上的所有权，那其对代持的财产就拥有法律上的处分力，其虽可能并不直接占有代持的财产，但对代持财产为法律上的处分原则上是没有障碍的。因此遗产的代持人也是本条规定的遗产存有人，在继承开始后，代持人的保管义务主要体现为不得对代持的遗产为法律上处分的义务，而是应当维持代持的权属状态不变，继续为全体继承人代持该遗产。

二、注意义务：妥善保管

《民法典》第892条第1款规定：“保管人应当妥善保管保管物。”由此可见，本条规定对遗产存有人之保管义务，采取了与保管合同中对保管人要求的相同注意义务，即“妥善保管”的注意义务。所谓“妥善保管”，是指存有人应尽到善良家父的勤谨义务，对存有的遗产采取必要的保管措施，以防止遗产毁损灭失。应当采取措施而未采取、有能力采取措施而未采取或者采取的措施明显不当、将应当由自己保管的物品转交第三人保管、未经遗嘱执行人或者遗产管理人同意而擅自将遗产交付对遗产提出权利主张的第三人、代持人擅自处分遗产等，就违反了妥善保管的注意义务，造成损失的，应依法承担相应的民事责任。

三、保管不善的民事责任

在民法上，保管人注意义务之高低，因有偿保管和无偿保管两种情形而有所不同，有偿保管的注意义务要高于无偿保管的注意义务。《民法典》第897条规定：“保管期内，因保管人保管不善造成保管物毁损、灭失的，保管人应当承担赔偿责任。但是，无偿保管人证明自己没有故意或者重大过失的，不承担赔偿责任。”据此规定，保管的归责原则是过错责任原则（过错推定原则）。对于有偿保管而言，保管人对其一般过失也要承担民事责任；而对于无偿保管而言，保管人只对自己的故意或者重大过失负有责任。遗产存有人的保管是有偿保管还是无偿保管，本条规定并未予以明确，因而应视实际情况定其注意义务之高低及相应的民事责任承担（下文“其他问题”中对此予以阐释）。

四、侵吞、争抢遗产的法律责任

遗产存有人在负有法定的保管义务的同时，也负有向遗嘱执行人或者遗产管理人返还、移交所保管之遗产的义务，若其应请求而拒绝移交返还的，就构成侵占，依法应承担侵权责任。因此，本条规定的“不得侵吞”主要是针对遗产存有人而言的。当然，因为存有遗产的人负有妥善保管义务，其为妥善保管遗产而占有遗产的，并不构成侵吞遗产。①与之不同，“不得争抢”是针对“任何组织或者个人”而言的。继承人、受遗赠人之外的人不得争抢遗产自不待言，即便是有权分得遗产的继承人、受遗赠人也不得争抢遗产，其只能依遗嘱

① 参见“孔某甲等诉孔某乙不当得利纠纷案”，天津市第一中级人民法院（2017）津01民再39号民事判决书。

或者法律规定取得遗产，在遗嘱执行人或者遗产管理人进行遗产分割并向其移交之前，继承人、受遗赠人无权自行以“争抢”的方式取得遗产。侵吞、争抢遗产的，不仅要承担民事责任；构成犯罪的，还要依法承担刑事责任。

举证责任

根据过错责任原则，继承人、受遗赠人对于遗产存有人占有遗产、造成遗产损失、保管不当与损失间有因果关系、存有人具有过错等承担举证责任。遗产存有人应当注意收集并提供其已经履行了妥善保管义务或者遗产损失非因其原因造成等的相关证据。对于侵吞、争抢遗产的侵权人，继承人、受遗赠人也应当根据侵权责任的构成要件，就相关的要件事实承担举证责任。

其他问题

一、存有人的紧急处置权

在解释上，遗产存有人应享有针对所保管遗产的紧急处置权。在情况紧急时，为了维护继承人等利害关系人的利益，遗产存有人有权改变遗产保管的场所或者方法，如将常温下易腐败变质的遗产寄存于专业的仓储机构或者变卖后保管其价金。

二、存有人的费用偿还请求权

在解释上，不论是有偿保管还是无偿保管，对于遗产存有人因保管遗产而支出的必要费用，存有人应享有费用偿还请求权。但是，存有人享有费用偿还请求权，并不意味着遗产保管就是有偿保管行为。是否为有偿，应视遗产存有人是否享有报酬请求权而定。

三、存有人的报酬请求权

遗产存有人是否享有报酬请求权，本条未作规定。我们认为，在处理上，对此应作如下三点理解：第一，如果存有人先前对遗产的取得占有是有偿的

（如承租人的占有），在继承开始时其先前的占有权源已经消灭而应返还占有物，但因本条规定的适用而继续承担保管义务的，根据“责权利相一致”的原则，其对遗产的继续保管行为就应当解释为有偿保管，存有人有权请求遗嘱执行人或者遗产管理人支付保管报酬；同时，存有人也应当承担有偿保管的较高注意义务，对于因其一般过失而造成的遗产损害，应承担损害赔偿责任。第二，如果存有人先前对遗产的取得占有是无偿的（如图书的无偿借用人），在继承开始时不论其是否应当返还占有物，因适用本条而承担继续保管义务的，同样根据“责权利相一致”的原则，其保管应解释为无偿保管，存有人不享有报酬请求权；同时，其也只承担无偿保管的较低注意义务，只对故意或者重大过失负有损害赔偿责任。第三，对于无权占有人（恶意占有人）而言，在理解上应认为，其遗产保管行为不仅应当是无偿的（并且有义务以自己之费用为保管），而且其还应当承担较高的注意义务；换言之，无权占有人应当像有偿保管人一样，承担较高的注意义务，不能使其与有权占有情形下的无偿保管人享受同样的法律保护。

四、遗产分割后的保管问题

本条规定的主要适用对象是继承开始后、遗产分割前的遗产保管问题，但在理解与适用上，还应将其扩及遗产分割后的保管问题。亦即，如果知道有继承人而无法通知的，分割遗产时，要保留其应继承的遗产，并确定该遗产的保管人或保管单位。当然，遗产分割前的保管与遗产分割后的保管是有区别的，前者的保管受益人是全体继承人，后者的保管受益人只是继承人中的特定人。

第一千一百五十二条【转继承】

继承开始后，继承人于遗产分割前死亡，并没有放弃继承的，该继承人应当继承的遗产转给其继承人，但是遗嘱另有安排的除外。

历史由来

本条为新增条文，《继承法》无类似规定。

《民法典继承编（草案）》（征求意见稿）第34条规定：“继承开始后，继承人于遗产分割前死亡，并没有放弃继承的，该继承人应当继承的遗产转给其继承人，但遗嘱另有安排的除外。”《民法典继承编（草案）》（一审稿）第931条作出了与“征求意见稿”完全一致的规定。但《民法典继承编（草案）》（二审稿）第931条、《民法典（草案）》第1152条作了相应修改：将“但遗嘱另有安排的除外”修改为“但是遗嘱另有安排的除外”，并将这一但书之前的逗号（“,”）修改为分号（“；”）。最终通过的《民法典》作了标点修改，并形成本条文。

本条规定的是遗产转继承问题，虽然《继承法》对此未作规定，但《继承法意见》对此作了明确规定，其第52条规定：“继承开始后，继承人没有表示放弃继承，并于遗产分割前死亡的，其继承遗产的权利转移给他的合法继承人。”本条文就是在吸收该司法解释规定的基础上经由修订而来的。从修订前后比较可以发现，本条规定的转继承有两点重要变化：一是用“该继承人应当继承的遗产转给其继承人”的表述，取代了“其继承遗产的权利转移给他的合法继承人”的表述，这一表述的改变，源于对转继承性质及转继承客体的不同理解和重新定位；二是增加了“遗嘱另有安排的除外”的但书规定，这一但书的增加，在解释上为遗嘱人指定后位继承人等更加灵活的遗嘱安排预留了空间。

三 规范目的或功能

转继承，是指由被转继承人的继承人直接承继被继承人遗产的一种继承制度，其本质为连续开始的两次继承的叠加。在转继承关系中，继承人为被转继承人，其继承人为转继承人。《民法典》第1128条规定了代位继承，而转继承不同于代位继承。转继承是在遗产的处理过程中（遗产分割前），因被继承人、继承人（被转继承人）相继死亡而创设的一项遗产处理制度，因而《民法典》于“遗产的处理”一章对其专条作了规定。转继承问题是遗产处理中无法回避的一个现实问题，《继承法》未作规定，显然造成了一个立法漏洞。立法之所以要对转继承作出明确规定，不仅是为满足实践提出的制度需求，而且还旨在明确转继承的性质等问题以防杜法律适用中出现的争议。

规范内容

一、转继承的性质

由先前最高人民法院的司法解释与本条规定在内容上的前后变化就可以看出，对转继承的性质，主要有两种不同的理解：一种观点认为，转继承人承继的是被转继承人的继承权；另一种观点认为，转继承人承继的是被转继承人应继承的份额。先前司法解释采取了“继承权转继承”的观点，《民法典》采取的则是“应继份额转继承”①的观点。我们认为，本条规定对转继承性质的定位是正确的。“继承权”是一项与自然人特定身份直接相关的民事权利，“继承权”本身无可继承性，其不是被继承人死亡时遗留的合法财产权，不能由其继承人继承。而在继承开始之后，被继承人的遗产已经发生了向被转继承人等继承人的权利变动；当被转继承人死亡时，被转继承人的继承亦开始；在被转继承人作为被继承人开始的新的继承中，其从被继承人处继承取得的、尚未分割的遗产，就构成了被转继承人死后遗留的财产，应由其继承人继承。以上过程，是转继承制度形成的程序机理，由此程序机理不难看出，转继承人并非承继了被转继承人的继承权，而是通过自身继承权的行使，取得了尚未向被转继承人分割的、经由其继承而来的应继份额。换言之，转继承人通过被转继承人之继承人的身份，达到了对被继承人之遗产（表面上）直接承继的法律效果。因而转继承在性质上是“应继份额的转继承”，而不是“继承权的转继承”。

二、转继承人的范围

转继承本质上是一次普通继承，在此意义上，转继承也同样包含法定继承和遗嘱继承两种方式，被转继承人的法定继承人和遗嘱继承人共同构成了转继承人的范围。

---

① 也可能是“特定的应继遗产的继承”，而未必都是应继份额。为表述简化起见，称之为“应继份额继承”。

三、转继承的客体

上文已经指出，转继承不是继承权的转继承，而是应继份额的转继承。这就意味着，转继承的客体是“应继份额”。“应继份额”是指被转继承人在其为继承人的继承中，依照法定继承或者遗嘱继承应当继承的遗产份额。当转继承开始时，该应继份额的财产权归属主体随即发生了法定的主体变更，由被转继承人变更为转继承人，而作为客体的应继份额本身不发生任何变更。

四、“该继承人应当继承的遗产”的界定

从上所述，本条规定中的“该继承人应当继承的遗产”就是作为转继承客体的应继份额。但在转继承中，就转继承人能够继承的被转继承人的应继份额，应当是“全部份额”还是“部分份额”的问题，在理解上有争议。争议之缘起，主要与夫妻财产制中的法定共同制有关。根据《民法典》第1062条、第1063条之规定，夫妻在婚姻关系存续期间继承所得的财产，除遗嘱确定只归一方所有的外，为夫妻的共同财产，归夫妻共同所有。

虽然《继承法意见》在界定转继承的性质时使用了“其继承遗产的权利转移给他的合法继承人”的表述，但在司法实践中，实际上并没有将转继承理解为“继承权的转继承”，而是理解为“应继份额的转继承”。如在“袁某1等与刘某等转继承纠纷上诉案”[①]中，法院判决即认为，被转继承人袁某某的“应继承份额”由其继承人刘某、郭某、袁某1、袁某2转继承。《民法典》本条规定未采纳《继承法意见》中“继承权转继承”的观点，而是表述为“该继承人应当继承的遗产”的转继承，这是对司法实践经验和观点的正确总结和积极回应的结果。但在传统的司法实践中，对于被转继承人“应继承份额”是按照“全部份额”而非“部分份额”来理解的；亦即，生存的配偶方不能将被转继承人的应继份额作为夫妻共同财产先分出一半归自己所有，再将剩余的另一半作为被转继承人的应继份额由其继承人转继承。作此理解，在现行法上貌似是有充分依据的。《民法典》第1062条规定的“继承所得财产”，应界定为“继承分割后所得财产”，而不包括尚未分割的遗产。因为在遗产

① 河南省安阳市中级人民法院（2017）豫05民终2081号民事判决书。

分割之前，继承人仍有权随时表示放弃继承（《民法典》第1124条第1款），未分割的遗产是否最终会归继承人所有尚处于不确定状态，因而不能直接将其归入夫妻共同财产中。[①]循此逻辑进行推理，既然转继承发生于被继承人的遗产分割之前，那就意味着被转继承人的应继份额尚不构成夫妻共同财产，作为生存的配偶方当然就不享有共有财产的分出权，其也只能以被转继承人之继承人的身份，与其他继承人一起共同继承被转继承人的“全部应继份额”。

但我们认为，以上推理虽具有逻辑上的合理性，但其结论不具有实质上的正当性。转继承制度是一种遗产处理制度，质言之，其是在被继承人的遗产处理程序中一并处理被转继承人的遗产，是将两次普通继承中的遗产进行合并处理的简化方式。在此意义上，转继承制度是一种遗产处理上的“程序性制度”。遵照一般法理，程序性制度不得对当事人的实体权益造成实质的不利影响，不能产生减损实体权益的不利后果，否则其程序的正当性就有疑问。在普通继承中，若夫妻关系存续期间一方继承所得遗产已经分割而转化为夫妻共同财产，在继承遗产一方死亡时，生存的另一方配偶就有权先分出共有财产的一半归其所有，再将剩余的另一半纳入遗产范围由其与其他继承人共同继承。例言之，甲是被继承人，乙是甲的继承人，丙是乙的妻子，在夫妻关系存续期间乙继承了甲的遗产120万元并经由分割实际取得，该120万元即成为乙、丙的夫妻共同财产；后乙死亡，共同继承人有妻丙、子丁、父戊，在处理乙的遗产时，就应先分出120万元中的一半（60万元）归其妻丙所有，再将剩余的另一半由丙、丁、戊三人各分得20万元。于此情形，其妻丙能够从乙所继承的甲的120万元遗产中总共分得80万元。现再将上述事实转换为转继承情形，其基本事实如下：甲为被继承人，乙是被转继承人，乙对甲的应继份额为120万元，在夫妻关系存续

① 《婚姻法解释（三）》（法释〔2011〕18号）第15条规定：“婚姻关系存续期间，夫妻一方作为继承人依法可以继承的遗产，在继承人之间尚未实际分割，起诉离婚时另一方请求分割的，人民法院应当告知当事人在继承人之间实际分割遗产后另行起诉。”之所以作此规定，原因就在于“尚未实际分割的遗产”还并不能确定就属于夫妻共同财产，因而不能纳入离婚财产分割的范围。这也充分表明，对《民法典》第1062条规定的“继承所得财产”应界定为“继承分割后所得财产”。

期间该120万元尚未通过分割取得（其性质即不为夫妻共同财产）；此后在甲的遗产分割之前，乙死亡，其所继承的甲的120万元遗产由其继承人丙、丁、戊通过转继承来继承。针对上述事实，根据传统司法实践将“该继承人应当继承的遗产”界定为被转继承人的“全部应继份额”的观点进行处理，那处理结果就是：乙所继承的甲的120万元遗产由其妻丙、其子丁、其父戊共同继承，每人分得40万元。将上述两种情形的不同处理结果进行简单比较即可看出，在普通继承中，乙之妻丙能够取得120万元中的80万元；而在转继承中，其所能够取得的仅为40万元，两者相差40万元。显而易见，转继承制度对生存配偶方的利益造成了巨大减损。既然转继承制度只是将被继承人的继承和被转继承人的继承作出合并处理的一种程序机制，那其对被转继承人之配偶方利益造成如此之大影响的正当性又何在呢？对此显然不可能给出合理解释，其欠缺正当性是不言自明的。

综上所论，我们认为，对于本条规定中的“该继承人应当继承的遗产”，在解释上不能作出对被转继承人的生存配偶方不利的解释，不能因为按照转继承处理就减损了其生存配偶方的财产利益。基于这一考虑，我们认为，在分割被继承人的遗产时，对于被转继承人“应当继承的遗产”应当定性为其与生存配偶方的夫妻共同财产，先由其生存配偶方分出一半（《民法典》第1153条），再将剩余的另一半纳入被转继承人的遗产范围由其继承人转继承。基于这一界定，准确而言，“该继承人应当继承的遗产”就应当解释为“该继承人应当继承的遗产的一半”，而非“该继承人应当继承的遗产的全部”。基于这一解释结论，我国司法实践的传统观点和做法就需要作出相应的改变了。

五、转继承的适用条件

（一）被转继承人为继承人的继承已经开始

被转继承人为继承人的继承，即在先的继承。于在先的继承中，被转继承人是继承人。相对于在先的继承而言，转继承是在后的继承。于在后的继承中，被转继承人是被继承人。转继承的开始，一定以在先的继承已经开始为前提，无在先的继承，就不存在转继承了。

（二）被转继承人于继承的遗产分割前死亡

于在先的继承中，如果遗产已经分割完毕，被转继承人就已经取得了所继承遗产的单独权利，那就只存在被转继承人作为被继承人的遗产继承问题了，转继承也就失去了存在的基础。故此，被转继承人于遗产分割前死亡，成为转继承成立的条件。

（三）被转继承人未丧失继承权且未放弃继承

本条只规定了被转继承人“没有放弃继承”的条件要求，而实际上，“没有放弃继承”必须以“未丧失继承权”为前提和基础。丧失继承权后，也就不存在放弃继承的问题了。因此，对于“没有放弃继承”的条件，应全面理解为“被转继承人未丧失继承权且未放弃继承”。

（四）被转继承人继承取得了相应的应继份额

既然转继承的客体是被转继承人的“应继份额”，那就必须以应继份额的存在为前提。于在先的继承中，被转继承人虽然未丧失继承权亦未放弃继承，但其却未必一定能够继承到一定的遗产份额。根据《民法典》第1130条第4款的规定，如果被转继承人有扶养能力和扶养条件却不尽扶养义务的，在分配遗产时就可能被作“不分”处理。在其无应继份额的前提下，转继承也就无从谈起了。

（五）转继承人未丧失继承权且未放弃继承

转继承亦须具备普通继承的全部要件，如果转继承人自身丧失了继承权，其继承人身份已被剥夺，在无继承权的情况下当然也就无转继承权；如果转继承人在转继承开始后明确表示放弃继承，那转继承也就无从谈起。因此，在对转继承成立条件的理解上，不能忽略对转继承人自身的条件要求。

六、被继承人之遗嘱的“另有安排”

《民法典》未规定遗嘱继承中的后位继承制度，结合“遗嘱自由”原则和本条“但书”的规定，我们认为，本条规定为后位继承的有效性解释提供了空间。[①]根据《德国民法典》第2100条之规定，被继承人可以指定一人先成为继承人（先位继承人），另一人之后成为继承人（后位继承人）。通过设立先位继承人和后位继承人，被继承人可以更加多样地进行终意处分（遗嘱处分），并更久地控制其财产。先位继承人和后位继承人均是同一被继承人的继承人，只是在时间上先后相继，后位继承人不是先位继承人的继承人。常见的后位继承发生情形包括一定期间的经过、先位继承人去世或者某事件的发生（如先位继承人再婚）。后位继承开始时，先位继承即告终止，遗产转归后位继承人。指定先位和后位继承，有助于保持家庭财产的完整性。因为一方面被继承人可以自行决定家庭成员先后相继获得财产，另一方面先位继承人必须顾及后位继承人的利益而受到处分的限制。[②]承认遗嘱继承中后位继承的有效性，是对遗嘱自由给予最大尊重的必然之论。我国民间有两句俗话，叫“富不过三代”和“一代不如一代”，这话虽然有点绝对，但其大概率的真实性也是有目共睹的。当遗嘱人已经发现自己指定的遗嘱继承人的继承人（如被继承人的孙子）是一个“败家子”时，为了防止家族基业毁于其手而预先指定后位继承人，不就可以大概率地有效化解这一风险吗？虽说有“遗嘱信托”等制度可以起到类似的功能，但给予遗嘱人多一种选择又有何不可呢？故此，不论在法理上还是在现实的制度需求上，承认后位继承的有效性都是必要的。基于上述考虑，我们认为，当被继承人的遗嘱另行安排了后位继承人时，就排除了在后发生转继承的可能性，因而也就不再有本条前半段规定的转继承制度的适用了。

七、被转继承人之遗嘱的“另有安排”

我们认为，本条“但书”规定中的“遗嘱”，不仅指被继承人的遗嘱，还包括被转继承人的遗嘱。在《民法典》继承编中，凡涉及“遗嘱”的，通常

---

① 在学理上，与“后位继承”并列的还有“补充继承”制度。所谓补充继承，是指遗嘱人在遗嘱中指定继承人后，又规定，当该遗嘱继承人放弃继承、丧失继承权或者先于遗嘱人死亡时，其应继承的遗产由另一位继承人继承。基于对补充继承的界定和结合转继承的成立条件，在补充继承中不会发生转继承问题，因而《民法典》本条规定所预留的解释空间不包括对补充继承的承认可能性。

② 参见［德］雷纳·弗兰克、［德］托比亚斯·海尔姆斯：《德国继承法》（第六版），王葆莳、林佳业译，中国政法大学出版社2015年版，第82—83页。

都是指“被继承人”所立的遗嘱，这符合体系解释的要求，是不存在问题的；但是，对于本条“但书”中提到的“遗嘱”，若还只是作通常的理解，是不全面的。这是因为，在转继承中，实际上存在两个“被继承人”，本条规定中提到的“继承人”是“被转继承人”，其本身也是“被继承人”。有鉴于此，我们认为，该但书规定中的“遗嘱”不仅指被继承人的遗嘱，还应当包括被转继承人的遗嘱。当被转继承人的遗嘱“另有安排”时，就可能形成排除本条前半段规定的转继承的可能性，这主要是指“被转继承人”在遗嘱中明确规定，将自己从被继承人处继承的遗产全部予以遗赠的情形，如明确表示在其死后，全部遗产作为党费一次性交给党组织。于此情形，在后的继承就不可能发生，当然也就不存在转继承的问题了。当然，如果被转继承人的遗嘱只是规定，其从被继承人处继承的遗产在其死后由其法定继承人中的某人继承（全部继承或者部分继承），同样会发生转继承，只是转继承全部按照遗嘱继承处理或者部分按照遗嘱继承处理、部分按照法定继承处理而已。

举证责任

转继承人欲证明其对被转继承人的应继份额享有继承权，应就被转继承人死亡的时间、其转继承人的身份、其享有转继承权等，提供相关证据证明。被转继承人之外的其他继承人，欲否定转继承的适用，需就被转继承人已经放弃继承或者已经被剥夺继承权、被继承人的遗嘱中未保留被转继承人的遗产份额、转继承人对被转继承人的继承权已经被剥夺、被转继承人的遗嘱中未保留转继承人的遗产份额等，提供相关证据证明。

其他问题

《继承法意见》在规定“转继承”的同时，还规定了“转遗赠”，其第53条规定：“继承开始后，受遗赠人表示接受遗赠，并于遗产分割前死亡的，其接受遗赠的权利转移给他的继承人。”而本条只规定了转继承，未规定“转遗赠”。现实生活中，受遗赠人明确表示了接受遗赠但于遗产分割前死亡的情形并不鲜见，对此，从遗产的处理角度讲，我们认为应当类推适用本条关于转继承的规定。

第一千一百五十三条【共有财产的分出权】

夫妻共同所有的财产，除有约定的外，遗产分割时，应当先将共同所有的财产的一半分出为配偶所有，其余的为被继承人的遗产。

遗产在家庭共有财产之中的，遗产分割时，应当先分出他人的财产。

历史由来

本条源自《继承法》第26条的规定，第1款略作修改，第2款没有发生任何变化。《继承法》第26条第1款规定："夫妻在婚姻关系存续期间所得的共同所有的财产，除有约定的以外，如果分割遗产，应当先将共同所有的财产的一半分出为配偶所有，其余的为被继承人的遗产。"《民法典继承编（草案）》（征求意见稿）第35条第1款规定将《继承法》第26条第1款修改为："夫妻共同所有的财产，除有约定的以外，分割遗产的，应当先将共同所有的财产的一半分出为配偶所有，其余的为被继承人的遗产。"《民法典继承编（草案）》（一审稿）第932条第1款、《民法典继承编（草案）》（二审稿）第932条第1款与上述规定完全相同。《民法典（草案）》第1153条第1款将前述草案中"分割遗产的"修改为"遗产分割时"，最终形成了本条。前后表述上的变化，真正具有规范意义的是由"夫妻在婚姻关系存续期间所得的共同所有的财产"修改为"夫妻共同所有的财产"，这一表述与《民法典》婚姻家庭编施行的夫妻财产制相吻合，是合理的。

规范目的或功能

根据《民法典》第1065条之规定，男女双方没有特别约定或者约定不明确的，婚姻关系存续期间所得的财产为共同财产，归夫妻共同所有。该"共同所有"，在解释上，是指"共同共有"。共同共有人对共有财产享有潜在的份额。《民法典》第1055条规定："夫妻在婚姻家庭中地位平等。"所谓的"地位平等"，不仅指身份地位平等，而且还指共有财产的份额均等。承接上述规定，本条第1款规定了在分割遗产时，应先将配偶所有的“一半”分出，剩余的另一半才是被继承人的遗产。财产共有的情形不仅发生在夫妻之间，基于家庭关系，在家庭成员之间也会形成财产的共有形态，故本条第2款又规定了遗产分割时，应先分出他人的财产，剩余部分才是被继承人的遗产。“遗产分割”构成共同共有中“共有基础丧失”的情形，不仅被继承人之外的其他共有人有权请求分割共同共有财产，而且遗产管理人在分割遗产时有义务主动地对共同共有财产先予析产。因此，本条规定，从共有人的角度讲，其赋予了共有人在遗产分割时的共有财产分出请求权；从遗产管理人的角度讲，其设定了遗产管理人在分割遗产时对他人共有财产的分出义务。

规范内容

一、共有人分出权的性质

在性质上，共有人分出权乃取回权的一种。取回权有多种类型，如破产取回权、所有权保留买卖中所有权人的取回权、融资租赁关系中出租人的取回权等。从请求权的角度看，取回权不是一项债权请求权，而是一项物权请求权，即物的返还请求权。取回权的标的，既可以是实物，也可以是权利，还可以是一定的财产份额。遗产分割是共有财产分割的原因，构成了共有人分出权行使的前提条件。

二、分出权的权利主体

由本条规定来看，分出权的权利主体是被继承人的配偶方和其他家庭成员。被继承人的配偶请求分出的是夫妻共有财产中归其所有的一半，其他家庭成员请求分出的是家庭共有财产中归其所有的份额。须指出的是，分出权人自身的债权人不能成为分出权的权利主体。遗产分割时，如果共有人怠于请求分出属于其所有的共有财产部分，从而出现了害及其债权人之债权实现的紧急情形时（如共有财产有被转移、隐匿、毁损灭失的紧急情形，不及时行权将面临终局失权的可能性，从而致分出权人的责任财产应当增加而未增加，进而害及于债权人之债权的实现时），分出权人的债权人为保全自己之债权起见，可以依照《民法典》第535条关于代位权之规定，代位行使分出权；此时，债权人是代位权人，但并不因其代位行使债务人的分出权就变成了分出权的权利主体。

三、夫妻共有财产的分出

我国法上的夫妻财产制包括分别财产制和共同财产制两种形式，这两种财产制都可以基于夫妻双方的约定形成。如果没有约定或者约定不明确的，就要依据法律的规定来界定夫妻共有财产和归夫妻一方的个人财产。[①]根据《民法典》第1062条之规定，夫妻在婚姻关系存续期间所得的工资、奖金和其他劳务报酬，生产、经营、投资的收益，知识产权的收益，继承或者受赠的财产（遗嘱或者赠与合同中确定只归一方的财产除外），以及其他应当归共同所有的财产属于夫妻的共同财产，归夫妻共同所有。根据本条规定，遗产分割时，生存的配偶方有权请求将共有财产的一半分出归其所有。在我国历来的司法实践中，对于生存配偶方的分出权保护向来是没有争议的，始终是将其作为遗产分割的一个前提和基础来进行处理的。[②]

对本条第1款规定的正确理解，有两个关键问题需要厘清：其一，何谓“夫妻共同所有的财产”？对此可以有两种解释：一是“夫妻共有的财产”，二是“夫妻共同共有的财产”。若理解为“夫妻共有的财产”，则包括夫妻共同共有的财产和夫妻按份共有的财产；若理解为“夫妻共同共有的财产”，则排除夫妻按份共有的财产。其二，承接上一问题，“除有约定的外”应作何种理解？当将“夫妻共同所有的财产”解释为包括“夫妻按份共有的财产”时（如实行分别财产制的夫妻共同出资购买一幢房屋，夫出资三分之一，妻出资三分之二，对该房产就形成了夫妻按份共有财产），“除有约定的外”就是指“夫妻对按份共有份额的另有约定”，该“另有约定”打破了“等额享有”的比例关

---

① 《民法典》第1065条第1款、第2款规定：“男女双方可以约定婚姻关系存续期间所得的财产以及婚前财产归各自所有、共同所有或者部分各自所有、部分共同所有。约定应当采用书面形式。没有约定或者约定不明确的，适用本法第一千零六十二条、第一千零六十三条的规定。夫妻对婚姻关系存续期间所得的财产以及婚前财产的约定，对双方具有法律约束力。”

② 参见“莫美欢、岑润明诉岑荣安、岑卓、林月弟继承纠纷案”，载《中华人民共和国最高人民法院公报》1988年第1期。

系，在行使分出权时就要按照约定的份额比例分出，而不是直接根据本条第1款规定的分出“财产的一半”。但我们认为，对于“夫妻按份共有财产”的分出问题，与一般按份共有人的分出权行使并无差别，都应当“按照其份额”分出，法律没有必要再予特别规定“除有约定的外”，因而对于本条第1款规定的“夫妻共同所有的财产”在理解上应当排除“夫妻按份共有的财产”，而将其界定为仅指“夫妻共同共有的财产”。如此理解，也符合体系解释的要求。《民法典》第1062条使用了“……为夫妻的共同财产，归夫妻共同所有……”的表述，其中的“夫妻共同所有”即指“夫妻共同共有”；《民法典》第299条关于“共同共有”的界定中使用了“共同共有人对共有的不动产或者动产共同享有所有权”的表述，“共同享有所有权”就是“共同共有”。将以上两条规定结合起来理解，“共同所有”就是“共同享有所有权”的“共同共有”，因而对于本条第1款规定的“夫妻共同所有的财产”应仅理解为“夫妻共同共有的财产”。在界定了“夫妻共同所有的财产”仅指“夫妻共同共有的财产”之后，对于“除有约定的外”的解释就是指“打破了半对半的等额享有的另有约定”。我们对“共同共有”的一般理解是“不分份额的共同所有”，但这仅是指共同共有关系存续期间而言的，当需对共同共有财产进行分割时，就必须首先确定各共有人的共有份额然后才能进行分割。虽然现行《民法典》并没有明确规定共同共有财产的分割应实行“等额分割”，但“等额分割”毫无疑问是一个应予遵循的分割规则。作为例外，夫妻对于共同共有财产可于分割前作出约定，排除“等额分割”规则的适用，而根据约定的份额比例分割共同共有财产，这一约定不为法律所禁止，是一种有效的共有财产分割约定。因此，在遗产的处理程序中，如果被继承人于其生前与生存配偶方约定了夫妻共同共有财产分割比例的，生存配偶方在依照本条第1款规定行使分出权时，其分出的财产就未必是“一半”，而应当是约定的相应比例（可能高于一半，也可能低于一半）。

既然本条第1款规定仅适用于“夫妻共同共有财产”的分出，那么对于“夫妻按份共有财产”的分出，就不能“直接适用”本条第1款规定，而是应当“类推适用”本条第1款规定。

四、家庭共有财产的分出

要对“家庭共有财产”作出界定，须先界定何为“家庭”。“家庭”是一个非常重要的法律概念，但《民法典》对何为“家庭”未给出立法定义。根据《民法典》婚姻家庭编的相关规定，“家庭关系”是围绕着“结婚”这一法律事实形成的。结婚的必要条件在于“结婚登记”，经结婚登记而形成夫妻关系，进而形成家庭关系。反言之，未经结婚登记，不能形成夫妻关系，进而也就不能形成家庭关系。这一理解，在恪守制定法之文义解释上是不存在问题的。但在现代社会，家庭概念已经逐渐与婚姻脱钩，出现了非基于婚姻关系的家庭形态，“同居家庭”就是其中之一。①我们认为，我国现行法虽然否定了基于同居关系形成的事实婚姻关系，不认可同居的婚姻形成力，但对“同居家庭”的家庭形态还是持认可态度的。②实际上，根据我国现行法，“同居家庭”不仅可能以原生形态形成，而且也可能由“婚姻家庭”转化而成。如根据《民法典》第1054条之规定：“无效的或者被撤销的婚姻自始没有法律约束力，当事人不具有夫妻的权利和义务……”据此规定，因婚姻无效、被撤销，就会形成转化而来的“同居家庭”。此外，由《民法典》婚姻家庭编的体例，也可以解释出“同居家庭”应当包含于家庭的范畴。该编第三章“家庭关系”包含两节：第一节是“夫妻关系”，第二节是“父母子女关系和其他近亲属关系”。男女同居期间生育了子女的，就形成了“父母子女关系”，该种亲子关系不因父母是否具有夫妻关系而有不同。基于夫妻关系的父母子女关系是一种“家庭关系”，基于同居关系的父母子女关系也是一种“家庭关

---

① 参见向东、赵娜萍：《关系契约视角下家庭制度的重构——以非婚同居为例》，载《河北法学》2017年第2期。

② 如《最高人民法院关于开展家事审判方式和工作机制改革试点工作的意见》（法〔2016〕128号）就试点案件的范围明确作出了如下表述：“家事案件是指确定身份关系的案件及基于身份关系而产生的家庭纠纷，主要案件类型有：……5.同居关系纠纷案件，包括同居期间的财产分割、非婚生子女抚养；……”这种将“同居关系纠纷”纳入“家事审判”范围的做法，实际上已经明确表明了对“同居关系”所形成之“家庭关系”的认可态度。再如，根据《反家庭暴力法》第2条规定：“本法所称家庭暴力，是指家庭成员之间以殴打、捆绑、残害、限制人身自由以及经常性谩骂、恐吓等方式实施的身体、精神等侵害行为。”该条规定将适用范围限定于“家庭成员之间”实施的家庭暴力，但我国的司法实践实际上已经将该法的适用范围扩展至“同居关系”成员间的保护问题了。如在2017年3月8日最高人民法院发布的“反家庭暴力法实施一周年十大典型案例”中，“张某某申请人身安全保护令案”就是一起典型的将《反家庭暴力法》适用于同居关系的案例。这也足以表明，在反家庭暴力领域，基于同居关系的男女已经形成了家庭关系，相互之间具有家庭成员的身份。

系”，否则对非婚生子女就是一种歧视。基于上述理由，我们认为，本条第2款规定中的“家庭”，在解释上应当将“同居家庭”也包含在内。实际上，就实质而言，我国的司法实践对于“同居关系析产纠纷”就是作为“家庭共有财产析产纠纷”对待的。[①]在对“家庭”作出界定之后，对“家庭共有”的界定就具有了前提和基础。在处理家庭共有财产的分出纠纷时，共有财产的范围和共有人的确定是关键，对此应结合个案事实进行具体认定。[②]

---

① 《最高人民法院关于人民法院审理未办结婚登记而以夫妻名义同居生活案件的若干意见》［法（民）发〔1989〕38号］第10条规定：“解除非法同居关系时，同居生活期间双方共同所得的收入和购置的财产，按一般共有财产处理……”这里的“按一般共有财产处理”所表达的规范语义是“不按夫妻共有财产处理”。此后，《最高人民法院关于人民法院审理离婚案件处理财产分割问题的若干具体意见》（法发〔1993〕32号）第22条再次规定：“属于事实婚姻的，其财产分割适用本意见。属于非法同居的，其财产分割按最高人民法院《关于人民法院审理未办结婚登记而以夫妻名义同居生活案件的若干意见》的有关规定处理。”《婚姻法解释（一）》第15条规定：“被宣告无效或被撤销的婚姻，当事人同居期间所得的财产，按共同共有处理。但有证据证明为当事人一方所有的除外。”该规定直接强调了“同居期间所得的财产按共同共有处理”。《婚姻法解释（二）》（2017年修正）第1条第2款规定：“当事人因同居期间财产分割或者子女抚养纠纷提起诉讼的，人民法院应当受理。”该规定中的“因同居期间财产分割发生纠纷”，也贯彻了此前的同居关系解除后的“共有财产分割”思路，此其一。其二，既然同居关系不是夫妻关系，基于同居形成的共有财产就只能认定为基于家庭关系而形成的财产共有关系了。若不循此法理逻辑，而在“夫妻共有”“家庭共有”之外，再创设一个独立的“同居共有”类型，实无必要。正是基于此种认识，我们认为我国司法实践是认可“同居家庭”的存在的，“同居关系析产”本质上即为“同居家庭析产”。

② 在“谢某丙、谢某丁诉谢某戊、郭某某房屋继承纠纷案”中，审理法院认为，遗产在家庭共有财产之中的，遗产分割时，应当先分出他人的财产。分割遗产，首先必须确定遗产的范围。当遗产与共有财产发生联系，要划清遗产与共有财产的界限。家庭共有财产，是指家庭全体成员共同共有的财产，包括共同劳动所得的合法收入，共同积累的储蓄，共同建造的房屋，共同所有的生活用品和生产资料，共同享有的债权和共同负担的债务以及其他共有财产。对直接参与了家庭共有财产积累的子女，应当肯定他们对家庭共有财产的权利。在父母死亡并确定其遗产范围时，应当从共同共有的家庭财产中将直接参与了家庭共有财产积累的子女应得的财产份额划分出来，而不能把所有家庭共有财产都视为父母的遗产。因此，在本案中，长沙市东区某某街某号房屋建造时谢某乙已成年在家与父母共同劳动，对该房屋的建造尽了主要劳力。而谢某丙出嫁到贵州省，未参加建房，也未出资出力。谢某丁、谢某戊年幼未成年，无独立生活能力，还由父母抚养。谢某乙、谢某戊在1979年12月虽重新登记了该房屋产权归他们共有，但无事实依据证明父亲谢某甲生前确实处分了房屋归谢某乙、谢某戊两兄弟共有，况且当时母亲唐某某还未去世，故不能认定该房屋为谢某乙、谢某戊共有，而应为谢某甲、唐某某、谢某乙三人共有，各拥有74.5平方米产权。这一裁判思路有一定的指导意义，可资参照。湖南省长沙市东区人民法院（1991）东法房土字第56号民事判决书。

五、共有财产分出的方式

共有财产的分出，实质上即为共有财产的分割，其分出方式应同于共有财产的分割方式。根据《民法典》第304条第1款之规定，共有人可以协商确定分割方式，此为协议分割方式；达不成协议，共有的不动产或者动产可以分割并且不会因分割而减损其价值的，应当对实物予以分割，此为实物分割方式；难以分割或者因分割会减损其价值的，应当对折价或者拍卖、变卖取得的价款予以分割，此为变价分割方式。此外，共有财产的分出毕竟是在遗产分割前（且往往是在遗产分割时）进行，因而其分出的方式还要受到遗产分割方式的限制。《民法典》第1156条对遗产的分割作出了如下规定："遗产分割应当有利于生产和生活需要，不损害遗产的效用。不宜分割的遗产，可以采取折价、适当补偿或者共有等方法处理。"共有财产的分出方式，应同时结合该条规定确定。

六、基于遗产分割损害的赔偿责任

前文已述，遗产分割是导致共有财产分割的原因，遗产分割构成了共有人分出权行使的前提条件，因而在因遗产分割而导致其他共有人（分出权人）损害时，遗产分割的受益人（继承人）应当承担损害赔偿责任。这一损害赔偿责任的规范依据为《民法典》第303条规定："……因分割造成其他共有人损害的，应当给予赔偿。"申言之，分割损害的赔偿义务人是继承人，赔偿权利人是分出权人。

七、分出后的瑕疵担保责任

承接前文所述，在因遗产分割而导致分出权的行使、并进而导致共有财产的分割时，共有人之间对于分割后所得的财产，相互之间应承担瑕疵担保责任。该瑕疵担保责任的规范依据为《民法典》第304条第2款规定："共有人分割所得的不动产或者动产有瑕疵的，其他共有人应当分担损失。"须指出的是，该瑕疵担保责任不同于前述的基于遗产分割损害的赔偿责任，后者是继承人对分出权人单向承担的民事责任，而此处的瑕疵担保责任是继承人和分出权人之间的双向责任。亦即，分得遗产的继承人应当对分出权人承担瑕疵担保责任，分出权人亦应当对继承人承担瑕疵担保责任。瑕疵担保责任包括两种，一是物的瑕疵担保责任，二是权利的瑕疵担保责任，分别视分割后所得财产的性质及瑕疵情形而定。

八、违反分出义务的民事责任

从遗产管理人的角度讲，在分割遗产时，应主动将遗产从共有财产中予以分出，而不待共有人之请求才予以分出。若遗产管理人怠于分出遗产，或者应分出权人之请求而拒绝分出，并将共有财产一并作为遗产处理的，其行为就构成未依法履行管理职责的侵权行为，依法应承担相应的遗产管理人责任。对于造成的财产损失，分出权人有权请求遗产管理人赔偿，也有权请求分得相应财产的继承人予以返还或者折价补偿。

九、遗嘱对共有财产的处分无效

遗产的分割，在有遗嘱的情况下，应当按照遗嘱的指定和分配进行分割。但当遗嘱人通过遗嘱处分了本不属于自己所有的财产时，其处分即为无效处分，不能以遗嘱作为遗产分割的依据。故此，当遗嘱人对夫妻共有财产或者家庭共有财产在没有分出其他共有人之共有部分的基础上进行了全部处分的，涉及对其他共有人之共有部分的处分即为无权处分和无效处分，在遗产分割时，不能根据遗产的指定和分配进行分割，[①]其他共有人仍有权依据本条规定行使共有财产的分出权，遗产管理人不得拒绝。

举证责任

被继承人的配偶在提出共有财产的分出请求时，应就其与被继承人具有夫妻关系、财产归夫妻共有等提供证据证明。与被继承人共同生活的其他家庭成员提出共有财产的分出请求时，应就其与被继承人具有家庭关系、财产归家庭共有、自己享有的共有份额等提供证据证明。共有人在请求遗产管理人承担违反分出义务的民事责任时，应就遗产管理人不依法履职的情况及给

---

① 参见最高人民法院指导案例50号：李某、郭某阳诉郭某和、童某某继承纠纷案（最高人民法院审判委员会讨论通过，2015年4月15日发布）。

其造成的财产损失承担举证证明责任。

其他问题

本条只规定了夫妻共有财产和家庭共有财产的分出权，而在现实生活中，该两种共有情形虽属常见，但并非仅见，被继承人的遗产完全可能基于其他原因与他人的财产混合在一起而形成共有状态，如添附、合伙经营等。鉴于此，我们认为，对本条规定应作目的性扩张解释，当发生本条规定之外的其他共有情形时，可类推适用本条规定，其他共有人可以本条规定为请求权基础，请求遗产管理人分出其应得的共有财产部分。

第一千一百五十四条【不依遗嘱处理的遗产】

有下列情形之一的，遗产中的有关部分按照法定继承办理：

（一）遗嘱继承人放弃继承或者受遗赠人放弃受遗赠；

（二）遗嘱继承人丧失继承权或者受遗赠人丧失受遗赠权；

（三）遗嘱继承人、受遗赠人先于遗嘱人死亡或者终止；

（四）遗嘱无效部分所涉及的遗产；

（五）遗嘱未处分的遗产。

历史由来

本条来自《继承法》第27条的规定，略有增补。《继承法》第27条规定："有下列情形之一的，遗产中的有关部分按照法定继承办理：（一）遗嘱继承人放弃继承或者受遗赠人放弃受遗赠的；（二）遗嘱继承人丧失继承权的；（三）遗嘱继承人、受遗赠人先于遗嘱人死亡的；（四）遗嘱无效部分所涉及的遗产；（五）遗嘱未处分的遗产。"与此相比，本条第2项增加了"或者受遗赠人丧失受遗赠权"的规定，第3项增加了"或者终止"的规定。在立法过程中，《民法典继承编（草案）》（征求意见稿）第36条第2项增加了"或者受遗赠人丧失受遗赠权"的规定，其他内容与《继承法》第27条的规定相同。在此基础上，《民法典继承编（草案）》（一审稿）第933条、《民法典继承编（草案)》(二审稿)第933条、《民法典(草案)》第1154条，又于第3项增加了“或者终止”的规定，最终形成了本条文。

规范目的或功能

遗产继承包括遗嘱继承和法定继承两种形式，虽然《民法典》将法定继承规定于遗嘱继承之前，但在遗产的处理上，遗嘱继承要优先于法定继承。在被继承人未立遗嘱、所立遗嘱无效或者不能按遗嘱规定进行遗产处理等情形发生时，就需要按照法定继承办理。也正是在此意义上，法定继承又被称为“无遗嘱继承”。

规范内容

一、遗嘱继承人放弃继承或者受遗赠人放弃受遗赠

根据《民法典》第1124条规定：“继承开始后，继承人放弃继承的，应当在遗产处理前，以书面形式作出放弃继承的表示；没有表示的，视为接受继承。受遗赠人应当在知道受遗赠后六十日内，作出接受或者放弃受遗赠的表示；到期没有表示的，视为放弃受遗赠。”不论是放弃继承还是放弃受遗赠，都须依照该条规定作出有效的放弃表示；若放弃继承或者放弃受遗赠的表示不发生法律效力(无效或者被撤销)，就仍应按照遗嘱继承或者遗赠处理，不能按照法定继承办理。例如，若放弃继承致继承人不能履行法定义务(如抚养、扶养、赡养等义务)，其放弃继承的行为无效；若放弃继承致继承人之债权人利益受损害，则债权人可行使撤销权以保全其债权。对于放弃受遗赠权的效力，也应当作相同的理解。[①]

---

① 我们认为，在具体案件的处理中，对于受遗赠人接受遗赠的表示应从宽认定，对于受遗赠人放弃受遗赠的表示应从严认定。《民法典》第1124条对于接受遗赠或者放弃受遗赠的“表示”在形式上未作具体要求，因而应综合各种情况进行判定，而不应当以受遗赠人或者其法定代理人未以书面形式明确作出接受遗赠的表示即认定其放弃了受遗赠。参见“黄某甲等诉黄某乙等房屋继承权确认案”，广西壮族自治区梧州市中级人民法院(2006)梧民再字第17号再审判决书。

二、遗嘱继承人丧失继承权或者受遗赠人丧失受遗赠权

本条之所以增加了“受遗赠人丧失受遗赠权”的规定，与《民法典》第1125条相对于《继承法》第7条增加规定了受遗赠权的丧失有关。《民法典》第1125条对继承权的丧失和受遗赠权的丧失作出了明确的列举式规定。虽然受遗赠权的丧失情形与继承权的丧失情形相同，但二者有一个根本区别，这一区别来自该条第2款之规定：“继承人有前款第三项至第五项行为，确有悔改表现，被继承人表示宽恕或者事后在遗嘱中将其列为继承人的，该继承人不丧失继承权。”这三种行为是：遗弃被继承人或者虐待被继承人情节严重的（第3项），伪造、篡改、隐匿或者销毁遗嘱情节严重的（第4项），以欺诈、胁迫手段迫使或者妨碍被继承人设立、变更或者撤回遗嘱情节严重的（第5项）。这三种行为，受遗赠人也有实施的机会和可能。但是，该条只规定了被继承人对继承人的宽恕（继承权的相对丧失），却未规定受遗赠人也有被宽恕从而不丧失受遗赠权的权利。这就意味着，当受遗赠人实施了《民法典》第1125条规定的任何一种丧失受遗赠权的行为时，其受遗赠权都终局地丧失（不存在受遗赠权的相对丧失问题），即便被继承人生前表示宽恕的，亦无恢复受遗赠权的可能。在遗嘱继承人终局地丧失继承权、受遗赠人丧失受遗赠权的情形下，其所涉遗产按照法定继承办理。

三、遗嘱继承人、受遗赠人先于遗嘱人死亡或者终止

本条第3项规定了两种情形：一是遗嘱继承人先于遗嘱人死亡，二是受遗赠人先于遗嘱人死亡或者终止。遗嘱继承人是具有法定继承人身份的继承人，根据《民法典》第1128条之规定，在法定继承中，有代位继承的适用。但是，本条规定直接排除了遗嘱继承中代位继承的适用。换言之，遗嘱继承人作为被继承人的子女或者兄弟姐妹先于被继承人死亡时，并不发生其直系晚辈血亲或者其子女的代位继承问题。于此情形，遗嘱继承人所涉遗产按照法定继承办理。《民法典》第1133条第3款规定：“自然人可以立遗嘱将个人财产赠与国家、集体或者法定继承人以外的组织、个人。”这是本条规定增加了“终止”两字的原因所在，因为受遗赠人并不局限于自然人，国家、集体、法人、非法人组织等都可以成为受遗赠人。当受遗赠人先于遗嘱人死亡或者终止时，

因其法律上的主体资格消灭于继承开始之前，故在遗嘱生效时，受遗赠人已经不复存在，所涉遗产按照法定继承办理。

四、遗嘱无效部分所涉及的遗产

导致遗嘱无效的情形有很多，如遗嘱人立遗嘱时为无民事行为能力人或者限制民事行为能力人等。遗嘱无效在法律效果上等同于没有遗嘱，故所涉遗产应当按照法定继承办理。《继承法意见》第38条规定："遗嘱人以遗嘱处分了属于国家、集体或他人所有的财产，遗嘱的这部分，应认定无效。"对于该规定所作出的无效认定，在《民法典》上是否仍然应当作相同理解呢？这一问题较为复杂。在《民法典》中，无权处分行为是有效行为，遗嘱人对不属于自己所有财产的处分行为构成无权处分，若遵从无权处分行为有效的一般效力规则，遗嘱所涉无权处分的部分应认定为有效。但我们认为不应当作此理解，我们认为，对于遗嘱处分中的无权处分，应作特殊处理，应认定为无效而不是有效。主要理由在于：基于遗嘱继承的取得是无偿取得，无善意取得制度的适用，没有必要将该无权处分行为作有效认定，此其一；其二，继承制度的功能在于将遗产在被继承人与继承人之间进行传承，因而继承人有权继承的只能是被继承人的"遗产"，而不能是不属于被继承人的他人财产，若将遗嘱的无权处分部分也作有效认定，显然将背离继承制度的根本宗旨，也将扰乱社会的财产分配和流转秩序；其三，若作有效认定，根据《民法典》第230条之规定，因继承取得物权，自继承开始时发生效力，那遗嘱所涉无权处分的财产就将直接转归继承人所有，真正的物权人只能通过物权确认之诉去追回该财产，这显然不利于物权的保护，并且使法律关系趋于复杂化。总之，我们认为，遗嘱对他人财产的无权处分行为，应作无效认定。当然，因处分他人财产而造成的遗嘱无效情形，对于所涉他人财产，不能由继承人继承，无本条规定的适用。

五、遗嘱未处分的遗产

遗嘱继承和法定继承是《民法典》规定的两种继承形式，因而当被继承人未立遗嘱时，就只能按照法定继承办理。遗嘱对遗产的处分可能是全部处分，也可能是部分处分。若为全部处分，就排除了法定继承的适用；若为部分处分，就仍有法定继承的适用。换言之，当遗嘱只处分了被继承人的部分财产时，就形成了遗嘱继承和法定继承的并存局面，遗嘱未处分的遗产按法定继承办理，遗嘱已处分的遗产按遗嘱继承办理。

举证责任

法定继承人若依本条主张法定继承的恢复，则需要提供证据证明案件至少存在本条所列五项情形之一。而遗嘱继承人或者受遗赠人抗辩认为应当按照遗嘱办理的，为反驳法定继承人所主张的事实，则应提供证据证明其未作出过放弃继承或者放弃受遗赠的表示或者其表示无效、其未丧失继承权或者未丧失受遗赠权、遗嘱的争议部分有效、争议遗产是遗嘱已经处分了的遗产等事实。

其他问题

在立法技术上，本条规定所列举的五种情形是一种封闭式全列举，似乎改按法定继承办理的情形仅限于这五种，但实则不然。如根据《民法典》第1155条之规定，按照遗嘱为胎儿保留的继承份额，在胎儿娩出时为死体的，保留的份额也同样按照法定继承办理。故此，在理解上，对于改按法定继承办理的情形而言，本条规定并非唯一的规范基础。

第一千一百五十五条【胎儿继承权的实现】

遗产分割时，应当保留胎儿的继承份额。胎儿娩出时是死体的，保留的份额按照法定继承办理。

历史由来

本条沿袭了《继承法》第28条的规定，仅作出了将“出生”调整为“娩出”的修改，主要是为了与《民法典》第16条的规定保持一致。

在民法典编纂过程中，《民法典继承编（草案）》（一审稿）第934条、《民法典继承编（草案）》（二审稿）第934条、《民法典（草案）》第1155条，都作了与本条相同的规定。但值得指出的是，《民法典继承编（草案）》（征求意见稿）第6条曾经作出了与此完全不同的规定，其表述为："胎儿享有继承权，由其法定代理人代为行使。胎儿娩出时为死体的，所得遗产由其他继承人继承。""征求意见稿"规定的表述，主要是考虑到与《民法典》第16条规定的衔接问题。因为现行条文的表述是在旧法不承认胎儿具有民事权利能力和继承能力的基础上作出的规定，而现行《民法典》已经赋予胎儿民事权利能力和继承能力，故而应当在承认胎儿继承权的基础上对其继承问题作出规定。因此，虽然现行条文基本上仍承袭了《继承法》的条文表述，但在对本条规定的理解与适用上，须结合《民法典》第16条的规定进行，不能认为遗产处理中还是仅涉及胎儿的保留份问题，而忽略了其已经演变为胎儿继承权的实现问题了。

规范目的或功能

在《民法总则》施行之前，我国民法未赋予胎儿民事权利能力，是不承认胎儿之民事主体地位的。有关胎儿利益的保护问题，只于《继承法》中规定了胎儿的保留份制度，别无其他。《民法典》承袭了《民法总则》的规定，采用法律拟制技术，赋予了胎儿在其利益保护领域的一般性民事主体地位（视为具有民事权利能力）。这就意味着，在继承法上，胎儿已经具有了继承能力和为继承人的资格，有权直接以继承人的身份参与到继承关系中。体系地看，本条规定之条旨应为"胎儿继承权的实现"，而不应再是"胎儿的保留份"了。我们之所以将该条的条旨设定为"胎儿继承权的实现"，目的就在于从胎儿作为继承人、保护胎儿继承权以及胎儿所继承之遗产的处理角度出发，以求得对《民法典》内部体系不调的问题进行消解。

规范内容

一、胎儿与胎儿的继承能力

法律上的胎儿，是指自受孕时开始至出生时为止的胚胎，冷冻胚胎不是胎儿；涉及胎儿的利益保护时，胎儿被视为具有民事权利能力的民事主体。既然胎儿的民事权利能力是法律拟制的结果，那么相较于一般的民事权利能力而言，胎儿的民事权利能力就具有一定的特殊性。此种特殊性就体现在，胎儿的“民事权利能力”仅指胎儿依法享有民事权利的能力，而不包括承担民事义务的能力，胎儿在出生之前只是权利主体，而不能成为义务主体。即便是某人为胎儿的利益而付出了费用，如在母腹中为胎儿实施手术，手术费的负担主体也不是胎儿，而是其父母；即便在出生之后，债权人也无权向出生后的新生儿主张其为胎儿时的手术费用，而只能向其父母主张。因此可以说，《民法典》创设了一种不同于一般民事权利能力的“特殊民事权利能力”，此种“特殊民事权利能力”即特指“胎儿的民事权利能力”；《民法典》也在“权利义务相一致”原则之外，创设了一种“只享有权利不承担义务的特殊民事主体”的例外，此种特殊民事主体就是“胎儿”。①

继承能力是一种接受继承的民事权利能力，只有继承开始时生存的人才有继承能力。继承开始时生存的人，即于继承开始之时点具有民事权利能力的人。在继承开始之前已经死亡的人，不具有继承能力；在继承开始时尚未出生的人，在应然性上也不应当具有继承能力，亦即胎儿原则上不应当具有继承能力。但是，为保护胎儿利益，既然《民法典》已经明定涉及胎儿之继承利益保护，视其为已出生（视为具有民事权利能力），那就意味着《民法典》已经明定了胎儿具有继承能力，是适格的继承人，依法享有继承权。

二、胎儿继承权的实现

胎儿继承权，是指在胎儿出生之前被继承人死亡，胎儿有权根据遗嘱的指定或者法律的规定继承被继承人的遗产。从民事行为能力角度讲，应当视胎儿为无民事行为能力人，其利益保护应辅之以监护制度的适用，由胎儿的监护人作为其法定代理人，代胎儿行使继承权。根据《民法典》第1127条法定继承人范围的规定，胎儿属于第一顺序继承人中“子女”的范畴。当胎儿以第一顺序继承人参加继承时，理论上的被继承人包括其“父”和“母”。但

---

① 参见王洪平：《论胎儿的民事权利能力及权利实现机制》，载《法学论坛》2017年第4期。

实际上，只有其“父”为被继承人一种情形，因为当其“母”死亡时，胎儿也难以存活，胎儿的继承问题也就不存在了。因此，胎儿的监护人和法定代理人应当确定为由“孕母”担当。①继承开始后，胎儿的法定代理人代胎儿参与遗产的管理和处理。

胎儿具有民事权利能力，同时也就具有程序法上的当事人能力。当胎儿的继承权受到来自其他继承人的侵害时，其法定代理人有权以胎儿为原告，代为提起诉讼，请求在确认胎儿继承权的基础上，恢复胎儿的继承权。在诉讼中，胎儿当事人身份的列明是个具体问题。胎儿尚未出生时，一般情况下其“名”尚不确定，但其“姓”依法可以确定，要么随母姓，要么随父姓。因而我们认为，当胎儿为原告时，由其法定代理人决定其姓氏，在起诉状上可以列明“张某，胎儿，预产期为×年×月×日”，在此之后再列明其法定代理人的身份事项，如此即可确定和固定胎儿的身份事项。

三、胎儿的保留份：附停止条件的移交

对于有胎儿参与继承时的遗产分割问题，本条规定没有采取比较法上常见的推迟分割立法模式（即推迟至胎儿出生后再进行遗产分割），而是不论在胎儿出生之前还是出生之后，都可以进行遗产分割，本条规定所针对的就是胎儿出生前的遗产分割情形。

从胎儿享有继承权的角度讲，不论在胎儿出生之前还是出生之后分割遗产，都由其法定代理人代为进行，分得的遗产也由其法定代理人代为受领和管理，不存在任何的制度障碍。但是，当胎儿出生前即为分割和移交，若胎儿娩出时为死体时，就存在着按照法定继承办理时须由胎儿的法定代理人重新交出原胎儿已经分得之遗产的问题。于此情形，就有返还不能、拒绝返还等风险的产生，法定继承人的继承权就有难以实现之虞。为此，为平衡胎儿继承权保护和其他法定继承人的继承权保护问题，本条规定了遗产分割时胎儿的保留份制度。申言之，在胎儿出生前为分割的，对于胎儿的应继份并不向其法定代理人直接为移交，而是采取“保留份”的方式进行保管。原则上，

---

① 参见“申某1申请法定继承纠纷审判监督案”，北京市昌平区人民法院（2014）昌民再初字第10812号民事判决书。

由遗产管理人代为保管。当胎儿娩出时为活体时，由遗产管理人向其法定代理人进行移交；当胎儿娩出时为死体时，由遗产管理人按照法定继承办理。据此规定，胎儿保留份的移交是附法定停止条件的。在胎儿出生之前，胎儿的法定代理人无权请求向其为移交。如此处理，实际上就取得了与推迟分割立法模式相同的法律效果。

举证责任

在本条的适用中，存在两个重要的待证事实：一是继承开始时胎儿是否已经受孕，二是胎儿娩出时是否为死体。孕母以胎儿法定代理人的身份提起诉讼，主张胎儿继承权的，其应当提供证据证明在继承开始时，胎儿已经受孕；其他继承人提起诉讼，主张为胎儿保留的份额应当按照法定继承办理的，其须就胎儿娩出时为死体的事实承担举证责任。

其他问题

关于胎儿继承权，还涉及两个关联性问题：一是胎儿娩出时为活体而迅即死亡的。于此情形，因胎儿已经出生，在其出生时即取得了自然人的主体资格，其民事权利能力已经由拟制转为实在，故胎儿已经因其出生而继承取得了遗产。在胎儿出生后迅即死亡时，其继承所得的财产为其自己的遗产，由其继承人继承。二是关于胎儿的受遗赠权问题。本条只规定了胎儿继承权的实现问题，而未规定胎儿受遗赠权的实现问题。从胎儿利益保护的角度讲，胎儿同样享有受遗赠权。当被继承人在遗嘱中指定胎儿为受遗赠人时，该遗赠不因胎儿尚未出生而无效，胎儿的受遗赠权由其法定代理人代为行使。在解释上，我们认为，胎儿的法定代理人无权代为放弃受遗赠，放弃受遗赠是侵害胎儿利益的行为，为法所不许（《民法典》第34条）。因而在胎儿为受遗赠人时，应当不受《民法典》第1124条规定的限制，应当直接拟制胎儿接受遗赠的表示，而无须由法定代理人代为作出。在胎儿为受遗赠人时，关于遗产分割的其他问题，应当类推适用本条规定进行处理。

第一千一百五十六条【遗产分割的原则和方法】

遗产分割应当有利于生产和生活需要，不损害遗产的效用。

不宜分割的遗产，可以采取折价、适当补偿或者共有等方法处理。

历史由来

本条完全承袭了《继承法》第29条的规定。在民法典编纂过程中，本条未发生任何修改。

规范目的或功能

分割遗产是遗产处理程序的终极目的，遗产分割之后，原则上遗产由继承人的共同所有变为各继承人的单独所有，被继承人生前财产的死后传承目的即告达成。遗产分割涉及诸多法律问题，如分割的原则、分割的依据、分割的时点、分割的方法、分割的效力、分割的无效与可撤销等。本条只就遗产分割的原则和处理方法进行了规定，未涉及遗产分割的其他方面。遗产的分割，本质上是共有财产的分割问题，因而对于本条规定的理解与适用，应当同时结合《民法典》物权编有关共有财产的分割规定来进行。

规范内容

一、遗产分割的原则

本条第1款规定了遗产分割的原则，包括两个方面：一是“有利于生产和生活需要”（正面规定），二是“不得损害遗产的效用”（反面规定）。这一分割原则，实际上是采取实物分割时的原则要求，同时也为本条第2款规定的“不宜分割”（“不宜进行实物分割”）情形提供了认定标准。

本条第1款的两句表述相辅相成，“遗产分割应当有利于生产和生活需要”是正面规定，“不得损害遗产的效用”是反面规定。申言之，只要按照有利于生产和生活需要的方式进行遗产分割，就达到了不损害遗产效用的目的。这一原则，实际上是物权法上“物尽其用”原则的翻版。要达到“物尽其用”的要求，须考虑两个方面：其一，物之效用。物之效用乃物之客观功效和作用。如住宅用于居住、车间用于生产、耕地用于种植、草地用于牧畜、鱼塘用于养殖、畜力用于拉车、书籍用于阅读、乐器用于演奏等。偏离了物之客观效用，物就难以为人所用，其效用也就无从发挥。其二，为谁所用。物之效用发挥离不开人的主观能动性，因为物是为人所用的。若所用非其人，那物之效用也难以发挥。如汽车是用来代步的，无驾照者即便拥有汽车也难以实现代步功能；耕牛是用于犁地的，无地可种的大学教授即便拥有一头耕牛也无法实现犁地的功能。故此，“何物归何人所有”或者说“何人应拥有何物”，是实现物尽其用原则和实现“不得损害遗产效用”之目的时必须考虑的两个基本问题。这就要求人民法院在分割遗产中的房屋、生产资料和特定职业所需要的财产时，应依据有利于发挥其使用效益和继承人的实际需要，兼顾各继承人的利益进行处理。

二、遗产分割的方法

关于共有财产的分割，《民法典》第304条第1款规定：“共有人可以协商确定分割方式。达不成协议，共有的不动产或者动产可以分割且不会因分割减损价值的，应当对实物予以分割；难以分割或者因分割会减损价值的，应当对折价或者拍卖、变卖取得的价款予以分割。”其规定的分割方法有两种：一是实物分割，二是变价分割；所谓“共有人可以协商确定”的分割方式，无非也就是这两种。从文义上来看，本条关于遗产分割中的“分割”，所指就是共有财产分割中的“实物分割”，“不宜分割”就是指“不宜进行实物分割”；对于“不宜分割”的遗产，可以采取“折价”“适当补偿”或者“共有”的方法处理。从体系解释的角度讲，本条规定中的“折价”和“适当补偿”两种方法都属于共有财产分割中的“折价”方法。换言之，《民法典》第304条规定中的“折价”是广义的，本条规定中的“折价”是狭义的，广义的“折价”包含“适当补偿”（这符合对“折价”一词的通常理解）。但是，从本条规定中没有明确列举“拍卖”“变卖”两种方法来看，其第2款规定中的“折价”似乎又不同于《民法典》第304条规定中的“折价”，本条规定中的“折价”似乎还包含“拍卖”“变卖”两种折价方法。我们认为，为避免语义解释的缠夹不清，从法秩序统一性要求出发，应将本条规定的“折价”“适当补偿”两种分割方法合并解释为“变价分割”方法；同时，结合《民法典》第304条之规定，把“拍卖”“变卖”两种变价方法也纳入遗产分割的“变价分割”方法中。如此一来，遗产分割的方法就可以统一为“实物分割”和“变价分割”两种类型的方法。在此基础上，继承人可以根据各自的意愿或者共同的意愿，结合各种分割方法的条件与可行性，针对不同类型的遗产，选择不同的分割方法或者方法组合。

（一）实物分割

实物分割是针对实物遗产的分割方法。《民法典》第304条针对共有物分割中采用实物分割的方法，提出的条件是“可以分割并且不会因分割减损价值”。如五个继承人均分一块奶酪，每人分得一块，就满足了“可分割”和“不减损价值”的双重要求。若是五个继承人均分一根珍贵的乌木，锯成五段，一人一段，这虽满足了“可分割”的要求，但就不符合“不减损价值”的要求了。所以，“可分割”和“不减损价值”两者同时具备时，方宜采用实物分割的方法。

（二）变价分割

1.“折价与适当补偿”

在通常理解上，“折价”与“适当补偿”不是两种并行的独立的分割方法，二者是难以分开进行的。“折价”中本就包含将某一财物按其实际价值折算为某一价格，某人取得其完整的权属，而对其他共有人应得的价款进行补偿，从而通过价款分割的方式变相实现共有财产的分割。当然，“折价”归共有人中的“一人”所有，而由该一人对其他的共有人进行“适当补偿”，是其中最简单的一种情形；更为复杂一些的情形还包括，将数个共有物分别“折价”归不同的共有人所有，根据各共有人的应得份额与其实际取得财物所折算的价款进行结算，相互之间通过“多退少补”的方式进行适当的补偿。然而，不论在何种情形下，“折价”与“适当补偿”都是结合进行的，只有二者的共同进行才能实现变价分割的目的。因此，我们认为，不应当将“折价”与“适当补偿”理解为两种不同的方法，而是应当合并理解为“折价与适当补偿”这一种方法。

《民法典》第304条规定的变价分割条件是“难以分割或者因分割会减损价值”，这一分割条件与本条规定的“不得损害遗产效用”原则是一致的。如被继承人遗留砖瓦结构房屋一间，由五名继承人共同继承，该房屋就因“难以分割”而不能采用实物分割的方式，若强行进行实物分割，就会直接造成遗产的毁损灭失。上文提及的五名继承人共同继承一根珍贵乌木的事例，就属于“因分割会减损价值”的情形，同样不宜采用实物分割的方法。因此，在实物分割无法进行或者不宜进行时，就可以考虑采用“折价与适当补偿”的变价分割方法。在司法实践中，“变价与适当补偿”是一种很常见的遗产分割方法。如对于具有重要商业价值的营业用房，法院判由一人取得房屋所有权继续用于商业经营，在经评估确定商业用房实际价值的基础上，再对其他的继承人进行现金补偿，既照顾到了各继承人的利益，又不损害遗产的实际效用，就不失为一种恰当的遗产分割方法。①

变价分割时，如何确定变价的时点是一个重要的实务问题。因为继承开始的时点与变价处分的时点不是同一时间，遗产的实际价值会因时间变化而增值或者贬值，从而影响到遗产实际价值的确定。我国司法实践对此的做法是，以变价处分时的时点作为确定遗产实际价值的时点。②

2.拍卖或者变卖

拍卖和变卖是两种不同的买卖方式。拍卖是指依法委托拍卖机构，以公开竞价的形式，将特定财物转让给最高应价者的买卖方式。变卖是指非以竞价形式，而是按照通常的议价出售方式将特定财物转让给他人的买卖方式。遗产分割时，是采取拍卖方式还是变卖方式，由继承人协商确定。在拍卖或

---

① 参见“单洪远、刘春林诉胡秀花、单良、单译贤法定继承纠纷案”，载《中华人民共和国最高人民法院公报》2006年第5期。

② 参见“董某某、於某甲、於某乙、於某丙、於某丁诉於某戊遗产继承纠纷案”，其裁判要旨指出：遗产是公民死亡时遗留的个人合法财产，继承自公民死亡之时开始，但公民死亡时间与遗产分割时间并不一定是同一个时间，这期间，遗产的价值很可能因为市场因素发生变化或者遗产的表现形式发生变化而导致价值认定产生不同意见。如遗产继承人擅自处分应当与其他继承人共同继承的遗产，遗产因转化而增值的，在分割遗产时，应当按照增值后的价值进行计算。浙江省宁波市北仑区人民法院（2009）甬仑民初字第2366号民事判决书。

者变卖完成后，由继承人根据各自的应得份额分割拍卖或者变卖所得的价款。

三、"权利分割"

总括来讲，遗产的处理包括"分割"和"不予分割"两种情形。继承开始之后，继承人之间可以约定，对于全部遗产保持不予分割的状态；也可以约定，对于部分遗产进行分割，对于剩余遗产或者特定遗产不予分割。对于不予分割的部分，继承人之间保持了继承时形成的共有状态。但当继承人之间约定，对于某一特定遗产虽不予以实物分割或者变价分割，但在确定各自应继份额的基础上以按份共有的方式共有时，实际上仍然是进行了遗产的分割，此种分割方式并列于实物分割和变价分割方式，可称为"权利分割"方式。申言之，在继承开始之后，共同继承人对继承所得的财产形成了共同共有，如果维持共同共有形态不变，则属于"不予分割"的遗产处理方法；如果基于约定变共同共有为按份共有，则共有的权利形态就发生了改变，应认定为采取了"分割"的遗产处理方法，其分割方式为"权利分割"。在权利分割完成后，继承人之间应依照《民法典》物权编关于按份共有的规定对共有财产进行管理和处分。

举证责任

对于遗产分割是否违背了"不得损害遗产效用"的原则提出攻击的继承人，应当就遗产分割产生了不利于生产需要或者不利于生活需要的情形承担举证责任。因遗产分割方法的选用产生争议时，原告应就被选用分割方法的不当之处以及其所主张之分割方法的可行之处提供证据加以证明。

其他问题

一、遗产分割的依据

遗产分割方法解决的是遗产"如何分割"的问题，遗产分割的依据解决的则是遗产"依何分割"的问题。"依何分割"是"如何分割"的前提，也是特定分割方法能够产生有效分割效力的基础。通常而言，遗产分割的依据有三种，即依据遗嘱的分割、依据协议的分割和依据裁判的分割。遗嘱人可以在遗嘱中直接指定分割的方法，如遗留别墅三栋，由作为继承人的三兄弟一人分得一栋，这就是由遗嘱直接确定的实物分割方法。在遗嘱未确定分割方法时，或者遗嘱指定的分割方法在客观上已无可行性时（如遗留的实物遗产已经部分毁损灭失），则由继承人共同协商确定分割的方法，此即通常所谓的协议分割。在协议不成时，继承人可申请人民法院请求裁判分割，或者在达成仲裁协议的基础上申请仲裁机构予以裁判分割。

二、遗产分割自由原则及其限制

原则上，继承人享有随时请求分割遗产的自由，此即遗产分割自由原则。遗产分割自由包括两个方面：一是请求分割的自由，二是分割时点选择的自由。当然，遗产的分割自由也并非没有限度。在某些情形下，遗产的分割自由要受到限制。总括而言，当有以下一些情形出现时，继承人不得请求分割遗产：（1）遗嘱对遗产的分割附有停止条件或者停止期限时，于此条件成就或者此期限到来之前不得分割；（2）继承人之间通过决议，暂不进行分割，无重大理由出现时，原则上不得请求分割；（3）遗产被扣押或者被采取司法保全措施的，在解除扣押或者司法保全措施之前，不得请求分割；（4）遗产的归属尚存在着争议，在争议解决、归属确定之前，不得请求分割。在“遗产债务清偿完毕”之前是否可以请求分割呢？我们认为，由于《民法典》未确立“先偿债后分割”的遗产分割规则（参见本书对《民法典》第1159条的评注），故遗产债务是否清偿完毕不应当影响遗产的分割。

三、遗产分割请求权的性质

司法实践中有一种观点认为，“遗产分割请求权”本质上不是一类“请求权”，而是“形成权”，其得出这一结论的理由就是继承人享有随时请求分割遗产的自由。[①]我们认为，将遗产分割请求权定性为形成权是值得商榷

① 参见“罗某甲、罗某乙诉王某某等法定继承纠纷案”，成都市锦江区人民法院（2009）锦江民初字第3298号民事判决书。

的。形成权与请求权的区别不在于是否遵循着“权利行使自由原则”，而在于权利行使的法律效果。请求权行使的法律效果（行权目的）之实现有赖于被请求方的作为或者不作为，形成权行使的法律效果依法律规定而直接发生。但是，遗产的分割效果不会因法律规定而直接发生的，其仍有赖于其他继承人的作为或者不作为，因而遗产分割请求权在性质上为请求权而非形成权。

四、遗产分割的溯及力问题

在比较法上，关于遗产分割的溯及力问题，存在两种立法主义：一是宣示主义，二是移转主义。依宣示主义，遗产分割的效力溯及继承开始之时，即自继承开始时各个继承人即取得单独所有权。依移转主义，遗产分割的效力发生于遗产分割之时，即自分割后各继承人取得单独所有权，而非溯及继承开始时取得单独所有权。虽然《民法典》第230条规定：“因继承取得物权的，自继承开始时发生效力。”但我们认为，我国法采取的仍是转移主义而非宣示主义立法例。这是因为，继承开始时，各继承人取得的是对遗产的共同共有权，而非单独所有权；只有在分割完成后，各继承人取得的才是单独所有权，因而分割的效力发生于“分割时”而并非“继承开始时”。

五、遗产分割的瑕疵担保责任

关于共有财产分割的瑕疵担保责任，《民法典》第304条第2款规定：“共有人分割所得的不动产或者动产有瑕疵的，其他共有人应当分担损失。”在解释上，该规定也应当适用于共有遗产的分割。遗产分割后瑕疵担保责任的承担，其重要的法理基础在于分得遗产之价值的“确实主义”和“维持主义”。离开了所分得遗产在价值上的“确实”与“维持”，就违背了“继承权平等”原则的要求。瑕疵担保责任包括物的瑕疵担保责任和权利的瑕疵担保责任两种，对此的理解与适用，应当参照《民法典》有关买卖合同中瑕疵担保责任的相关规定。

第一千一百五十七条【再婚方对继承所得财产的自由处分权】

夫妻一方死亡后另一方再婚的，有权处分所继承的财产，任何组织或者个人不得干涉。

历史由来

本条沿用了《继承法》第30条的规定，仅作了将“任何人”表达为“任何组织或者个人”的修改。在民法典编纂过程中，《民法典继承编（草案）》（征求意见稿）第38条、《民法典继承编（草案）》（一审稿）第936条、《民法典继承编（草案）》（二审稿）第936条、《民法典（草案）》第1157条，都作了与《继承法》第30条相同的规定。2020年5月提交全国人大会议审议时作出了将“任何人”表述为“任何组织或者个人”的修改，并最终形成了本条。

规范目的或功能

夫妻一方死亡时婚姻关系消灭，生存配偶方通过继承取得的另一方的遗产，属于生存配偶方的个人财产，财产权人享有自由处分权乃不言而喻的题中之义。但本条规定仍不无现实意义，其意义就在于不仅明确宣示了再婚方的自由处分权，而且还向试图干预再婚方自由处分权的“任何组织或者个人”都作出了明确的警示，再婚方的自由处分权是任何人不得干涉的。当再婚方的自由处分权受到干涉时，该条即为其排除妨碍、请求损害赔偿提供了请求权基础。

规范内容

对再婚方继承财产之自由处分权的干涉，实质上是对婚姻自由权的干涉，或者说通过干涉再婚自由的方式来干涉再婚方的自由处分权。如张三生前留有遗嘱，载明：“我去世后，我所有的瓦房五间由我妻子李四继承。若李四改嫁，其不能带走房屋，必须将五间瓦房交我侄子张六，归张六所有。”张三在遗嘱中表达的心愿为不想妻子改嫁他人，但又无法阻止，故想通过剥夺妻子所继承的财产的方式，给妻子再婚设置障碍。这一遗嘱内容不仅干涉了妻子李四的婚姻自由权，而且还干涉了李四再婚时对所继承财产的自由处分权，是无效的。在该事例中，干涉再婚方继承财产之自由处分权的人是被继承人，其通过遗嘱的方式进行了干涉。在现实生活中，公婆干涉丧偶儿媳再嫁、再嫁时不准带走所继承的财产的事例也不鲜见。在一些宗族观念较重的地区，族长或者族人干涉再婚方继承财产之自由处分权的极端事例也多有发生。暴力干涉再婚自由与暴力干涉再婚方继承财产的自由处分权往往合并发生，这可能构成暴力干涉婚姻自由罪，须依法承担刑事责任。

第一千一百五十八条【遗赠扶养协议】

自然人可以与继承人以外的组织或者个人签订遗赠扶养协议。按照协议，该组织或者个人承担该自然人生养死葬的义务，享有受遗赠的权利。

历史由来

本条源自《继承法》第31条第1款的规定，在表达方式上作了一定修改。《继承法》第31条包含两款规定，第1款规定："公民可以与扶养人签订遗赠扶养协议。按照协议，扶养人承担该公民生养死葬的义务，享有受遗赠的权利。"第2款规定："公民可以与集体所有制组织签订遗赠扶养协议。按照协议，集体所有制组织承担该公民生养死葬的义务，享有受遗赠的权利。"本条相比于《继承法》第31条有三点变化：其一，由两款规定变为一款规定，本条删除了《继承法》第2款规定；其二，将《继承法》第1款规定中的"公民"修改为"自然人"，以与《民法典》总则编的规定保持一致；其三，将《继承法》中的"扶养人"修改为"继承人以外的组织或者个人"，更进一步地明确了"扶养人"的范围和主体类型。

在民法典编纂过程中，《民法典继承编（草案）》（征求意见稿）对《继承法》第31条作了较大修改，其第39条规定："自然人可以与扶养人签订遗赠扶养协议。按照协议，扶养人承担该自然人生养死葬的义务，享有受遗赠的权利。自然人可以与继承人以外的组织或者个人签订遗赠扶养协议。按照协议，该组织或者个人承担该自然人生养死葬的义务，享有受遗赠的权利。"但该草案条文在后续的草案中未被继续保留。《民法典继承编（草案）》（一审稿）

第937条、《民法典继承编（草案）》（二审稿）第937条、《民法典（草案）》第1158条，都作了与本条相同的规定，最终形成了本条文。

《老年人权益保障法》（2018年修正）第36条可以视为本条文的另一个来源，其规定："老年人可以与集体经济组织、基层群众性自治组织、养老机构等组织或者个人签订遗赠扶养协议或者其他扶助协议。负有扶养义务的组织或者个人按照遗赠扶养协议，承担该老年人生养死葬的义务，享有受遗赠的权利。"

规范目的或功能

遗赠扶养协议是一项具有中国特色的养老制度。鳏寡、失能、高龄等老年人，面对"老无所养"的困境，可以采取与扶养人签订遗赠扶养协议的方式解决自己的生养死葬问题。《民法典》将遗赠扶养协议规定于继承编，并不意味着其是一项继承制度，只是其与遗产的处理密切相关，故为法律适用的便宜起见，将其规定于继承编之遗产处理章中，便于在遗产的处理程序中，一并解决与遗嘱继承、遗赠和法定继承的遗产分割关系。在制度性质上，遗赠扶养协议属于合同制度，《民法典》合同编第一分编"通则"的相关规定原则上都适用于遗赠扶养协议。

规范内容

一、遗赠扶养协议的含义

遗赠扶养协议是一种服务协议，是自然人于生前购买生养死葬的有偿服务，于其死后以遗产支付服务报酬的合同。在性质上，遗赠扶养协议是一种双方的、双务的、有偿的、诺成的、要式的法律行为。要准确把握遗赠扶养协议的内涵与功能，须厘清其与相关概念的关系。

（一）遗赠扶养协议与遗赠

遗赠扶养协议与遗赠的不同在于：其一，遗赠是被继承人的单方行为，遗赠扶养协议是被继承人生前与扶养人的双方合同行为；其二，遗赠具有无偿性，遗赠扶养协议具有有偿性，扶养人取得遗产以承担被继承人的生养死葬义务为对价；其三，遗赠具有单务性，遗赠扶养协议具有双务性，扶养人必须承担被继承人生养死葬的义务；其四，受遗赠人接受遗赠具有纯获利益性，而遗赠扶养协议中的"遗赠"却只有"赠与"之名而无"赠与"之实，扶养人对遗产的取得是对待给付的结果。有鉴于上述不同，就不能将遗赠扶养协议中的"遗赠"误认为与经由遗嘱的"遗赠"具有相同的含义。

（二）遗赠扶养协议与赠与合同

赠与合同是《民法典》合同编中规定的一种典型合同，遗赠扶养协议是规定于继承编的一种典型合同。表面上看，遗赠扶养协议中包含着"赠与"的因素，扶养人取得被继承人的财产时未支付任何对价，这也正是此类协议被冠以"遗赠"之名的原因所在。但实则不然，遗赠扶养协议是双务有偿合同，赠与合同是单务无偿合同。正是因为存在着这一不同，赠与合同的赠与人享有任意撤销权，[①]遗赠扶养协议的被扶养人（被继承人）不享有任意撤销权。

（三）遗赠扶养协议与身份协议

婚姻协议、收养协议、监护协议等是身份协议，其协议内容为与身份有关的权利义务，往往不直接与财产性权利义务相关。而遗赠扶养协议是纯粹的财产性协议，与身份无关。被继承人与扶养人之间本无身份关系（扶养人是继承人以外的组织或者个人），因协议的签订而形成的合同关系也并非身份关系。如果将遗赠扶养协议归入身份协议的范畴，就会发生种属关系上的概念错误和法律适用错误。

（四）遗赠扶养协议与赡养协议

《老年人权益保障法》第20条规定："经老年人同意，赡养人之间可以就

---

① 《民法典》第658条第1款规定了赠与合同的任意撤销权，但该条第2款又作出了一些限制性的例外规定："经过公证的赠与合同或者依法不得撤销的具有救灾、扶贫、助残等公益、道德义务性质的赠与合同，不适用前款规定。"

履行赡养义务签订协议。赡养协议的内容不得违反法律的规定和老年人的意愿。基层群众性自治组织、老年人组织或者赡养人所在单位监督协议的履行。”据此规定，赡养协议是赡养人之间签订的、以赡养义务的履行为内容的协议。虽然赡养义务人与法定继承人在范围上往往具有一致性，但赡养协议本质上与遗产的处理无关，赡养义务人也不得以放弃继承为由而不履行赡养义务。而在遗赠扶养协议中，扶养人是“继承人以外的组织或者个人”，不能是负有赡养义务的继承人，这是二者在协议主体上的差别。此外，在内容上二者也具有根本的不同，遗赠扶养协议不仅具有“扶养”的内容，而且具有“死葬”和“遗赠”的内容，其协议内容比只包含着“赡养”内容的赡养协议要丰富得多。

（五）遗赠扶养协议与扶养协议

遗赠扶养协议是扶养协议的一种，扶养协议是一个比较宽泛的上位概念。夫妻之间的扶养协议、兄弟姐妹之间的扶养协议、不具有亲属关系的自然人之间的扶养协议、自然人与相关组织之间的扶养协议、有偿的扶养协议、无偿的扶养协议等，都属于扶养协议。遗赠扶养协议具有一般扶养协议的共性特质，也有其自身的特殊内容、效力和性质。

（六）遗赠扶养协议与扶助协议

《民法典》同时使用了“扶养”和“扶助”两个术语。如《民法典》第26条第2款规定：“成年子女对父母负有赡养、扶助和保护的义务。”《老年人权益保障法》（2018年修正）第36条也并列地出现了“遗赠扶养协议”和“扶助协议”两个概念。如果不加精确区分的话，在法律上可以把“扶养”与“扶助”基本上作同义解，也可以把“扶养协议”与“扶助协议”作同义解。在此意义上，遗赠扶养协议与扶助协议的关系，可以参照上述的遗赠扶养协议与扶养协议的关系来理解。但从并列使用“扶养协议”与“扶助协议”的角度讲，若说二者有所区别，其区别可以理解为，“扶养协议”往往具有全面性，可以包括经济上供养、生活上照料和精神上慰藉等比较全面的内容；而“扶助协议”，往往是针对某个特定方面签订的协议，如或者是专门帮助老年人挑水，或者是专门帮助老年人收寄信件，或者是只帮助老年人准备一日三餐等。在此意义上，可以把“扶助协议”理解为一个“专项扶养协议”。

（七）遗赠扶养协议与“五保”供养制度

《老年人权益保障法》第23条（1996年条文，2012年修正删除了该条）第2款规定：“农村的老年人，无劳动能力、无生活来源、无赡养人和扶养人的，或者其赡养人和扶养人确无赡养能力或者扶养能力的，由农村集体经济组织负担保吃、保穿、保住、保医、保葬的五保供养，乡、民族乡、镇人民政府负责组织实施。”由以上规定可见，“五保”供养制度是一种法定的农村社会养老保障制度。“三无”老人也可以选择与本集体经济组织签订遗赠扶养协议的方式养老，于此情形，遗赠扶养协议就取代了“五保”供养方式，在“三无”老人去世时，就要首先按照遗赠扶养协议来处理其遗留的财产。

（八）遗赠扶养协议与养老服务协议

《老年人权益保障法》（2018年修正）第48条规定：“养老机构应当与接受服务的老年人或者其代理人签订服务协议，明确双方的权利、义务。养老机构及其工作人员不得以任何方式侵害老年人的权益。”该规定确立了“养老服务协议”制度。所谓养老服务协议，是指养老机构与接受养老服务的老年人或者其代理人签订的以养老服务的提供为内容的服务协议。当老年人以自己的名义签订时，老年人是养老服务协议的当事人和受益人；当他人（老年人的代理人[①]）与养老机构签订养老服务协议、以老年人为服务对象和受益人时，该协议在性质上即为“为第三人利益之合同”。一般来说，由养老机构提供的养老服务是一种收费性质的社会服务，其本身只包含服务的内容而无“遗赠”的内容。当然，养老机构本身也可以成为遗赠扶养协议的扶养人方，若被继承人与养老机构签订的是遗赠扶养协议，那就应当按照遗赠扶养协议来履行扶养义务，在被继承人死亡后，养老机构按照遗赠扶养协议取得被继承人的遗产。

---

① “老年人的代理人”这一表述是不准确的。譬如，当老年人的子女与养老机构签订养老服务协议时，老年人的子女通常不是以老年人代理人的身份签订服务协议的，而是以自己的名义签订、以被送养的老年人为受益人，此种合同为“涉他合同”，不能归入代理范畴。

二、遗赠扶养协议的形式要求

关于遗赠扶养协议的形式，《民法典》未作明确规定，但根据遗赠扶养协议履行时间跨度长并且其完全履行跨越了被扶养人生与死的特质，其应以书面形式作成，否则在被扶养人死亡后，扶养人的合同权利将难以证明和保障。当然，未以书面形式签订的遗赠扶养协议，其效力也不受影响，自双方意思表示合致时，遗赠扶养协议亦有效成立。

三、遗赠扶养协议的扶养人范围

依照本条规定，遗赠扶养协议的扶养人为个人时，只能是“继承人以外的个人”，而不能是“继承人”。我们认为，根据遗赠扶养协议的制度功能，本条规定的“继承人”应作限缩解释，仅指第一顺序的法定继承人。配偶之间有法定的相互扶养义务、父母对未成年子女有法定的抚养义务、成年子女对父母有法定的赡养义务，他们相互之间无需再通过遗赠扶养协议的方式解决扶养问题，故扶养人不能是第一顺序的继承人。但是，作为第二顺序法定继承人的兄弟姐妹、祖父母、外祖父母，在一般情况下他们对于被继承人（被扶养人）是不负有扶养义务的，故被继承人可以与第二顺序的不负有法定扶养义务的继承人之间签订遗赠扶养协议，这在解释上是不成问题的。当然，在例外情形下，第二顺序的法定继承人对被继承人也会负有法定的扶养义务。《民法典》第1074条第2款规定：“有负担能力的孙子女、外孙子女，对于子女已经死亡或者子女无力赡养的祖父母、外祖父母，有赡养的义务。”第1075条第2款规定：“由兄、姐扶养长大的有负担能力的弟、妹，对于缺乏劳动能力又缺乏生活来源的兄、姐，有扶养的义务。”根据反对解释，孙子女、外孙子女虽是祖父母、外祖父母的代位继承人，但当孙子女、外孙子女对祖父母、外祖父母不负有法定的扶养义务时，其就可以成为遗赠扶养协议的扶养人；不是由兄、姐扶养长大的弟、妹，对兄、姐就无扶养义务，因而也可以作为遗赠扶养协议的扶养人。

四、遗赠扶养协议的效力

遗赠扶养协议的成立，须遵循合同成立的一般要件，即通过要约与承诺的方式订立。一个有效成立的遗赠扶养协议，须具备民事法律行为有效的全部要件。根据《民法典》第143条规定："具备下列条件的民事法律行为有效：（一）行为人具有相应的民事行为能力；（二）意思表示真实；（三）不违反法律、行政法规的强制性规定，不违背公序良俗。"据此规定，遗赠扶养协议也具备有效、无效和可撤销三种效力形态。从主体的适格性上讲，只有完全民事行为能力人才能与他人订立遗赠扶养协议，限制民事行为能力人、无民事行为能力人订立的遗赠扶养协议无效。从意思表示的真实性上讲，因欺诈、胁迫、重大误解以及利用被扶养人处于危困状态、缺乏判断能力等情形订立的遗赠扶养协议，属于可撤销的遗赠扶养协议。至于遗赠扶养协议是否存在违反法律、行政法规的效力性强制性规定以及是否违背公序良俗，需要视个案的违法情形而定。

五、遗赠人的权利与义务

在遗赠扶养协议中，被扶养人的权利就是在其生存期间接受扶养人供养的权利，如请求扶养人支付必要的生活费用、提供必要的生活扶助、处理必要的生活事务等权利，这些权利的享有对应着扶养人的扶养义务。被扶养人的主要协议义务体现为在其死亡时将所遗留的财产转归扶养人。但是，被扶养人生存期间，也并非不承担任何的协议义务，其生存期间的主要义务体现为不得为背离"遗赠"之目的的处分行为。在遗赠扶养协议中，根据当事人的约定，所"遗赠"的财产可以是概括性的，也可以是特定性的。如"死后所有遗产归扶养人所有"就是一种概括遗赠，"死后房屋归扶养人所有"就是一种特定遗赠。对于特定遗赠，被继承人于生前不得为与遗赠目的相反的处分行为，如不得将房屋卖掉。对于概括遗赠，被继承人于生前原则上可对自己的财产为必要的处分，但其处分的主观目的一定要为善意，不得出于损害扶养人利益的目的而为恶意处分。

六、扶养人的权利与义务

扶养人的义务体现为对被继承人的生养死葬。就供养而言，如何供养可视协议约定而定。如果协议对供养的方式及供养的程度等未作出明确约定或者约定不明确的，扶养人原则上应尽到不低于法定赡养义务的供养程度。扶养人的权利主要体现为“受遗赠权”。扶养人的“受遗赠权”不同于受遗赠人的受遗赠权，在继承开始时，扶养人无须作出接受遗赠的表示，不存在逾期失权的问题。根据《民法典》第1123条之规定：“继承开始后，按照法定继承办理；有遗嘱的，按照遗嘱继承或者遗赠办理；有遗赠扶养协议的，按照协议办理。”遗赠扶养协议具有优先于遗嘱继承、遗赠和法定继承的效力，在遗产的处理程序中，应当首先满足扶养人基于遗赠扶养协议的受遗赠权。

七、遗赠扶养协议的终止

遗赠扶养协议的终止有正常终止和非正常终止两种情形。正常终止是指协议已经履行完毕、遗赠扶养的协议目的已经完全达成时的终止。非正常终止的原因有很多，如扶养人的死亡或者丧失继续扶养的能力等。遗赠扶养协议的解除是一种典型的、也是最重要的非正常终止情形。虽然《民法典》未规定扶养人和被扶养人具有遗赠扶养协议的任意解除权，但由于扶养人与被扶养人之间必须具有密切的人身信任关系，因而在解释上该任意解除权是应当存在的。不论是扶养人还是被扶养人，都有权随时解除遗赠扶养协议，但对于因解除合同造成的对方损失，应当予以赔偿。此外，遗赠扶养协议也可以因一方的违约而解除，并且违约方因此要承担相应的违约责任。如《继承法意见》第56条规定：“扶养人或集体组织与公民订有遗赠扶养协议，扶养人或集体组织无正当理由不履行，致协议解除的，不能享有受遗赠的权利，其支付的供养费用一般不予补偿；[①]遗赠人无正当理由不履行，致协议解除的，则应偿还扶养人或集体组织已支付的供养费用。”该条司法解释规定，对于本条规定的理解与适用，仍具有重要的学理参照意义。

① “一般不予补偿”是一个弹性规定，“不予补偿”是对扶养人违约行为的一种惩戒，“一般不予补偿”则考虑到了实质公平问题。因为扶养人虽有违约行为，但被继承人生前亦可能尽过较多的扶养照顾义务，故完全不予补偿有失公平。于此情形，我国司法实践的做法，通常还是会给予扶养人以适当补偿的。参见“张某某与王某某遗赠扶养协议纠纷上诉案”，海南省海南中级人民法院（2007）海南民二终字第172号民事判决书。

举证责任

因遗赠扶养协议的订立、效力、履行、解除、违约等发生争议的，与一般的合同纠纷在举证责任的分配上没有本质区别，须遵循“谁主张，谁举证”的举证规则来分配证明责任。在遗产处理程序中，扶养人须就遗赠扶养协议的有效成立及其受遗赠的权利范围承担举证证明责任。当遗嘱继承人、法定继承人、受遗赠人、债权人等对遗赠扶养协议的真实性、效力及协议内容提出质疑时，应当承担相应的举证责任。

其他问题

一、遗赠扶养协议与继承协议

继承协议，又称继承合同、继承契约，《民法典》对继承协议制度未作规定。就是否承认继承协议的效力问题，在比较法上也明确存在着肯定与否定两种不同的立法例，我国学界与实务界对此也存在着争议。[①]我们认为，根据契约自由原则，在不违背公序良俗和效力性强制性法律规定的前提下，对于某些继承契约的效力是可以承认的。如被继承人与继承人之间就遗产分割预先达成的分割协议，原则上就应当承认其效力。但是，如果达成的继承协议涉及的是继承权的放弃，该继承协议就是无效的。因为根据我国现行继承制度，继承权是不能预先放弃的，只有在继承开始之后继承人才能作出放弃继承的意思表示。总之，我国法上的遗赠扶养协议制度是不同于比较法上之继承协议的一项独立制度，与民间通常所言的一些被冠以“继承协议”的协议也有着根本的不同。

---

① 参见“苏某甲与苏某乙等法定继承纠纷再审案”，该判决书的裁判要旨即指出：继承人在被继承人死亡前达成处分被继承人财产协议的，应当认定为无权处分；在被继承人没有以遗嘱或遗赠的方式确认继承人之间达成的协议的前提下，不能按协议约定方式处分被继承人的遗产。重庆市高级人民法院（2016）渝民再149号再审判决书。

二、遗赠扶养协议的法律适用问题

前文已述，遗赠扶养协议是一种财产性协议，而非身份性协议。《民法典》第467条规定："本法或者其他法律没有明文规定的合同，适用本编通则的规定，并可以参照适用本编或者其他法律最相类似合同的规定……"该条为引用性法条，为遗赠扶养协议的法律适用提供了基本的规范指引，在处理遗赠扶养协议问题时，应注意对《民法典》合同编相关规定的适用。

三、扶养人的受遗赠权相对于其他债权的优先性问题

《民法典》第1123条规定了遗赠扶养协议相对于遗嘱继承、遗赠和法定继承的优先效力，实际上遗赠扶养协议的优先效力还体现在扶养人的受遗赠权相对于其他债权的优先性上。扶养人的受遗赠权也是一种合同债权，在提出受遗赠的请求和受领遗赠财产时，扶养人居于债权人地位。基于债权的平等性，扶养人的受遗赠权与其他债权人的债权原则上应居于平等地位，无何者优先的问题，但法律基于遗赠扶养协议具有养老之社会保障功能的公共政策考量，赋予了扶养人之受遗赠权优先于一般债权人之债权的优先效力。在此意义上，扶养人的受遗赠权具有法定优先权的性质，在满足了扶养人的受遗赠权之后还有剩余遗产的，一般债权人的债权才能获得清偿。

第一千一百五十九条【遗产债务的清偿】

分割遗产，应当清偿被继承人依法应当缴纳的税款和债务；但是，应当为缺乏劳动能力又没有生活来源的继承人保留必要的遗产。

历史由来

本条是吸收整合《继承法》第33条及其相关司法解释的结果。《继承法》第33条第1款第1句规定："继承遗产应当清偿被继承人依法应当缴纳的税款和债务。"本条规定将原条文中的"继承遗产"修改为"分割遗产"。《继承法意见》第61条规定："继承人中有缺乏劳动能力又没有生活来源的人，即使遗产不足清偿债务，也应为其保留适当遗产，然后再按继承法第三十三条和民

事诉讼法第一百八十条的规定清偿债务。”

在民法典起草的过程中，《民法典继承编（草案）》（征求意见稿）第40条规定：“遗产分割前，应当支付丧葬费、遗产管理费，清偿被继承人的债务，缴纳所欠税款；但应当为缺乏劳动能力又没有生活来源的继承人保留适当的遗产。”《民法典继承编（草案）》（一审稿）第938条、《民法典继承编（草案）》（二审稿）第938条均作了与上述条文相同的规定。《民法典（草案）》第1159条对前两稿的规定作出较大修改。在此之后，2020年5月提交全国人大会议审议时又作出一处标点改动，即将“但书”规定之前的句号（“。”）修改为分号（“；”），最终形成了本条文。

规范目的或功能

在遗产的概括承受主义下，遗产债务构成消极遗产，与积极遗产一并转归继承人。继承开始之后，遗产债务即由被继承人的债务转为继承人的债务，继承人有义务以遗产实际价值为限清偿遗产债务。本条规定的规范功能有二：其一，规定了遗产债务的清偿义务；其二，规定了遗产债务清偿的必留份制度。《继承法》只对遗嘱处分的必留份制度进行了规定，而未规定遗产债务清偿的必留份制度，这在实践中造成了对继承人中贫弱者的生存权益侵害。为解决这一问题，本条吸收了此前司法解释的合理规定，增加了遗产债务清偿的必留份制度。[①]

规范内容

一、遗产债务的界定与范围

遗产债务是指“被继承人生前所欠个人债务”，包括被继承人生前依法应

① 遗产债务的清偿，在不能主动清偿的情况下，往往要借助于司法强制执行程序。而在强制执行程序中，为被执行人保留“生活必需费用”和“生活必需品”，一直是我国强制执行法坚持的优良传统和做法。对此，《民事诉讼法》第243条第1款规定：“被执行人未按执行通知履行法律文书确定的义务，人民法院有权扣留、提取被执行人应当履行义务部分的收入。但应当保留被执行人及其所扶养家属的生活必需费用。”第244条第1款规定：“被执行人未按执行通知履行法律文书确定的义务，人民法院有权查封、扣押、冻结、拍卖、变卖被执行人应当履行义务部分的财产。但应当保留被执行人及其所扶养家属的生活必需品。”

当缴纳的税款和用于个人生产、生活需要所负的债务，以及应当由被继承人承担的家庭债务等。下列债务或者费用不属于遗产债务：

其一，遗产管理人在遗产管理过程中产生的继承费用不属于遗产债务。如遗产管理人聘请专业评估机构进行遗产价值评估，形成的评估费用债务。继承费用在性质上属于共益债务的范畴。虽然继承费用由遗产列支，但是否从遗产列支不是界定遗产债务的标准。遗产债务是被继承人的生前债务，在被继承人死亡后（继承开始后）发生的债务不应当纳入遗产债务的范畴。

其二，丧葬费用不属于继承费用，也不属于遗产债务。根据我国现行法规定，因侵权行为而致被继承人死亡时，其丧葬费用由侵权人赔偿，丧葬费用属于法定的损害赔偿项目，不应纳入继承费用。若是自然死亡，根据我国的民间习惯，不论继承人是否能够实际通过继承取得被继承人的遗产，被继承人的丧葬费用都由其配偶、子女等近亲属承担，因而不属于继承费用也不属于遗产债务。

其三，“酌分遗产之债”“特留份之债”“必留份之债”等都不是遗产债务。这些所谓的“债”，其本身就不具有“债务”的性质，而属于遗产分割问题，不属于遗产债务的清偿问题。

二、遗产分割与遗产债务的清偿

在民法典起草的过程中，《民法典继承编（草案）》（一审稿）第938条曾作出规定：“遗产分割前，应当支付丧葬费、遗产管理费，清偿被继承人的债务，缴纳所欠税款……”《关于〈民法典各分编（草案）〉的说明》曾明确指出：“为保护债权人利益，保障国家税收应收尽收，草案规定了遗产分割前，应当支付相关费用，清偿被继承人的债务，缴纳所欠税款。”这说明，在民法典起草的过程中，立法者曾试图确立起“先偿债后分割”的遗产处理原则，[①]但本条最终采取了“分割遗产，应当清偿被继承人依法应当缴纳的税款和债

---

① 这一草案条文的规定实际上是对司法实践经验的总结，我国司法实践对于“先偿债后分割”原则的遵循是有着基本共识的。参见“占某某申请执行吴某某民间借贷纠纷案”，福建省武夷山市人民法院（2011）武民初字第340号民事判决书；“王某某与王某甲、李某某等民间借贷纠纷案”，山东省淄博市张店区人民法院（2014）张民再字第4号民事判决书。

务”的模糊表述。实际上，如果一律要求在清偿债务之前不得分割遗产，在实践中会存在诸多障碍。如继承的财产已经脱离了继承人的控制（已为事实上处分或者法律上处分），该财产已与继承人的财产混合而无法识别和分离，继承人或者遗产管理人直到遗产分割时都不知道尚有未清偿的遗产债务存在等，就难以进行“先偿债后分割”。我们认为，为实现债权人利益和继承人利益的平衡保护，遗产管理人在履行遗产管理职责时，原则上应当先清偿债务后分割遗产；在能够先行清偿债务的情况下，因遗产管理人的故意或者重大过失先行分割了遗产而致遗产债务不能清偿时，债权人有权请求遗产管理人承担损害赔偿责任（《民法典》第1148条规定）。

三、遗产债务的清偿顺序

遗产是清偿遗产债务的责任财产。如果遗产能够满足全部遗产债务的清偿，清偿顺序之先后对于不同债权人的利益影响就不大。倘若遗产不足以清偿全部债务，清偿顺序之先后就至关重要。我们认为，应当按照下列顺序确定遗产债务的清偿顺序：法定优先债权处于第一受偿顺位（如欠付的赡养费、抚养费、雇工工资等），有担保的债权处于第二受偿顺位（如受抵押权、质权、留置权担保的债权），普通债权处于第三受偿顺位。

在此，有两种遗产债务的清偿顺位问题需要特别提出来讨论：一是欠缴税款形成的“税收债权”的优先性问题，二是继承人与被继承人互负债务的相互抵销问题。

根据《企业破产法》第109条之规定，对破产人的特定财产享有担保权的权利人，对该特定财产享有优先受偿的权利；第113条规定，欠缴税款优先于普通破产债权清偿。根据这两条规定，有担保权的债权优先于欠缴税款、欠缴税款优先于普通债权受偿。根据《税收征收管理法》第45条第1款之规定：“税务机关征收税款，税收优先于无担保债权，法律另有规定的除外；纳税人欠缴的税款发生在纳税人以其财产设定抵押、质押或者纳税人的财产被留置之前的，税收应当先于抵押权、质权、留置权执行。”综合上述两部法律的三条规定可以得出以下结论：其一，欠缴税款发生在担保物权设定之前的，税收债权优先于有担保的债权；其二，担保物权的设定发生在欠缴税款发生之前的，有担保的债权优先于税收债权；其三，税收债权和有担保的债权优先于普通债权。

在被继承人死亡之前，继承人与被继承人互负债务的，我们认为，在遗产管理人向其请求履行债务时，继承人有权请求先行相互抵销；在抵销后，继承人仍有部分债权未获清偿的，未获清偿的部分再归入普通债权受偿。之所以作此理解，主要是参照了企业破产程序中的破产抵销制度。[①]根据法秩序统一性要求，我们认为应当确立遗产债务清偿中的继承人抵销制度。[②]

此外须指出的是，遗产债务的清偿顺序不同于“遗产的分割顺序”。“遗产的分割顺序”原则上是指遗产债务全部清偿后剩余遗产的分配顺序，如按照先遗嘱继承、遗赠，再法定继承的顺序分配剩余遗产。遗产债务的清偿顺序也不同于“遗产的分配顺序”。“遗产的分配顺序”是比“遗产的分割顺序”涵摄范围更广的一个概念，其包括继承费用的偿付、遗赠扶养协议的履行、遗产债务的清偿、必留份的保留、遗产的分割等，是指对全部遗产依法进行分配处理的顺序，遗产债务的清偿顺序只是其中的一个环节。

四、遗产债务清偿的必留份

《民法典》第1141条规定：“遗嘱应当为缺乏劳动能力又没有生活来源的继承人保留必要的遗产份额。”该条规定确立的是“遗嘱处分的必留份”制度。本条“但书”规定确立的是另一种独立的必留份制度，即“遗产债务清偿的必留份”。此外，“遗产债务清偿的必留份”也不同于“遗产分割的保留份”（如《民法典》第1155条规定的胎儿保留份）。遗产债务清偿的必留份制度，是对债权人完全受偿权的一种法定限制，是以牺牲遗产债务之债权人利益而作出的一项公共政策保留。须注意的是，本条规定的必留份权利人是指缺乏劳动能力又没有生活来源的“继承人”，而不包括继承人以外的人；即便是《民法典》第1131条规定的“继承人以外的依靠被继承人扶养的人”（酌给遗产请求权人之一），在其离开被继承人的扶养之后变成了“缺乏劳动能力又

---

① 《企业破产法》第40条规定：“债权人在破产申请受理前对债务人负有债务的，可以向管理人主张抵销……”

② 当然，为防止继承人与被继承人恶意串通伪造虚假债务损害其他继承人或者债权人利益的情形出现，对于继承人抵销权同样应当作出适当的限制，设置例外的不得抵销情形。

没有生活来源的人"，也不享有本条规定的必留份权利。

举证责任

在因税收债权发生争议时，税收征管机关应就纳税人欠缴税款的数额、滞纳金等提供证据证明，继承人、遗产管理人应就被继承人已完税的事实提供证据予以证明。对于侵权损害赔偿之债的债权人，应就其遭受侵权损害的事实及主张赔偿金的计算依据等提供证据证明。对于合同之债、无因管理之债、不当得利之债、缔约过失之债等的纠纷，按照"谁主张，谁举证"的证明责任规则分配举证责任。有担保的债权人主张优先受偿权的，应就其享有有效的担保权及担保的方式、设立的时间等提供证据证明。继承人主张遗产清偿的必留份权利的，应就其为适格的权利人提供证据证明。

其他问题

遗产债务的清偿以债权的确定为前提，而《民法典》未就遗产处理程序中的债权申报和确认程序作出规定。在实践中，遗产管理人对于已知的债权人应当直接为通知，并可以参照《民事诉讼法》中规定的公示催告程序通知未知的债权人。在债权人申报债权后，再进行债权确认；因债权确认发生争议的，可通过诉讼程序解决。待债权确定后，再依本条规定进行遗产债务的清偿。

第一千一百六十条【无主遗产的归属】

无人继承又无人受遗赠的遗产，归国家所有，用于公益事业；死者生前是集体所有制组织成员的，归所在集体所有制组织所有。

历史由来

本条来自《继承法》第32条的规定，略有修改。《继承法》第32条规定："无人继承又无人受遗赠的遗产，归国家所有；死者生前是集体所有制组织成员的，归所在集体所有制组织所有。"相比于《继承法》第32条，本条增加了

“用于公益事业”的表述。

在立法过程中，《民法典继承编（草案）》（征求意见稿）第41条规定：“无人继承又无人受遗赠的遗产，归国家所有，用于社会公益事业。”在此基础上，《民法典继承编（草案）》（一审稿）第939条、《民法典继承编（草案）》（二审稿）第939条、《民法典（草案）》第1160条，又将“用于社会公益事业”修改为“用于公益事业”，并恢复了《继承法》中“死者生前是集体所有制组织成员的，归所在集体所有制组织所有”的表述，最终形成了本条文。

规范目的或功能

无主遗产是无主财产。《民法典》中有三个条文与无主财产的归属有关，除本条规定的无主遗产的归属外，还有无人认领的遗失物归国家所有（《民法典》第318条）和无人领取的提存物归国家所有（《民法典》第574条）两处规定。根据我国的立法传统，无主财产历来是“归公”的，即归国家所有或者归集体所有。相较于原有规定，本条规定有一重大突破，即对归国家所有的无主遗产的用途作了明确的限制性规定——“用于公益事业”。无主遗产来自社会，理应再回归社会，为社会公益服务，故本条新增的“用于公益事业”的规定具有重要的规范意义。

规范内容

一、无主遗产的界定

无主遗产，是指继承开始后，无继承人或者继承人全部丧失继承权、放弃继承，而又无受遗赠人或者受遗赠人全部丧失受遗赠权、放弃受遗赠的遗产。简言之，无主遗产即本条所表述的“无人继承又无人受遗赠的遗产”。“无人继承又无人受遗赠的遗产”即无人承受的遗产，在性质上属于无主财产。财产无主是一种财产无所归属的状态，根据“财必有主”的物权归属规则，“无主财产归公”，从而为无主财产确定了最终的归属，使其成为有主状态。“继承人不明”“归属有争议”“继承人的确定有争议”等情形都不属于遗产无主的情形，只是其最终应当归属于谁有所争议而已。如果被继承人生前与他人签订了遗赠扶养协议，即便是“无人继承又无人受遗赠”也非无主遗产，遗产的全部或者部分应当归扶养人所有。

二、遗产无主的认定

财产是否无主，须经法定的认定程序，我国《民事诉讼法》专门规定了一类特别程序，即认定财产无主程序，遗产无主的认定须遵循该程序。《民事诉讼法》第191条规定：“申请认定财产无主，由公民、法人或者其他组织向财产所在地基层人民法院提出。申请书应当写明财产的种类、数量以及要求认定财产无主的根据。”第192条规定：“人民法院受理申请后，经审查核实，应当发出财产认领公告。公告满一年无人认领的，判决认定财产无主，收归国家或者集体所有。”该两条规定了认定财产无主的申请人、申请书、管辖地、申请根据、公告、公告期、裁判形式及无主财产归公等一系列的程序步骤和法律效果，遗产无主的认定须依该两条规定进行。

三、公益事业的界定

“公益事业”即以公共利益为实现目的的事业。由于“公共利益”是一个高度不确定性法律概念，因而就“公益事业”的界定及其范围也是难以完全确定的。我们认为，对本条规定中“公益事业”的理解可以参照信托法上对“公益信托”之公益目的的界定来进行。《信托法》第60条规定：“为了下列公共利益目的之一而设立的信托，属于公益信托：（一）救济贫困；（二）救助灾民；（三）扶助残疾人；（四）发展教育、科技、文化、艺术、体育事业；（五）发展医疗卫生事业；（六）发展环境保护事业，维护生态环境；（七）发展其他社会公益事业。”与该条规定所列举的公益目的相对应的事业，即可认定为公益事业。当然，公益事业的认定在范围上具有开放性，不同历史阶段、不同地域、不同情势下“公共利益”的认定是动态变化的，不以该条规定所列举的为限。

四、归公前的处理

在无主遗产归公之前，遗产管理人的确定、遗产的清理、继承费用的偿付、遗产债务的清偿、必留份的保留、向酌给遗产权利人分配适当的遗产等遗产处理程序仍须依法进行。《继承法意见》第57条规定："遗产因无人继承收归国家或集体组织所有时，按继承法第十四条规定[1]可以分给遗产的人提出取得遗产的要求，人民法院应视情况适当分给遗产。"该司法解释第32条进一步规定："依继承法第十四条规定可以分给适当遗产的人，在其依法取得被继承人遗产的权利受到侵犯时，本人有权以独立的诉讼主体的资格向人民法院提起诉讼。但在遗产分割时，明知而未提出请求的，一般不予受理；不知而未提出请求，在二年以内起诉的，应予受理。"以上两条规定的精神在《民法典》中仍有其适用。[2]

五、归公后的管理

我们认为，由主管机关（公益事业管理机构）通过设置公益信托的方式对无主遗产（包括其他的无主财产）进行管理是比较恰当的做法。《民法典》第95条规定："为公益目的成立的非营利法人终止时，不得向出资人、设立人或者会员分配剩余财产。剩余财产应当按照法人章程的规定或者权力机构的决议用于公益目的；无法按照法人章程的规定或者权力机构的决议处理的，由主管机关主持转给宗旨相同或者相近的法人，并向社会公告。"该条规定在无主遗产归公后的管理中须予遵循。

举证责任

在遗产无主的认定程序中，申请人（如遗产管理人）应就遗产的种类、数量以及要求认定遗产无主的根据提供证据证明。在公告期间，当认领人出现时，认领人应就其有权继承或者有权取得遗产等事项提供证据证明。在无主遗产归公前，当酌给遗产权利人提起诉讼时，应就其有权分得适当的遗产提供证据证明。

---

① 《继承法》第14条规定："对继承人以外的依靠被继承人扶养的缺乏劳动能力又没有生活来源的人，或者继承人以外的对被继承人扶养较多的人，可以分给他们适当的遗产。"该条规定对应《民法典》第1131条规定。

② 《民法典》将诉讼时效由二年修改为三年（第188条规定），在借鉴两条规定的精神时应注意法律适用的准确性。

其他问题

无主遗产归公后，继承人可能出现，此时就存在着无主遗产向继承人的返还问题。就此问题，《民事诉讼法》第193条规定：“判决认定财产无主后，原财产所有人或者继承人出现，在民法通则规定的诉讼时效期间可以对财产提出请求，人民法院审查属实后，应当作出新判决，撤销原判决。”根据《民法典》诉讼时效期间的规定，继承人出现后，有权在三年的诉讼时效期间内请求人民法院撤销原判决、作出新判决，判决将此前归公的无主遗产向其返还。

第一千一百六十一条【限定继承原则】

继承人以所得遗产实际价值为限清偿被继承人依法应当缴纳的税款和债务。超过遗产实际价值部分，继承人自愿偿还的不在此限。

继承人放弃继承的，对被继承人依法应当缴纳的税款和债务可以不负清偿责任。

历史由来

本条来自《继承法》第33条的规定。《继承法》第33条包含两款规定，其第1款规定：“继承遗产应当清偿被继承人依法应当缴纳的税款和债务，缴纳税款和清偿债务以他的遗产实际价值为限。超过遗产实际价值部分，继承人自愿偿还的不在此限。”其第2款规定：“继承人放弃继承的，对被继承人依法应当缴纳的税款和债务可以不负清偿责任。”对比可知，本条第2款规定没有变化，第1款规定在表述上作了调整。

在民法典制定过程中，《民法典继承编（草案）》（征求意见稿）第42条分两款规定：“遗产已经分割的，继承人清偿被继承人的债务、缴纳所欠税款以所得遗产实际价值为限。超过遗产实际价值部分，继承人自愿偿还的不在此限。继承人放弃继承的，对被继承人的债务和所欠税款可以不负偿还责任。”与《继承法》比较，该条两款规定的表述都有所变化。《民法典继承编（草案）》（一审稿）第940条作了与“征求意见稿”完全相同的规定。《民法典继承编（草案）》（二审稿）第940条在保持第2款表述不变的基础上，对前两稿第1款的表述再次作了调整，表述为：“继承遗产应当清偿被继承人的债务、缴纳所欠税款，清偿债务、缴纳税款以所得遗产实际价值为限。超过遗产实际价值部分，继承人自愿偿还的不在此限。”《民法典（草案）》第1161条在“二审稿”规定的基础上再次作了调整，最终形成了本条规定。

规范目的或功能

限定继承是相对于“无限继承”而言的，限定继承原则平衡兼顾了继承人利益保护和债权人利益保护，打破了传统的“父债子还”陈规，对于继承权的保护和私人财产权的保障而言具有重要意义。根据限定继承原则，继承人对遗产债务仅承担有限责任，即在继承所得遗产之实际价值范围内承担清偿责任；对于超出遗产实际价值部分，不承担以自己之固有财产为清偿的责任。在对《民法典》第1159条的评注中已经指出，《民法典》并未强制性地规定在分割遗产之前必须先行清偿遗产债务，所以在继承实践中，在遗产分割之后才启动偿债程序的情形并不鲜见，本条规定实际上针对的就是此种情形。

规范内容

一、“遗产清单”制度与限定继承原则

《民法典》第1147条第1项规定了遗产管理人“清理遗产并制作遗产清单”的职责，这表明我国现行法业已建立起了“遗产清单制度”。“遗产清单”的意义就在于固定遗产的种类、数额和范围，使被继承人死亡时所遗留的财产一目了然，从而起到平衡保护继承人利益和债权人利益的规范功能。但是，现行“遗产清单制度”远不完善，基本上是一项“空白制度”。在限定继承原则下，遗产清单的法律效力主要体现在证据效力上。换言之，根据限定继承

原则，当继承人提出遗产清单并主张以遗产清单所列遗产的实际价值为限承担有限的遗产债务清偿责任时，原则上应支持其主张。若债权人主张在遗产清单之外还有其他遗产时，债权人须对其主张承担举证证明责任。由此可见，依法制作遗产清单并增强其权威性和可信度，对于贯彻限定继承原则、平衡保护继承人利益和债权人利益都是至关重要的，因而相关立法对于遗产清单制度应抓紧时间予以完善。

二、应继份额与遗产实际价值

"应继份额"与"遗产实际价值"是两个不同的概念。"应继份额"是一种抽象的"份额"，而"遗产实际价值"是一种具体的"数额"。继承人对遗产债务的承担存在"内"与"外"两种不同的责任形式。对外，共同继承人承担的是连带清偿责任（责任依据为《民法典》第307条之规定）；对内，共同继承人承担的则是按份清偿责任（责任依据同样为《民法典》第307条之规定）。因此，"应继份额"主要是确定共同继承人内部责任的依据，而"遗产实际价值"是确定继承人外部责任的依据。

三、对"可以不负清偿责任"的理解

根据限定继承原则，继承人放弃继承的，对于遗产债务当然就不再负清偿责任了，但本条第2款却使用了"可以不负清偿责任"的表述，这就意味着，在例外情形下，放弃继承的继承人对遗产债务也存在着承担清偿责任之可能。此种例外，较为典型的有以下两种情形：

其一，放弃继承的继承人对于遗产债务虽无法定的清偿责任，但其可以自愿承担清偿责任。结合本条第1款规定，未放弃继承的继承人以所得遗产实际价值为限清偿遗产债务，对于超过遗产实际价值的部分，其可以自愿偿还（以自己的固有财产偿还，放弃限定继承原则的保护）；放弃继承的继承人可以自愿承担清偿责任的部分，原则上就是指超过全部遗产的实际价值部分的遗产债务，放弃继承的继承人可以与其他未放弃继承的继承人一起自愿承担清偿责任，也可以单独自愿承担清偿责任。

其二，继承人以遗产管理人（代管人）的身份承担清偿责任。虽说遗产债务是继承人的债务而非遗产管理人的债务，但当遗产管理人实际占有、使用、收益遗产而又以放弃继承为由拒不承担清偿责任时，人民法院可判令其在实际控制的遗产的实际价值范围内承担清偿责任。如在“罗某、张某1被继承人债务清偿纠纷案”[①]中，法院判决即认为：“杨某死亡后，其夫张某1、其子张某2均表示放弃继承，依法可以不承担还款责任。在现实生活中，虽然继承人明确表示放弃继承，但往往实际占有遗产，普通民众也认可该财产应该由继承人所有，最终继承人还是得到了遗产，而无需清偿被继承人生前的税款和债务，造成严重的权利义务不对等。借鉴《民法通则意见》第三十二条规定：‘失踪人的财产代管人拒绝支付失踪人所欠的税款、债务或其他费用，债权人提起诉讼的，人民法院应当将代管人列为被告。’本案查明的事实是，张某1继续在偿还银行贷款，张某2也曾实际使用房屋，因而张某1、张某2是杨某房屋遗产的实际管理人、使用人，对遗产状况比较熟知，也实际占有、使用和收益涉案遗产，是最适格的遗产代管人，应尽妥善保管义务，不论其是否放弃继承，依法应当参加诉讼，并由其在管理使用遗产的实际价值范围内承担还款责任。”该裁判路径并不违背限定继承原则，其意义就在于能够有效地防阻继承人通过放弃继承的方式规避对遗产债务的清偿责任。[②]

三 举证责任

除上文已经阐述过的，对于“遗产清单利益”债权人与继承人分别应当承担的举证责任外，对于本条第1款的适用，还存在着另一个重要的待证事实就是“所得遗产实际价值”。对此待证事实，应由继承人提出初步证据予以证明，由债权人提出反证予以否证。在不能达成一致意见时，应通过司法鉴定的方式予以查明。对于本条第2款的适用，涉及的举证责任主要有两个方面：一是放弃继承的继承人须举证证明其已作出过放弃继承的意思表示（若继承人当庭表示放弃继承，就无需证明）；二是主张放弃继承的继

① 湖北省高级人民法院（2019）鄂民再330号民事判决书。

② 另请参见“贺某某等与武某某民间借贷纠纷上诉案”，内蒙古自治区呼和浩特市中级人民法院（2017）内01民终4942号民事判决书。

承人仍要对遗产债务承担清偿责任的债权人，须举证证明该继承人作出过自愿偿债的意思表示，并且其对该意思表示产生了合理的信赖，或者须举证证明该继承人存在其他的应当承担清偿责任之情形（如实施了有害于债权实现的行为等）。

其他问题

限定继承原则所涉及的主要是“每个继承人”对遗产债务清偿的外部责任，而未涉及全体继承人对外承担清偿责任的责任形态，也未涉及遗产债务清偿后的内部责任分担问题。继承开始后，遗产归共同继承人共有，遗产债务在性质上即为因共有财产而发生的共同债务。对于共同债务的对外承担和对内分担问题，应参照适用《民法典》关于共有债务清偿的相关规定。具体而言，就是《民法典》第307条之规定：“因共有的不动产或者动产产生的债权债务，在对外关系上，共有人享有连带债权、承担连带债务，但是法律另有规定或者第三人知道共有人不具有连带债权债务关系的除外；在共有人内部关系上，除共有人另有约定外，按份共有人按照份额享有债权、承担债务，共同共有人共同享有债权、承担债务。偿还债务超过自己应当承担份额的按份共有人，有权向其他共有人追偿。”具体到遗产债务清偿后的内部分担上，应由各继承人按照各自所得遗产实际价值的比例分担已经清偿的债务；若因某个继承人的个人行为而造成额外的债务负担的，应由该继承人承担最终责任，其他继承人无分担的义务。

第一千一百六十二条【遗赠的执行】

执行遗赠不得妨碍清偿遗赠人依法应当缴纳的税款和债务。

历史由来

本条完全承袭了《继承法》第34条的规定。在民法典编纂过程中，《民法典继承编（草案）》（征求意见稿）第43条、《民法典继承编（草案）》（一审稿）第941条、《民法典继承编（草案）》（二审稿）第941条皆规定：“执行遗赠不得妨碍清偿遗赠人的债务、缴纳所欠税款。”其后，《民法典（草案）》第1162条恢复沿用《继承法》第34条的规定，并最终形成了本条规定。

规范目的或功能

受遗赠权在性质上为一种债权，受遗赠人表示接受遗赠后，即取得请求继承人或者遗产管理人按照遗嘱的规定向其交付遗赠财产的权利。但是，由于受遗赠权具有无偿性，因而受遗赠权相对于其他遗产债务的清偿而言，具有实现上的劣后性；即便是受遗赠人于遗产债务清偿之前即取得了受遗赠的财产，受遗赠人仍须在其受遗赠财产的实际价值范围内对遗产债务负清偿责任。本条规定，即旨在宣示遗赠的执行不得妨碍遗产债务的清偿这一规则。

规范内容

不论是执行法定继承、遗嘱继承还是遗赠，实际上都不得妨碍遗产债务的清偿。除《民法典》第1159条规定的“遗产债务清偿的必留份”外，不论是在遗产分割之前还是分割之后，对遗产债务都须予以清偿。遗赠可以附条件、附期限或者附负担，但不论是何种形式的遗赠，受遗赠人对遗赠财产的取得都是一种无偿取得。被继承人的无偿处分行为不得害及其债权人之债权的实现，当无偿取得财产的受遗赠权（无偿债权）与其他的有偿债权在实现上发生冲突时，无偿债权应当劣后于有偿债权实现，因而执行遗赠不得妨碍遗产债务的清偿。在此意义上，只有当清偿遗产债务之后还有剩余财产时，受遗赠人才能真正实现其受遗赠权，否则受遗赠权就无从实现。

举证责任

因执行遗赠妨碍遗产债务清偿而引起纠纷的，债权人在提起停止侵害、排除妨碍、损害赔偿等诉讼时，应就遗产管理人执行遗赠行为不当、不当的执行行为造成了债权损害或者实现上的障碍等情形提供证据证明。

第一千一百六十三条【遗产债务的清偿主体】

既有法定继承又有遗嘱继承、遗赠的，由法定继承人清偿被继承人依法应当缴纳的税款和债务；超过法定继承遗产实际价值部分，由遗嘱继承人和受遗赠人按比例以所得遗产清偿。

历史由来

本条为新增条文，其内容可以追溯到《继承法意见》第62条的规定："遗产已被分割而未清偿债务时，如有法定继承又有遗嘱继承和遗赠的，首先由法定继承人用其所得遗产清偿债务；不足清偿时，剩余的债务由遗嘱继承人和受遗赠人按比例用所得遗产偿还；如果只有遗嘱继承和遗赠的，由遗嘱继承人和受遗赠人按比例用所得遗产偿还。"

在立法过程中，《民法典继承编（草案）》（征求意见稿）第44条规定："既有法定继承又有遗嘱继承、遗赠的，由法定继承人清偿被继承人的债务、缴纳所欠税款；超过法定继承遗产实际价值的，由遗嘱继承人和受遗赠人清偿。"《民法典继承编（草案）》（一审稿）第942条修改为："既有法定继承又有遗嘱继承、遗赠的，由法定继承人清偿被继承人的债务、缴纳所欠税款；超过法定继承遗产实际价值的，由遗嘱继承人和受遗赠人按比例以所得遗产清偿。"该规定中出现了"按比例以所得遗产清偿"的表述。《民法典继承编（草案）》（二审稿）第942条未作出改动。之后，《民法典（草案）》第1163条又再次作出了修改，并最终形成了本条文。

规范目的或功能

本条就遗产债务的清偿主体问题作了规定。依本条规定，对于遗产债务的清偿，法定继承人是第一顺位的清偿主体，遗嘱继承人和受遗赠人居于补充地位，是并列的第二顺位的清偿主体。

规范内容

《民法典》第1123条规定：“继承开始后，按照法定继承办理；有遗嘱的，按照遗嘱继承或者遗赠办理；有遗赠扶养协议的，按照协议办理。”该规定与本条规定正好相反，是关于遗产承继权利优先实现顺位的规定。结合这两条规定可以看出，就遗产承继权利实现的顺位而言，遗嘱继承权和受遗赠权优先于法定继承权实现，有遗嘱继承或者受遗赠时就排除了法定继承的适用；就遗产债务清偿的主体顺位而言，当法定继承与遗嘱继承和遗赠并存时，法定继承人却成为第一顺位的清偿主体。这足以表明立法者给予遗嘱人意愿以最大尊重的态度，遗嘱人总是希望其所指定的遗嘱继承人或者受遗赠人能够取得相应的遗产，而不是因清偿遗产债务变得一无所获。

本条规定的“由遗嘱继承人和受遗赠人按比例以所得遗产清偿”，其中的“按比例以所得遗产清偿”，在解释上是指按所得遗产之实际价值的比例清偿。此外，遗嘱继承人和受遗赠人对遗产债务承担的是按份责任，而非连带责任；并且，在按份承担的基础上，其仍受限定继承原则的保护，即仅以其所得遗产的实际价值为限对债权人承担按份清偿责任。

其他问题

本条规定的是法定继承人与遗嘱继承人、受遗赠人并存时的清偿主体和主体顺位问题，当只有遗嘱继承人和受遗赠人而无法定继承人时，就不存在清偿主体的顺位问题了，应当由遗嘱继承人和受遗赠人按比例以所得遗产清偿。

图书在版编目 (CIP) 数据

民法典评注. 继承编 / 陈甦，谢鸿飞主编 . —北京：中国法制出版社，2020

ISBN 978-7-5216-1269-1

Ⅰ. ①民… Ⅱ. ①陈… ②谢… Ⅲ. ①继承法—研究—中国

Ⅳ. ① D923.04

中国版本图书馆 CIP 数据核字（2020）第 170459 号

策划编辑：马 颖 王 彧

责任编辑：吕静云 胡 艺 杨 智　　封面设计：李 宁

民法典评注. 继承编

MINFADIAN PINGZHU. JICHENGBIAN

主编 / 陈 甦 谢鸿飞

经销 / 新华书店

印刷 / 三河市紫恒印装有限公司

开本 / 710 毫米 ×1000 毫米 16 开　　印张 / 21.25 字数 / 354 千

版次 / 2020 年 10 月第 1 版　　2020 年 10 月第 1 次印刷

中国法制出版社出版

书号 ISBN 978-7-5216-1269-1　　定价：69.00 元

北京西单横二条 2 号 邮政编码 100031　　传真：010-66031119

网址：http://www.zgfzs.com　　**编辑部电话：010-66034985**

市场营销部电话：010-66033393　　**邮购部电话：010-66033288**

（如有印装质量问题，请与本社印务部联系调换。电话：010-66032926）